만나요약설교 8

만나요약설교 8

김명규 목사

머리말

세상일을 40년쯤 했으면 기술자나 전문가로 통했을 것입니다. 설교를 시작한 지 벌써 40년쯤 되었는데 지금도 내게 있어서 설교는 여전히 어려운 일 중에 하나입니다. 듣는 청중인 성도들이 차라리 가득하고 많을 때에는 성도들이 적고 빈약할 때보다는 그래도 설교자의 입장에서 볼 때에 좋은 편에 속하는 것이 사실입니다.

개척교회 한 명으로 시작해서부터 기도원 중에 제일 크다고 하는 오산리금식기도원 집회까지 크고 작은 부흥집회도 인도해 보았지만, 지금은 세상이 옛날에 비교하면 설교가 어려운 시대임이 틀림없다고 판단됩니다. 말씀의 능력이 더욱 뛰어난 것을 요구하는 시대이기에 영력이 약화되지 않도록 기도하며 성경연구에 몰두할 수밖에 없습니다. 그럼에도 40년간 행복한 설교자에 속한다고 생각하며 감사드립니다.

시대가 발달하고 과학 문명이 높아가도 영혼을 살리는 길은 오직 성령의 능력을 통한 하나님의 말씀밖에는 없기 때문입니다. 이른바 십자가의 도(For the message of the cross(고전 1:18)) 밖에는 영혼구원이 전혀 없기 때문입니다. 목회하는 지역이 재개발로 인해서 성도들이 다른 지역으로 썰물 빠지듯 많이 이주하였고 교회적으로 보면 다시 아파트가 입주할 때까지는 교회가 약해졌지만 다시 개척하는 마음으로 설교의 능력에 더욱 빛이 나야 하겠기에 영력이 약해지지 않으려 더욱 기도하면서 이 지역에 5,300세대 입주를 기약하며 또 기도합니다.

설교를 가깝게는 국내지방에서 멀리는 해외에서 은평교회 홈 페이지를 통해 설교를 듣고 은혜 받고 있다는 생면부지의 분들의 소식에 다시 한번 용기를 얻어 만나요약설교 8집을 발간하게 되었습니다. 지식정보가 쓰나미처럼 몰려 세상을 삼킬 듯이 덮어가는 종말론적 지식시대에(단 12:4) 살지만 그래도 영혼을 살리는 것은 오직 하나님 말씀 밖에 다른 길이 없습니다. 영혼구원은 십자가 도 외에는 다른 길이 없기 때문에 열심히 설교하는 설교자 중에 하나입니다.

  설교는 웅변대회를 하는 개념도 아니고, 하나님 말씀을 청중들에게 전달하고 가르침으로 복음을 믿고 구원에 이르게 하는 것입니다. 그래서 하나님 말씀을 전달하는 설교자는 사람의 영적 생명이 달린 문제이기 때문에 더욱 중요하고 무겁다고 할 것입니다. 또한 시대에 맞는 말씀을 주의 백성들에게 전해야 하는 사명자이기에(마 24:45~51)그 책임감이 더 무겁다고 할 것입니다.

  그래서 찬송가 가사에도 있듯이 '외치는 자 많건마는 생명수는 말랐어라'가 되지 않게 하기 위해서 주님 앞에 무릎을 꿇고 부르짖기도 해보는 일이 한 두 번이 아닐 것입니다. 설교자의 깊은 고뇌가 여기에 있기 때문입니다. 부족하지만 성령께서 때를 따라 역사하시므로 모여든 주님의 양떼들에게 전한 복음들이기에 함께 누리고 싶은 마음에 만나요약설교 8집을 펴내게 되었습니다. 작은 책이지만 도서산간지에 목회하는 동역자들에게 어디서든지 접하고 읽는 천국의 시민권자(빌 3:20)들에게 조금이라고 영적 고갈에서 해갈되는 말씀이 된다면 무한히 하나님께 영광 돌리게 될 것입니다.

  은평교회 성도들과 주일마다 말씀을 듣고 원고 정리에 힘써준 부교역자들과 묵묵히 목회전선에서 함께해온 아내 유미자 사모 이번에도 책을 기꺼이 출판해준 예루살렘 출판사 사장님에게 감사를 표현합니다. 부족한 아들 위해서 기도하시던 어머니 김복춘권사님의 병환이 빨리 치유되시길 바라고, 아버지 김(子)형(子)창(子)집사님의 건강이 좋아지기를 바라면서….

2013. 9.
재개발로 시끄러운 작은 동네 안양7동 한 모퉁이에서
小石 김명규 목사

추천사1

겸손한 사람은 모든 사람으로부터 호감을 삽니다. 우리들은 누구나 모든 사람으로부터 호감을 사는 사람이 되고 싶어합니다.

김명규 목사님은 '호감 가는 성직자'라고 표현하고 싶습니다. 같은 지역에서 교회를 섬기면서 김명규 목사님을 대할 때마다 '신사'라는 느낌을 받았습니다. 그리고 많은 동역자들에게 호감을 주는 목사님이십니다. 목사님은 '행동이 있는 믿음'의 인격과 그리고 이웃집 아저씨 같은 인간미도 풍겨나는 겸손한 목회자이십니다. 예수 그리스도의 흘리신 보혈을 비롯하여 순교자들의 흘린 피로 복음이 전파되어 오늘에 이른 것이 교회입니다. 이 순교의 피를 이어 받아 복음을 들고 땅 끝을 향하여 피를 뿌리며 예수 그리스도의 복음을 증거하며 외쳐 왔습니다.

오늘 이 한국교회는 여러 가지 이유에 의하여 숭고한 순교신앙과 그 정신이 차츰 희박해지고 있고 순수 복음적인 설교가 희귀해져 가는 이때 복음에 열정을 가진 설교를 들려주는 목사님의 사역이 빛을 발합니다. 그리고 그 설교를 다시 책으로 읽고 듣게 되었습니다. 얼마나 다행이고 기쁜지 모릅니다.

'겸양은 천국 문을 열고 굴욕은 지옥문을 연다.'는 A.지이드의 말을 기억해 봅니다. '구부러지는 것은 부러지는 것보다 낫다(Better bend than break)'는 영국 격언을 생각합니다. 겸양으로 천국을 열어 가며 외유내강의 성격으로 덕을 세워 가시는 목사님의 목회사역에 응원의 박수를 보냅니다.

여기 담긴 주님의 말씀의 깊이와 크기는 이 책을 읽는 모든 분들의 신앙의 그것과 비례하지 않을까 생각됩니다. 지금껏 은평교회가 굳건히 지탱해 올 수 있었음도 선포된 말씀이 살아 있어 우리를 깨우치고 있기 때문임을 알게 해 줍니다. 이 책을 통하여 주님의 큰 영광과 사랑이 드러나리라 믿습니다.

윤광중 목사 (안양 만안경찰서 경목위원장)

추천사2

설교란 말로 하는 것이 아니라 삶으로 하는 것이며, 손으로 쓰는 것이 아니라 가슴으로 쓰는 것입니다. 말씀은 스승의 가르침이며, 목자의 지팡이와 막대기입니다. 설교 한 편을 쓰기 위하여 사랑하는 교인들을 품에 안고 믿음 안에서 잘 되기를 바라는 아비의 심정으로 몸부림치며 엎드려 기도하고 눈물로 말씀을 적신 시간들이 얼마나 되었겠습니까? 그렇게 준비하여 뜨거운 외침으로 강단에서 전하셨던 그 말씀을 다시 또 책으로 발간하여 받았던 은혜를 더 깊이 누릴 수 있는 기회를 가지심에 축하를 드립니다. 벌써 여덟 번째 설교집을 발간하시게 됨에 놀라움을 가지며 김 목사님에게 머리 숙여 존경과 감사를 드립니다. 김명규 목사님은 은평교회를 개척하셔서 눈물과 기도로 이제껏 주님의 뜻을 따라 한길로 달려오셨습니다. 목회뿐 아니라 20여년 넘게 신학교에서 후배들을 가르치시며 교단의 중책을 맡아 수고하시던 중 제 43대 총회장을 역임하시고 한국교회를 위하여 헌신해 오셨습니다. 김 목사님께서는 만날 때마다 가슴에 담겨있는 깊은 삶의 지혜를 나누어 주시고 온화한 성품으로 사랑을 드러내 보여 주셨습니다. 안양에서 함께 하나님의 나라를 위하여 수고하시고 안양의 성시화를 꿈꾸며 기도해 주시고 언제나 나아갈 길을 만들어 보여 주셨습니다. 목사님과 함께 목회한다는 것이 자랑이며 기쁨이었습니다. 금번에 또 다시 여덟 번째 발간하는 설교집은 단순한 설교를 묶어 놓은 글이 아니라 영적인 자리와 하나님의 나라의 영광을 향한 더욱 깊은 곳으로의 안내집이라 생각합니다. 또한 다시 한 번 삶의 지혜와 용기, 믿음으로 인한 도전과 새로움을 위한 하나님의 메시지라고 믿습니다. 아무쪼록 이 책을 통하여 더욱 많은 분들이 밝은 빛으로 나아가고 넘어진 자리에서 힘 있게 털고 일어나 주님 앞으로 다가오는 은혜가 넘칠 줄로 확신하며 마음 가득 기대감을 갖고 기쁨으로 추천합니다.

전승환 목사(안양시 기독교 연합회 대표회장, 안양서부교회 당회장)

차 례

머리말 · 4

추천사1,2 · 6

■ 소망/천국

믿음을 가진 사람들에게는 꿈이 있다(골 3:1-4) · 14

천국은 거듭난 사람의 것입니다(요 3:1-8) · 19

세상적 소망이 아니라 하나님 소망을 둔 사람들(롬 8:31-39) · 24

■ 믿음/구원

사방(四方)을 보는 눈을 가진 사람(사 49:18-21) · 28

구원의 방주인 가정교회를 세워라(창 6:22) · 32

본받아야 할 갈렙의 신앙(수 14:6-15) · 36

주님을 볼 사람들에게 주시는 명령(히 12:14-17) · 40

여호와는 그 성전에 계신다(합 2:18-29) · 45

■ 감사/가정

고통 중에도 피어난 다니엘의 감사의 모습(단 6:10-24) · 50

사무엘이 자녀성장의 견본입니다(삼상 3:19-21) · 55

부모공경은 축복입니다(출 20:12) · 60

구원받아 행복한 가정(행 16:30-34) · 65

무엇을 물려주시겠습니까?(딤후 1:3-5) · 70

이삭과 리브가의 축복적인 만남(창 24:61-67) · 75

감사하는 자가 되라(골 3:15:-17) · 80

■ 예배/찬송
성도들이 드리는 예배와 찬양(대하 5:11-14) · 85

■ 예수님/부활
그리스도는 우리를 자유케 하신다(눅 13:10-17) · 89
한 가지는 반드시 알아야 합니다(요 9:18-25) · 94
예수그리스도의 증인들(눅 24:44-49) · 99

■ 축복
경제적 속박에서 자유하고 축복을 받으라(마 6:31-34) · 104
성공과 실패의 길이 있습니다(대하 17:1-5) · 109
언어가 기적을 이룹니다(잠 18:20-21) · 113
평강의 축복을 받은 사람들(사 57:14-21) · 117
갈렙이 받은 인생후반의 축복과 성공원리(수 14:7-12) · 122
모든 굴레와 올무에서 벗어나는 축복(시 124:1-8) · 127
고통의 길에서 평안의 길로 가는 축복(눅 8:43-48) · 132
축복받아 행복한 생애를 산 사람(창 26:19-25) · 137

■ 신앙생활
영적 성도에게 있어야 할 습관(골 3:15-17) · 142
현재의 생각이 앞길을 좌우한다(마 22:37-40) · 147
하나님이 기뻐하시는 일을 택한 사람들(사 56:4-8) · 152
성도가 맺어야 할 열매들(마 3:1-12) · 157
사가랴와 엘리사벳은 견본입니다(눅 1:18-25) · 162

요셉이 가졌던 성공적 꿈과 그 전략(창 49:22-26) · 167
이스라엘아 기쁘게 찬송할지어다(습 3:14-20) · 172
구원의 확신 중에 하나님을 믿는 사람들(롬 12:9-13) · 177

■ **하나님/성령**

하나님의 뜻과 계획은 반드시 이루어집니다(사 14:24-27) · 182
오직 유일하신 하나님뿐입니다(미 7:7-8) · 187
성령 하나님의 역사(행 2:1-4) · 192

■ **영적전쟁/승리**

영적싸움에서 반드시 승리 한다(요일 3:8, 4:4) · 197
두 마음의 전쟁에서의 승리(약 4:6-10) · 202

■ **사랑/치료**

그리스도를 변함없이 사랑하는 사람(엡 6:24) · 207
강도 만난 사람의 참 이웃(눅 10:30-37) · 211
예수님이 고치셨습니다(막 9:25-29) · 215

■ **교회**

전도자 바울의 교회를 향한 열정과 술회(행 20:27-28) · 220
행복한 축복 속에 부흥하는 교회(행 2:42-47) · 225

■ **국가/전도**

대한민국을 위해 기도합시다(렘 33:1-3) · 230

잃은 아들을 찾은 잔치 집(눅 15:17-24) · 234
공산주의를 막고 하나님 중심적이게 하라(계 12:1-6) · 238

■ 고난/염려/시험
환난 가운데서 평안한 사람들(요 16:31-33) · 243
염려 없는 사람들이 있습니다(마 6:27-34) · 248
우리의 질고를 다 지셨습니다(사 53:4-6) · 253
시험 앞에 선 때의 자세(약 1:12-16) · 258

■ 절기
무엇으로 보답할꼬?(시 116:12-14) · 262
성탄절에 은혜 받은 사람들(눅 1:26-33) · 266

■ 결단
은평교회 성도들이여 일어나라(사 60:1-3) · 271
허무한 인생과 영원한 인생(전 1:1-3) · 275
은혜와 축복의 기회를 선용하라(고후 6:1-2; 엡 5:16) · 280
복되게 사는 길(살후 3:6-15) · 285

■ 신분
하나님 백성의 존귀성(마 10:26-31) · 290
흰옷을 입은 무리들(계 7:13-17) · 295

만나요약설교

내 눈을 열어서
주의 법의 기이한 것을 보게 하소서
(시 119:18)

> 소망/천국

믿음을 가진 사람들에게는 꿈이 있다
(골 3:1-4)

사람들이 짐승과 다른 것 중 하나는 정신이 있고 생각이 있어서 무엇을 생각하고 계획(Plan)을 하게 되고 꿈(Vision)을 가지게 됩니다. 그러나 어떤 똑똑한 짐승이라도 인간과 같이 꿈을 가져서 미래의 계획을 세울 수는 없다는 것입니다. 하나님께서 짐승은 짐승의 종 대로 지으셨으나 인간은 하나님의 형상(Image of God)대로 지으셨기 때문입니다(창 1:26-27).

그래서 인간은 꿈과 소망이 계획대로 이루어지기 위해서 어려움을 극복하고 인내하며 미래를 바라보게 됩니다. 덴마크의 키엘케골은 '절망은 죽음에 이르는 병'이라고 하였는데 그래서 절망하게 되고 죽는 사람도 있습니다. 유명인 중에 이런 사람들이 있음을 보게 됩니다.

바울은 본문에서 믿음의 사람들에게도 절망될 일이 있지만 결국 예수 그리스도 안에서 승리하는 모습을 보여 주었습니다. 왜냐하면 믿음의 주님을 바라보기 때문이요(히 11:1), 위에 계신 살아계신 예수 그리스도가 우리의 목표(目標)이시기 때문입니다.

본문에서 은혜를 받게 됩니다.

1. 우리가 믿는 신앙의 세계에 대해서 생각해 보게 합니다.

우리가 믿는(히 11:1) 신앙의 세계는 하나님과 모든 일들을 그분이 계시(Revelation)해주신 성경대로 믿고 따르게 됩니다. 이것을 신학(Theological)이라고 하는데 신학에도 '자유주의 신학'이 있는가 하면 우리가 믿고 따르는 '보수주의 신학' 이 있습니다.

1) 성경의 요약이라 볼 수 있는 '사도신경'(The Apostles Creed)을 믿습니다.
성경을 일목요연하게 그 맥을 짚어준 것이 사도신경입니다.

① 전능하사 천지만물을 모두 창조하신 하나님을 믿게 됩니다.

성경을 성경대로 믿지 않고 불신하는 사람들도 있지만 우리의 신앙은 성경을 성경대로 믿는 신앙입니다. 천지를 만드신 하나님이십니다. '태초에 하나님이 천지를 창조하시니라'(창 1:1)(In the beginning God created the heavens and the earth)하셨습니다.

성경적 신앙 위에 서있는 교회라면 이것은 기독 신앙의 기초가 됩니다. 창조주 하나님이십니다(시 121:2).

② 인간 역시 하나님께서 창조하신 존재입니다.

현존하거나 과거에 있다가 멸종했거나 모든 동식물이 하나님의 창조이거니와 천사들을 심부름꾼으로(히 1:4) 창조하였고, 그 중에 인간은 하나님의 형상대로 지으심을 입었습니다.

일반 피조물을 창조하실 때에는 '하나님이 보시기에 좋았더라'고 하였지만 인간을 창조하신 때에는 '하나님이 보시기에 심히 좋았더라'(And it was very good)고 하였습니다. 우리는 성경대로 믿는 참된 '유신론적' 입장입니다.

2) 하나님은 창조하신 것을 하나님의 뜻대로 섭리해 나가시며 통치하십니다.
그냥 자유방임적으로 방치하는 것이 아닙니다.

① 창조하신 모든 세계를 다스리시고 통치하시며 섭리하십니다.

따라서 어느 인생 하나뿐 아니라 공중에 나는 새 한 마리라도 하나님의 섭리 중에 있습니다(욥 38:41; 마 10:29-31). 더욱이 하나님의 택하신 백성들은 하나님의 손바닥에 모두 그 이름이 기록되었습니다(사 49:16). 그러므로 성도들은 어떤 위치에 있든지 감사할 수밖에 없는 것이 믿음입니다(살전 5:17).

② 그런데 인간에게는 하나님의 구원과 축복뿐 아니라 심판도 예약되어 있음을 잊지 말아야 합니다(히 9:27).
예수 믿는 성도에게는 영원한 구원이지만 불신자는 심판입니다.

2. 예수그리스도 안에서 하나님을 믿는 사람에게는 분명하게 미래의 꿈이 있습니다.

축복이 약속되었기 때문입니다.

1) 현실생활이 아무리 어려워도 꿈이 있습니다.

최종적인 목표는 천국이지만 이 세상에서의 축복도 있습니다.
① 복음을 통해서 꿈을 가진 하나님의 백성들을 주시하시기 바랍니다.
바울은 그 꿈이 이루어지기 때문에 옥에서도 찬송하며 기도하였고 기뻐하라고 하였습니다(행 16:25; 빌 4:4). 구약에서 요셉은 옥에서도 하나님이 함께 하셨으니 이것이 창조주 하나님의 섭리라고 하는 것입니다.
② 그래서 성도는 창조주 하나님을 믿기 때문에 낙심치 말고 미래에 주실 축복을 믿음으로 바라보아야 합니다.
갈릴레오는 지동설을 주장하다가 죽게 되지만 죽으면서도 '지구는 돈다'고 하는 고백을 남겼습니다. 성경은 본문에서 '위엣 것을 찾으라'고 강조하였습니다.

2) 사람은 어려울 때에 낙심하며 타락하기 쉽습니다.

그래서 나중에는 극약처방으로 치닫게 됩니다. 그러나 성도는 달라야 합니다. 왜냐하면 창조주 하나님을 믿고 따르기 때문입니다.
① 위에서부터 오는 것을 속물적인 것이 아닙니다.
거룩한 것이 되어야 합니다. 거룩하지 못하고 속된 것을 멀리하며 믿음 안에서 소망을 가져야 합니다. 그래서 버릴 것은 버려야 합니다(골 3:5-8)

② 어려움에서 승리했던 사람들은 하나같이 어려운 현실을 극복했던 사람들입니다.

하나님을 믿는 성도는 더욱 그러해야 합니다. 덴마크의 그룬비치라는 목사님은 소망을 불어넣어주며 국가를 오늘날의 낙농국가로 세워 놓게 되었습니다. 해적국가에서 낙농국가의 꿈을 이룩한 사람이 되었습니다.

3. 믿음 안에서 꿈이 있다면 위를 바라보면서 실행해야 합니다.
꿈과 이념만이 아니라 실천이 중요합니다.

1) 꿈을 향해서 한 걸음씩 전진해야 합니다. 옛 속담에 '천리 길도 한 걸음부터'라고 하였습니다.
① 늦더라도 꿈을 향해서 움직여야 합니다.

바울은 복음의 꿈을 안고 전진 할 때에 바울이 순교했지만 313년 후대에 가서 복음화가 된 로마가 되었습니다. 실망하거나 낙심치 말아야 합니다. 창조주 하나님을 믿기 때문입니다.

② 이 원리는 모두에게 통하는 진리입니다.

개인도, 기업도, 국가도 같은 원리가 적용됩니다. 교회 부흥 역시 마찬가지입니다.

초등학교도 못나왔는데 대우그룹에 입사하여 장인상을 받고 장영실상을 받고 대통령상을 몇 번이나 받은 김규환씨입니다. 더욱 우리는 하나님의 축복을 받은 사람이기 때문에 낙심치 말아야 합니다.

2) 꿈이 이루어질 때에 큰 기쁨이 있습니다.
그래서 창조주 하나님을 바라보고 믿음의 꿈이 있어야 합니다.
① 꿈을 준 사람들에 의해서 세계는 발전하였습니다.

바울은 복음 전도의 꿈을 이루기 위해서 그랬습니다. 톨스토이는 '이념은 길잡이다'라고 하였습니다. 콜럼부스는 매일 100번씩 '나는 할 수 있다'라고 외쳤다고 합니다. 그리고 아메리카 대륙을 발견했습니다.

② 중요한 것은 하나님을 믿고 그 믿음 안에서의 꿈입니다.

옛 것을 버리고 이제 새로운 그리스도의 나라를 바라보는 성도들이 되시기를 주의 이름으로 축원합니다.

◆ 결론 : 믿음의 꿈이 있어야 합니다. ◆

소망/천국

천국은 거듭난 사람의 것입니다
(요 3:1-8)

세상의 출생 비밀 속에는 부정모혈의 신비 속에서 이루어집니다. 이것은 자연적 출생의 비밀이요, 신비적인 일에 속합니다. 육신적으로도 출생의 비밀이 있듯이 영적으로도 반드시 다시 태어남의 비밀이 있습니다. 예수님은 천국에 관한 자격은 오직 물과 성령으로 거듭나고 다시 태어나는 영적 출생을 거치지 않고는 천국에 들어갈 수가 없다고 하셨습니다.

니고데모는 명문가 출신이요, 산헤드린 의원이며, 명성이 있는 사람이지만 그와 같은 외부적 지위나 재산이나 이런 것들이 천국에 들어가는 자격이 아니라는 것입니다. 죄와 허물로 죽은 인생이 천국에 들어가는 자격증은 오직 물과 성령으로 거듭나게 되고 다시 태어나는 중생(重生)의 역사가 있을 때만 이 천국에 들어가게 되는 영적비밀을 예수님은 말씀해 주셨는데 본문에서 은혜를 나누게 됩니다. 천국에 들어가는 자격자는 오직 물과 성령으로 거듭나는 조건입니다.

1. 예수님은 천국 가는 자격자로서 거듭나야 됨을 말씀해 주셨습니다.
천국에 들어가는 중요한 진리를 분명히 말씀하여 주신 것입니다.

1) 이는 영적 출생이라고 말씀하여 주셨습니다.
육적출생이 있을 때에 인간이 존재하듯이 영적으로 다시 태어나는 일이 있을 때에 비로소 새롭게 된 인생이 됩니다. 옛 사람은 육적이요, 죄와 허물로 죽은 상태(엡 2:1)이기 때문입니다.

① 인간은 누구나 죄의 지배하에 있는 옛 것을 버리고 새롭게 변화해야 합니다. 옛 사람은 죄의 사람이요, 하나님을 떠난 인생입니다. 그래서 본질상 진노의 자식이었습니다(엡 2:2-4). 회개와 함께(마 14:17; 행 2:38) 썩어져가는 옛 구습을 벗어 버려야 합니다(엡 4:23-24).
새롭게 태어나서 이제는 어두움에 있지 아니하고 새롭게 변화 받는 빛 가운데 있어야 합니다(엡 5:8). 이것이 곧 예수님이 말씀하신바 거듭남의 진리입니다.

② 이스라엘의 종교지도자요 랍비였던 니고데모는 이런 사실을 깨닫지 못하였습니다.
'니고데모'는 니코(승리), 데모(백성)의 합성어로서 '백성들의 승리'라는 뜻을 가지고 있습니다. 그러나 그는 거듭남의 진리를 깨닫지 못했습니다. 분명한 사실은 회개가 없고 거듭나지 않고는 천국에 들어가는 자격이 없다는 것입니다. 사도바울은 예수님을 알고 난 이후에 자기 자신이 변화된 모습을 분명히 간증하였습니다(빌 3:8, 14).

2) 예수님은 거듭나는 방법을 말씀해 주셨습니다.
어떻게 거듭나야 하는 것인가를 분명히 말씀해 주신 것입니다.
① 물로 거듭나야 합니다.
죄로 얼룩지고, 오염되었습니다. 그 죄는 누구에게나 있으며(롬 3:10, 23; 요일 1:8-9), 죄 값의 결과는 영원한 지옥형벌 곧 사망입니다(롬 6:23). 물로 씻어야 하는데 이 물은 곧 말씀이요(엡 5:26), 말씀은 창조하신 예수 그리스도라고 하였습니다(요 1:1-2). 이 말씀을 들을 때에 믿음이 생기게 되고(롬 10:17), 듣게 될 때에 살아나게 됩니다(요 5:25; 겔 37:1-14).
② 성령으로 거듭나야 합니다.
성령은 주님의 영, 하나님의 영이라고 하는데 예수님은 보혜사(παράκλητος)라고 하셨습니다(요 14:16-26) 그 분이 오셔서 '죄에 대하여, 의에 대하여, 심

판에 대하여 책망하시리라'(요 16:8)고 하였습니다. 이 성령은 또한 불과 같아서 모든 죄를 태우게 됩니다(행 2:1).
'우리 하나님은 소멸하는 불이심이니라'(히 12:29) 하였습니다(for our "God is a consuming fire"). 거듭남을 위해 죄와 모든 더러움을 태우고 씻는 영적역사인 것입니다.

2. 예수님은 영적 출생을 설명해주셨습니다.
영적으로 다시 태어나는 것은 굳이 설명한다면 이러합니다.

1) 영적 출생의 설명입니다.
이렇게 설명해도 듣지 못할 자는 듣지 못하게 됩니다. 그 마음이 어둡기 때문입니다(롬 1:21).
① 예수님은 거듭나는 것을 바람(wind)로 설명하였습니다.
성경에서 '영'이나 '성령'을 바람(wind)또는 숨결(breath)로 말씀했는데 바람이나 공기는 보이지 않으나 분명히 존재하고 나타나는 현상을 통해서 알 수 있듯이 거듭나는 것도 마찬가지입니다. 전능자의 기운(욥 33:4), 숨을 내쉬며 가라사대 성령을 받으라(요 20:22), 급하고 바람 같은 성령(행 2:2), 생기(창 2:7)라고 하셨습니다.
② 장대위에 달린 놋 뱀을 쳐다보고 믿는 것으로 설명했습니다.
민수기 21장 사건으로서 본문에서 사도요한은(요 3:14) 구원 받는 자격자로 다시 설명했습니다. 거듭나는 결과는 십자가 위에 달리사, 죽으시고 부활하신 예수를 믿고 구원받는 진리로 설명하였습니다. 곧 영생입니다.

2) 하나님은 독생자 예수를 십자가에 매달아 죽게 하셨습니다.
거듭남의 설명은 곧 영적 출생이요 다시 사는 것을 말합니다.
① 뱀에게 물린 자마다 놋 뱀을 쳐다보아야 하듯이 죄 아래 죽은 인생이 사는 길

은 십자가 위의 예수를 바라보아야 합니다.

믿음의 주요 온전케 하시는 이인 예수 그리스도이십니다(Let is fix our eyes on Jesus, 히 12:2).

② 바라보는 것은 곧 믿는다(Living)는 뜻입니다.

믿을 때에 하나님의 자녀가 되고(요 1:12) 영생입니다(벧전 1:9). 이 사람이 천국 가는 자격자요, 영생을 얻게 됩니다.

3. 거듭난 자에게는 영원한 특권이 약속되어 있습니다.

세상에서도 축복이지만 영원한 생명의 특권의 약속입니다.

1) 거듭난 사람의 특권이 있습니다.

세상에서의 잠시 잠간의 특권적 의미가 아닙니다. 영원한 특권이 있습니다.

① 영원한 생명 즉 영생의 특권이 약속되었습니다.

하나님의 자녀의 권세요(요 1:12), 영생이며(요 3:16), 영원한 생명이 약속되었습니다(요일 5: 11-13).

② 새롭게 태어났으니 이제는 새로운 피조물이 되었습니다.

사도바울은 분명히 간증했습니다(고후 5:17). 쓰다가 깨져서 버려진 놋요강이 불속에 들어가서 다시 주발 셋트로 변화된 모습으로도 설명되어집니다.

2) 새롭게 태어났으니 새롭게 쓰임 받게 되었습니다.

죄로 오염된 옛 사람이 아닙니다.

① 새롭게 된 그릇이 되었습니다.

불의한 병기에서 의의 병기가 되었고(롬 6:12-13), 새롭게 지으심 받은 그릇이 되었습니다(롬 9:24; 행 9:15; 딤후 2:20)

② 예수님 마음을 가지게 되었습니다.

마귀의 모습(요 8:44)이 있어서 죄와 거짓으로 가득했었는데 이제는 예수님의 마음(빌 2:5-6), 신의 성품(Divine Nature)으로 주와 합하게 되었고(고전 6:17) 변화 받게 되었습니다.

오래 동안 교회에 나왔어도 변화 받지 못한다면 자신을 확인해 보아야합니다(고후 13:5) 그러므로 거듭나기를 주의 이름으로 축원합니다.

◆ 결론 : 거듭났습니까? ◆

▪소망/천국

세상적 소망이 아니라 하나님 소망을 둔 사람들
(롬 8:31-39)

　이 세상을 살아가면서 중요한 단어 가운데 하나가 소망(hope)이라는 용어일 것입니다. 어렵고 힘들 때, 돌파구가 없을 때에 사람들은 의욕이 사라지고 드디어는 마지막 단계로 자살까지 감행하게 되는데 이들에게는 소망이 없기 때문입니다. 지금 세계는 사회 폭동으로 바뀌는 현상들이 매일 뉴스거리가 되었습니다. 각종 질병이 난무하고 있습니다. 자연재해가 세계 곳곳에서 일어나고 있습니다. 이슬람 원리주의자들은 9.11테러 같은 일을 또 꾸민다고 으름장을 놓아서 사회의 불안을 조장하고 있으며, 곳곳마다 안티 기독교들이 일어나서 기독교에 대해서 일전을 벌일 듯이 야단하는 때를 살아가고 있습니다.
　본문에서 사도바울은 그리스도인들에게 하나님의 사랑을 끊을 수 없다고 강조하였습니다. 따라서 마지막까지 성도 개인에게나 교회의 소망은 오직 예수 그리스도뿐임을 인식하고 담대하게 신앙으로 승리하게 되는데 우리에게는 분명한 신앙적 약속이 있습니다(벧후 3:10-14; 시 23:4-6). 본문에서 은혜를 받게 됩니다.

1. 이 세상을 살아가는 동안 생활을 약속으로 보장해 주셨습니다.
　구원받아 하나님의 백성이 된 사람은 축복의 울타리 목장 안에 있는 것과 같기 때문입니다. 천국에 입성할 때까지 약속하셨고 보장하셨습니다.

1) 예수님이 약속하신 언약을 보시기 바랍니다.
　마태복음 5-7장 산상수훈을 통해서 사람들의 초미니 관심사인 먹고, 입고, 마시는 문제를 약속해 주셨습니다.
① 먹는 문제를 염려하지 말라고 하셨습니다.
이는 인생들이 최고로 관심을 두고 염려하는 문제인데 예수님은 자연세계의 예를 들면서 말씀하여 주셨습니다(마 6:25, 26, 10:29; 욥 38:41 등). 온 세상이 두려워하여도 성도는 먹는 문제로 염려하지 말라고 하십니다.
② 입는 문제로 염려하지 말라고 하십니다.
자연 경관을 소재로 해서 설명하시면서 솔로몬의 옷도 이 꽃 하나만 못하다고 하셨습니다. '믿음이 적은 자들아 염려하여 이르기를 무엇을 먹을까 무엇을 마실까 무엇을 입을까 염려하지 말라'고 하셨습니다. 세상 모든 사람들이 이 문제에 빠져있기 때문입니다.

2) 하나님의 자녀들에게는 일용할 양식과 생활이 약속되었습니다.

예수님은 주기도문에서 '오늘날 우리에게 일용할 양식을 주옵시고'(마 6:9-)하였습니다(Give us today our daily bread)짧지만 중요한 부분입니다.
① 하나님의 자녀는 일의 성격에 따라서 부지런히 움직여서 일해야 합니다. 그리고 하나님의 보호를 구해야 합니다. '공중 나는 새'(fling bird)이지 '앉아있는 새'(sitting bird)가 아니기 때문입니다. 수십 년 먹을 양식이 아니라 일용할 매일양식(daily bread)이 중요한 약속입니다.
② 성도에게는 하늘 창고를 여는 열쇠를 특별히 주셨습니다.
하나는 기도의 열쇠입니다. 기도 열쇠로 기도해야 합니다. 또 하나는 십일조의 열쇠입니다.
켄달(R. A. Kendall)박사는 '아브라함이 시작하였고, 모세가 명령하였고, 말라기에 축복을 약속하셨으며, 예수님이 칭찬하신 십일조,'(말 3:10; 마 23:23)라고 강조하셨습니다. 긍정적 힘을 강조한 노르만 필(Norman V. Peale)에게 많은 질문이 던져질 때에 그의 답변은 당신이 돈에 대해서 염려하십니까?(Do you worry about money?) 답변은 '말라기 3장 10절'을 보라고 한다고 합니다. 엄마 품에 있는 아이는 염려가 없습니다.

2. 이 세상뿐 아니라 영원한 생명을 약속으로 보장해 주셨습니다.
잠시 동안 살아가는 세상입니다(시 90:4).

1) 이 세상은 잠깐이면 지나갑니다.
그래서 안개로(약 4:14), 경점으로(시 90:4) 표현하였습니다.
① 이것은 누구도 예외가 될 수 없습니다.
  왕, 재벌가, 유명인, 가난한 서민까지 모두가 포함됩니다. 그러나 이후에는 어떻게 될까요? 반드시 심판이 기다리고 있습니다(히 9:27). 그리스도인은 천국이 약속되었고 시민권자가 되었습니다(요 1:12; 빌 3:20).
② 성경이 분명하고 확실하게 약속한 말씀이요 우리 믿음의 본질적 문제가 됩니다.
  하나님의 자녀요(요 1:12), 영생이요(요 3:16), 의인이요(롬 10:10), 구원입니다. 약속을 보십시오(롬 3:24; 요 5:24). 따라서 구원은 확실한 약속입니다(롬 8:1-2).

2) 예수 믿는 믿음의 확신만 가지고 있으면 됩니다.
타국에 가기 위해서 비행 티켓을 가지고 비행기에 탑승했다면 시간이 지나게 되면 해결되는 것과 같은 이치입니다. 믿는 자는 예수 안에서 천국행 티켓이 주어졌습니다.
① 하나님의 영원하신 사랑 속에 있다는 것이 중요합니다.
  누가 이 하나님의 사랑에서 단절하고 끊을 수 있겠습니까? 염려되는 일이 발생하여도 합력하여 선을 이루게 됩니다(롬 8:28).
② 이 문제는 대한민국에 대한 하나님의 관심에도 연관이 있습니다.
  이 나라에 걱정되는 문제들이 여러 가지 있지만 하나님께 모두 맡기고 기도하는 편에 있어야 하고(출 32:32) 의인 편에 있어야 하고(창 18:32; 렘 5:1) 진실로 믿는 자의 편에서 이 나라를 위해서 믿음을 지켜야 하겠습니다. 하나님은 대한민국을 사랑하시며 사용하실 줄 믿습니다. 선교의 주체국가가 되었습니다.

3. 이 세상뿐 아니라 천국의 영원한 집까지 약속되었습니다.

세상에 환난과 문제가 생기게 되면 피난처가 어디에 있겠습니까? 성도의 피난처는 예수그리스도의 나라입니다.

1) 예수님이 준비하신 약속의 나라입니다.
예수님이 약속하신 그 나라가 분명합니다(요 14:1-6).
① 지구촌에 살아가는 육신들은 어디에도 피난처는 없습니다.
　믿는 성도들에게는 이 세상의 골짜기에서 어느 누구도 하나님의 약속의 사랑에서 끊을 수 없다는 약속입니다. 성도의 소망은 여기에 있습니다. 육신의 장막은 무너지겠으나 성도의 영원한 소망은 굳게 있습니다(고후 5:1-).
② 따라서 성도의 영원한 소망과 목표는 하나님 나라입니다.
　영원하신 하나님나라에 소망을 굳게 가지고 있어야 합니다. 성도들이 가져야 할 하나님 사랑이 최후 소망입니다(계 21:1-5).

2) 믿는 성도들에게는 약속대로 이루어지게 됩니다.
변치 않는 약속이기 때문에 기대해도 좋습니다.
① 반드시(must) 이 약속이 성취됩니다.
　천지는 변해도 주의 약속은 반드시 이루어지기 때문입니다. 이것이 누구도 그리스도의 사랑에서 끊지 못할 사랑입니다.
② 성도는 넉넉히 이기게 됩니다.
　'우리가 넉넉히 이기느니라'(롬 8:37) 하였습니다(No, in all these things we are more than conquerors through him who loved us).
　이 믿음 가운데 소망으로 사랑을 힘입어 승리하시기를 주의 이름으로 축원합니다.

◆ 결론 : 우리에게는 소망이 든든합니다. ◆

■ 믿음/구원

사방(四方)을 보는 눈을 가진 사람
(사 49:18-21)

우리 육체의 기관들이 중요하지 않은 기관은 하나도 없이 모두가 중요한데 그 기능(Function) 역시 모두 중요합니다. 눈은 보는 기능인바 만약 눈이 어두우면 온 세상이 캄캄하게 되기 때문에 무엇보다 중요합니다(마 6:22).

본문에서 선지자 이사야는 바벨론에 70년간 포로 될 것을 예언하고(사 48:20) 해방된 기쁨과 회복의 희망된 미래를 바라보면서 '네 눈을 들어 사방을 보라'(Lift up your eyes and look around)고 촉구했습니다.

이 시대의 그리스도인들은 영적 눈을 떠서 시대의 환경을 극복하고 장차 나타날 하나님의 나라를 보고 기뻐할 수 있는 눈이 필요한바 몇 가지 은혜를 나누게 됩니다.

1. 성도들에게 믿음의 신령한 눈이 열려야 합니다.

육적인 눈의 기능이 중요하듯이 영적이고 신령한 눈은 더욱 비교할 데 없이 중요합니다.

1) 성도들에게는 믿음의 눈이 열려야 됩니다.

그래야 미래의 축복과 장차 나타날 천국이 보이게 되기 때문인바 바울도 이를 강조해서 전했습니다(엡 1:17-18).

① 하나님께서 아브라함에게 말씀하셨습니다.

창 13:14에 롯이 아브라함을 떠난 이후에 다시 말씀하시기를 '너는 너 있는 곳에서 동서남북을 바라보라'고 하셨습니다.(Lift up your eyes from where you are and look north and south, east and west) 현재 처소에서 미래를 바라보아야 합니다. 이는 또한 믿음의 눈이 열려야 할 일입니다(히 11:1). 기독교 신앙은 이 말씀의 눈이 열리게 될 때에 모든 것이 가능합니다.

② 따라서 은평교회 성도들에게 믿음의 눈이 열리기를 바랍니다.

이아야 선지자는 유대 백성들에게 소경이요, 벙어리라고 책망했습니다(사 43:8, 56:10).

예수님은 소경도 눈을 뜨게 하시는 분이십니다(요 9:1-7) 예수님은 교회시대 모든 성도들에게 눈이 열릴 것을 강조해 주시기도 하셨습니다(마 13:9; 계 2:7).

라오디게아교회는 영적소경(blind)인지라 '네 눈먼 것'(계 3:17)을 알지 못한다고 책망 하셨습니다. 이는 구약 열왕기서(왕하 6:17)나 이사야 자신을 통해서도(사 6:1) 교훈해 주시는 말씀입니다. "내가 본즉"(I saw...)

2) 은평교회 성도들의 영적 눈이 열려야 합니다.

바울에게서는 사울로 지내던 눈에서 비늘 같은 것이 떨어지고 바울이 되었습니다(행 9:18).

① 우리의 눈에서 불신앙의 모든 비늘이 제거되어야 합니다.

아나니아가 사울을 위하여 기도하게 될 때에 눈에서 비늘이 벗겨지게 되었습니다. 그리고 음식을 먹으며 강건해 지면서 복음전하는 자로 변하게 되었습니다.

② 하나님께서는 유다인들에게 영적인 눈을 뜰 것을 계속하여 촉구하셨고 싸인을 주셨습니다(41:10, 42:3, 43:1-, 18, 44:1-2, 4, 21, 46:9, 47:4, 48:12, 49:15).

본문에서도 비록 바벨론에 장차 포로가 되겠지만 하나님의 손길을 바라보라고 촉구해 주셨습니다.

2. 하나님께서는 본문에서 보아야 할 것을 말씀하셨습니다.

1) 성도가 눈을 떠서 보아야 할 것이 있습니다.
① 하나님의 구속하심을 보아야 합니다.
'나 여호와가 반드시… 하리라'(18절) 하셨습니다. 바벨론에서 해방시키고 구속하심을 약속하신바 이 구속을 보아야 한다는 말씀입니다.
② 영안이 열리게 되니 돌아오는 무리가 보입니다.
'네 눈을 들어 사방을 보라 그들이 다 모여 내게로 오느니라'(18절) 하였습니다. '디아스포라' 즉 흩어진 민족이 사방에서 돌아오는 모습의 환상입니다. 하나님 교회는 돌아오는 탕자의 모습을 그리며 꿈을 꾸며 전도와 선교에 전심전력을 다해야 합니다. 이는 교회의 부흥 운동입니다.

2) 눈을 떠서 바라보는 대로 역사하시는 하나님이십니다.
예수님은 '네 믿음대로 될찌어다' 하셨는데 영적 믿음의 눈이 크게 떠져야 합니다.
① 황량하던 예루살렘거리에 다시 분주하며 거창하게 될 것을 말씀하시는 것입니다.
예루살렘의 번영의 축복입니다. 성경을 보시기 바랍니다(18-20절).
은평교회가 속한 7동지역(덕천마을)이 재개발되고 재건축되어서 다시 활기찬 내일과 교회부흥을 바라보게 하는 환상의 말씀입니다.
② 지역개발의 결과는 교회 부흥성장과 밀접합니다.
잠시 동안 힘들고 어려워도 인내하며 소망을 가져야 합니다. 하나님의 약속은 분명하기 때문입니다(17, 23절).

3. 하나님께서는 분문에서 세계를 향하여 보는 선교의 눈이 열릴 것을 말씀하셨습니다.

은평교회의 선교의 눈입니다.

1) 유대인들은 작은 숫자였지만 하나님께서 소망과 꿈을 주셨습니다.

12지파 중에 작은 지파요 숫자도 적지만 성전중심으로 하나님을 섬기는 지파였기에 소망이 있는 것입니다.

① 작지만 사용하시는 하나님이십니다(삼상 17:45-52).

그래서 남쪽 유다 계열에서 메시아가 태어나셨습니다(미 5:2). 예언이 성취되었습니다(마 2:6; 요7:42).

② 유다는 작지만 예수님이 유다에서 태어나셨습니다.

유다의 큰 축복입니다. 일찍이 아브라함에게 주신 복입니다(창 12:2, 13:14). 이는 신약교회에 주신 축복입니다.

2) 이제 은평교회 성도들이 눈을 크게 떠야 할 때입니다.

이 시대에 어떻게 해야 하겠습니까?

① 영적이고 신령한 눈을 떠서 전도, 선교해야 합니다. 대한민국이 작지만 위대하게 쓰임받는 국가입니다.

이는 주님이 명령하신 위대한 명령(Great mission)입니다(마 28:19; 막 16:15; 행 1:8).

② 사명자에게는 풍성한 약속이 기다립니다(마 28:20; 살전 2:19; 단 12:2).

영적인 눈을 좀 더 크게 뜨고 밝게 보아야 합니다. 이는 전도 선교, 축복, 번영 등이 이루어지는 현장에 서있기 때문입니다. 은평교회 성도들에게 이 눈이 크게 떠지기를 주의 이름으로 축원합니다.

◆ 결론 : 눈을 크게 떠야 합니다. ◆

■ 믿음/구원

구원의 방주인 가정교회를 세워라
(창 6:22)

　타락한 이후에 인간들이 사는 세상에는 어느 시대나 문제들이 있게 되는데 하나님의 심판의 대상이 되어버린 시대가 있습니다. 그것이 곧 노아의 홍수시대요, 지엽적이긴 하지만 소돔과 고모라 시대입니다. 바벨론의 몰락이나 거대한 로마의 무너짐은 모두가 그 흔적에서 보는 공통점은 도덕성의 몰락이 주요인이 되었는데 종말 때에도 예수님은 소돔과 고모라 때와 같다고 하셨고, 종말 때를 바벨론으로 상징하여 경고했습니다(마 24:37; 계 14:8, 18:2).
　도덕적 몰락은 곧 영적인 타락에서부터 오는바 하나님의 심판을 받을 수밖에 없는 시대가 되었습니다(창 6:6). 그런 때에도 하나님께서는 진노 중에라도 긍휼을 잊지 아니하시기 때문에(합 3:2) 노아에게 방주를 예비하시고 여덟 식구가 하나님의 말씀대로 방주를 예비하여 구원을 받았듯이 지금은 온 가족이 더불어서 예수님 재림을 준비하고 종말을 대비해야 할 때입니다.
　방주 안에 있을 때에 구원 받았듯이 예수님 안에 있을 때에 구원을 얻기 때문에 가정의 달을 맞이하여 온 가족이 예수 안에 방주를 지어가야 하겠습니다.
　교회론적인 측면에서 보면 교회 안에 있어야 하겠기에 본문에서 은혜를 나누게 됩니다.

1. 하나님은 심판 중에도 구원에 길을 주셨는데 방주가 곧 구원의 길입니다.

　성경에서 인간이 정녕 죽을 존재가 되었기에(창 2:17) 그냥 멸망당할 존재이지만 하나님은 자비로써 기회를 주셨습니다.

1) 하나님은 진노 중에라도 긍휼을 베푸시는 하나님이십니다.
죄로 말미암아 망할 때에도 긍휼을 베푸시는 것을 노아의 방주에서 봅니다.
① 진노 중에라도 긍휼을 베푸시기 때문입니다(합 3:2).
　진노 중에라도 '긍휼을 잊지 마옵소서' 하였습니다(in wrath remember mercy). 이는 바벨론에 70년간 포로 되어가는 중에서도 볼 수 있는 하나님의 긍휼하심입니다.(메튜 헨리)
　따라서 노아의 방주(方舟)는 하나님의 긍휼의 증표입니다.
② 노아는 하나님의 긍휼을 입은 자가 되었습니다.
　하나님의 은혜를 입은 자가 되었습니다(창 6:8). 그래서 방주를 짓게 되었고 여덟 식구가 방주에 들어가게 되었고 구원을 얻게 되었으니(창 8:1) 지금까지 한문에 배 선(船) 자에서 발견되어지는 증표이기도 합니다.

2) 하나님의 은혜를 입고 긍휼을 입기 위해서는 해야 할 일이 있습니다.
온 가족이 방주제작에 힘을 모았습니다.
① 이들은 하나님의 명하신 대로 방주를 짓는 사람들이었습니다.
　여덟 명의 가족이 120년간 방주 짓는 일에 전념하였습니다. 그 시대에도 반대하는 자들(Anti...)들이 있어서 방해 내지는 비아냥거림이 있었을 것입니다. 방주를 지으려면 바닷가에 지어야지 왜 산이냐, 비합리적이다, 산 위에 올라가면 되지 이렇게 날씨가 좋은데 무슨 홍수가 난다고... 등(메튜 헨리). 그러나 홍수가 나서 심판은 이루어졌습니다. '하늘에 계신 자가 웃으심이여'(시 2:1-4)라고 말씀하셨습니다.
② 세상 사람들이 뭐라고 하며 어떻게 나오든지 간에 노아의 여덟 식구는 방주에 전념하였습니다.
　이 세대에 모든 그리스도인들은 영적 방주에 힘써야 합니다. 하나님의 말씀이기 때문입니다. 성경은 반드시 이루어지기 때문입니다. 이런 때에 의인들이 죄악세상을 보고 심령이 상하여 사는 세상입니다(벧후 2:6-8). 그래도 위해

서 통곡하며 기도할 때입니다(겔 9:4-5).

2. 모든 가족이 살 수 있는 길은 방주입니다.
노아시대에 방주 외에 피난길은 전혀 없습니다(창 8:19). 모든 산까지 물밑에 있었기 때문입니다.

1) 세상에 다른 길로는 구원이 없습니다.
과학이 제아무리 발달해도 인간이 구원 받는 길은 없습니다.
① 방주는 곧 예수그리스도 교회입니다.
  그래서 예수 밖에는 구원의 길이 없다는 사실입니다. 이는 성경이 분명하게 가르치고 있습니다(요 14:6; 행 4:12; 딤전 2:5). 방주만이 구원의 길이듯이 예수 밖에는 다른 길이 없습니다.
② 온 가족이 더불어 방주를 지어야 합니다.
  온 가족이 함께 신앙생활 하는 가정이 복이 있습니다. 신앙이 하나 되기 위해서 기도해야 합니다. 사도행전의 이달리야대라는 부대의 군대 백부장인 고넬료와 그 가족은 또한 우리 시대에 좋은 영적이고 신앙적인 모델이 됩니다(행 10:1-4).

2) 온 가족이 하나의 믿음으로 방주를 지어야 합니다.
지금 시대에 가정마다 영적인 모습이 약화되는 때입니다.
① 온 가족이 철저하게 신앙적 가족이 되어야 합니다(창 7:1).
  어쩌면 넓은 천지에 비하여 방주 안은 감옥과 같은 곳이지만 여기에 구원이 있듯이 오늘날 교회생활이 자녀들에게는 답답하게 느껴지겠으나 이 곳이 구원받는 길임을 잊지 말아야 합니다.(메튜 핸리)
② 방주는 하나님을 믿기 때문에 제작했듯이 신앙생활은 믿음으로 해야 합니다. 이 믿음이 있었기에 노아는 순종했습니다(히 11:7). 온 가족이 아이들까지 신

앙중심으로 살아야 합니다.

3. 노아는 하나님이 명하신 대로 방주를 지었습니다(6:22, 7:5).
자기 마음대로 지은 것이 아니듯이 신앙생활은 내 마음대로 하는 것이 아닙니다.

1) 방주는 하나님께서 주신 방법대로 지었습니다.
① 외형적이고 가시적인 법대로 지었습니다.
  높이, 너비, 길이, 상 중 하를 잣나무로 지었고 역청을 발라서 물이 새지 않게 했습니다. 이것이 신앙생활입니다.
② 내면적 설계까지도 하나님의 법대로 지었습니다.
  반신반의가 아닙니다. 철저한 믿음으로 지었습니다(히 11:7).

2) 하나님의 방법대로 지을 때에 축복이 임하였습니다.
① 노아의 방주에서 그 예를 찾게 됩니다.
② 모세의 성막에서 그 예를 보게 됩니다(출 39:42).
③ 신앙생활은 말씀 따라 해야 합니다(마 7:20-).
  자유분방한 시대지만 가족들 모두가 하나님의 법대로 신앙생활을 건축해야 하는 시대입니다. 신앙의 집이 합격되게 되시기를 주의 이름으로 축원합니다.

◆ 결론 : 온 가족이 더불어서 신앙생활 해야 합니다. ◆

믿음/구원

본받아야 할 갈렙의 신앙
(수 14:6-15)

세상에는 역사 속에서 본받아야할 인물이나 사건들이 많습니다. 그래서 그 역사의 사건이나 인물을 통해서 발전적인 세상으로 나가게 됩니다. 일반적인 역사나 인물에서도 그러하지만 성경에서나 교회사 속에서 펼쳐지는 드라마틱(Dramatic)한 일이 많이 있습니다.

예컨대 위대한 바울도 유명하지만 바울이 있기까지는 뒤에 숨어서 잘 보이지는 않지만 바나바의 신앙과 그의 활동은 신약시대에 길이 남은 인물로 기록되게 됩니다.

히브리서 저자는 히브리서 11장에서 믿음의 큰 산맥들을 소개하였습니다. 본문에는 위대한 신앙의 사람 갈렙에 대해서 소개하였습니다. 출애굽하여 가나안을 점령하게 되는데 그의 신앙의 위력이 더 빛이 나는 장면입니다. 12명의 정탐꾼 사건(민 12-14장)에서도 오직 믿음의 진면모를 보여주었던 사람으로서 그의 믿음대로 가나안을 전령해 나가는데 믿음이 돋보이게 됩니다. 85세의 고령에도 불구하고 산지 점령을 자원하는 갈렙의 산 신앙에서 많은 것을 배우고 은혜 받게 됩니다.

1. 갈렙은 여호수아와 함께 하나님 중심의 사람이었습니다.

가나안에 들어오기 전인 광야 생활에서도(민 13-14장) 가나안을 정복해 나가는 과정에서도 언제나 하나님 중심적인 신앙인의 모습입니다.

1) 시종일관 하나님 중심의 신앙이었습니다.
생활과 환경과 현실에 관계없이 하나님을 중심한 신앙입니다.
① 세상의 배경과 환경과 상황은 변합니다.
　좋을 때도 있지만 나쁠 때도 있습니다. 홍해가 갈라지고(출 14:21), 마라의 쓴물이 단물로 바뀌고(출 15:22-25), 엘림의 휴식처도 있으며(출 15:27), 만나와 메추라기의 축복도 쏟아지고(출 16:11-14), 반석에서 샘이 터지는 현장도 보았고, 아말렉과의 전쟁에서도 이겼습니다(출 17:10-16). 불기둥과 구름기둥으로 인도함을 받은 역사도 보게 됩니다(출 13:21, 40:37-38). 40년 광야생활이 축복이었습니다(신 8:1-4).
② 그러나 이스라엘 백성들은 언제나 그랬듯이 원망과 불평으로 일관된 생활이었습니다.
　홍해 앞에서(출 14:11), 마라의 쓴물에서(출 15:24), 므리바에서(민 20:1-6), 고기 먹고 싶다고(민 11:1-7), 정탐꾼의 대부분이(민 13:1-14), 이것은 우리의 거울이 됩니다(고전 10:1-11).

2) 갈렙은 언제나 하나님 중심이었습니다.
갈렙이 등장하는 곳에는 언제든지 긍정적으로 나아갔습니다.
① 갈렙의 신앙적 흔적을 보시기 바랍니다. 그 흔적이 갈렙을 말하여주고 있습니다.
　오늘 본문에서도(6, 8절) 그 흔적을 뚜렷하게 보여주고 있습니다. 사도 바울은 전했습니다. '내게 능력 주시는 자 안에서 내가 모든 것을 할 수 있느니라'(빌 4:13)(I can do everything through him who gives me strength).
② 오늘 본문에서 갈렙은 이 믿음이 있기에 산지점령을 나서게 됩니다.
　현대 전쟁에서도 산지점령은 매우 어려운 전쟁에 속하게 되는데 그 옛날 아낙자손이 버티고 있는 대단한(민 13:33) 사람들이 있기에 갈렙의 믿음에 역사가 위대하게 됩니다.

2. 갈렙은 여호수아와 함께 하나님의 약속하신 말씀을 믿는 사람이었습니다.

가나안의 약속입니다.

1) 조상 때부터 시작하여 대대로 약속한 약속의 땅입니다.

한두 번 한두 사람에게 하신 약속이 아닙니다.

① 믿음의 조상들에게 때마다 계속 말씀해 주셨습니다.

창세기에서 아브라함에게 약속하심을 보시기 바랍니다(창 12:14, 13:14-17, 15:14-16). 그리고 창세기 50장 25절 이후에 요셉을 중심한 사건이 가나안의 약속을 더욱 견고히 합니다.

갈렙은 이 사실을 의심 없이 믿고 실행했습니다.

② 모세 역시 분명히 믿었고 증거 했습니다.

미디안 광야에서 이드로의 양을 치던 모세를 부르심도(출 3:1-8) 약속을 이행하시는 하나님의 역사였는데 갈렙은 이 믿음이 강했습니다.

2) 갈렙은 그 사실된 약속의 말씀을 믿었습니다.

믿기 때문에 믿음에 대한 능력이 발동하게 됩니다.

① 갈렙의 믿음의 승리를 보시기 바랍니다.

구구절절이 믿음의 고백이요 믿음의 승리를 예고하여 주고 있습니다(6, 10, 12). 그래서 믿음은 위대합니다.

② 갈렙은 45년간 하나님의 약속하신 말씀이 이루실 줄 믿고 가슴에 품고 살았습니다.

성경은 이런 사람들에 의해서 이루어지게 됩니다. 마지막 종말 때에도 반드시 이루어지게 됩니다(계 10:7; 사 55:10-11).

3. 갈렙은 여호수아와 함께 절대적으로 하나님만 믿었습니다.

계속하여 변화무쌍한 환경과 배경 속에서도 변치 않았습니다(사 26:3).

1) 하나님만 믿는 믿음이 변치 않았습니다.

우리는 변치 말아야 합니다(사 26:3; 마 24:12; 눅 18:8)

① 하나님을 믿는 믿음이 약해지지 아니했습니다.

이것이 갈렙의 신앙의 비젼이 됩니다(12, 16).

② 신앙은 곧 믿음인데 믿음이 약해지지 말아야 합니다.

그래서 예수님은 믿음을 강조하시며 기적을 보여주셨습니다(마 8:10, 13). 백부장의 믿음은 그 대표적입니다. 이 믿음이 있을 때에 하나님을 기쁘시게 해 드립니다(히 11:6). 우리는 언제나 믿음의 성공자들이 되어야 합니다.

2) 갈렙은 믿음으로 충성된 사람 중에 하나로 남게 되었습니다.

광야교회(행 7:28)가 그랬듯이 신약교회도(마 16:17-18) 이 믿음이 중요합니다.

① 믿음이나 충성은 같은 뜻입니다.

헬라어에서 믿음이나 충성은 같은 낱말로써 피스티스(πίστις)라고 하는바 믿음이 있을 때 충성하고, 충성할 때에 믿음이 성장하게 됩니다.

② 여호수아와 갈렙의 시대와 같이 지금도 말씀을 믿는 사람들과 헌신의 사람을 찾고 계십니다(시 101:6).

하나님만 신뢰(Trust)하고, 믿어야(Faith) 합니다. 가나안의 점령자 여호수아와 갈렙과 같이 천국과 축복을 점령해 나가게 되시기를 주의 이름으로 축원합니다.

◆ 결론 : 하나님은 믿음이 있는 사람을 통해 일하십니다. ◆

[믿음/구원]

주님을 볼 사람들에게 주시는 명령
(히 12:14-17)

동서양을 떠나서 모든 그리스도인들의 최후 소망은 장차 예수그리스도를 만나는 일입니다. 그때에는 실적으로 예수그리스도를 만나 뵈옵고 못자국난 손과 발을 볼 것이며 옆구리의 창자국도 정확히 볼 것입니다. 그전까지는 우리가 거울로 보듯이 희미하게 느껴집니다(고전 13:12).

사람에게는 세 가지 눈이 있어야 하는데 육안입니다. 우리의 눈은 크기가 24mm요, 무게는 7g정도라고 하니 작은 존재이지만 온 몸을 밝히는 등불과 같은 존재입니다. 또 하나는 지안과 마지막으로는 영안이 중요합니다.

시편에는 '내 눈을 열어서 주의 법의 기이한 것을 보게 하소서'(시 119:18)하였고, 사울의 눈에서 비늘 같은 것이 벗겨지면서 인생이 달라졌습니다(행 9:18). 엠마오로 내려가는 제자들에게는 예수님이 동행중에 계신데도 몰라보았고(눅 24:13) 예수님 말씀을 들을 때에 비로소 눈이 밝아져 예수인줄 알아보게 되었습니다(눅 24:31).

사람은 어디에 관심을 두느냐에 따라서 관심사가 달라지는데 구두수선공은 사람들의 구두 뒤축만 바라보고, 이발하시는 분은 사람들의 머리에 관심을 두게 됩니다. 그리스도인은 예수 그리스도에게 최대 관심을 두어야 하며 주님을 바라보아야 하기 때문에 본문에서 은혜를 받게 됩니다.

1. 영안이 열린 사람은 화평과 거룩함을 좇으라고 명령하였습니다.

'모든 사람으로 더불어 화평함과 거룩함을 좇으라 이것이 없이는 아무도 주를 보지 못하리라'(14절) 하였습니다. 이는 명령형입니다.

1) 궁극적으로 주님을 뵙기 위해서는 주님의 명령을 따라야 합니다.
그래서 명령이요, 반드시(must) 따라야하는 개념입니다.
① 먼저 화평을 따라야 합니다.
　화평(peace)은 중요합니다. 이는 예수님께서 최고로 강조하셨습니다(마 5:9, 23). 사도 요한도 강조하였고(요일 2:2), 바울도 강조하였습니다(엡 2:14). 화평한 자가 복이 있습니다.
② 하나님과 바른 관계를 맺는 사람은 화평케 하는 사람입니다.
　이는 하나님과 사귐이 있는 사람이요(요일 1:6-), 빛 가운데 있는 사람이기 때문입니다(요일 2:9). 성도들은 영원히 천국에 같이 가서 주님을 뵈올 분들이기 때문에 화평해야 합니다.
　따라서 그리스도인은 분쟁자(trouble maker)가 아니라 평화의 조성자가 되어야 합니다(peace maker). 국제적으로도 테러리스트(terrorist)는 국제적 문제 아입니다.

2) 예수님을 닮아가는 성도가 되어야 합니다.
세상을 살면서 누군가는 닮아가는 생활을 하게 되는데 누구를 닮고 있습니까? 육체적으로 가족 중에 누군가를 닮아가듯이 우리는 예수님을 닮아야 합니다.
① 누군가를 닮아야 하는데 그대상이 중요합니다.
　토마스 아퀴나스(Thomas Aquinas)는 「그리스도를 본받아」라는 책에서 '우리는 예수 그리스도를 본받아야 하고 닮아야 한다'고 했습니다. '부전자전'이라고 하는데 예수님을 본받아야 합니다(빌 2:5, 1:8).
② 사람은 누구나 닮은 사람을 따라가게 됩니다.
　바리새인들과 서기관들은 마귀를 닮아갔습니다(요 8:44). 그들의 그릇된 욕심, 살인, 거짓이 마귀의 것이었습니다. 그러나 그리스도인들은 언제나 예수

님을 닮아서 살아가야 됩니다. 왜냐하면 언제인가 반드시 주님을 뵈올 날이 오기 때문입니다. 그래서 항상 예수님처럼 화평을 따라가야 합니다.

2. 영안이 열린 사람은 악한 것을 그 모양이라도 버리고 의와 선을 따라가야 한다는 명령입니다. 결국 하나님의 심판의 때가 오기 때문입니다.

1) 이것을 본문에서 '쓴 뿌리'라고 하였습니다(15절).
쓴 뿌리가 나서 괴롭히게 되면 곤란합니다.
① 마귀가 뿌려놓은 쓴 뿌리입니다.
 씨를 뿌릴 때에는 분명히 좋은 것을 뿌려 놓았는데 그 위에 마귀가 덧뿌리고 간 후 그릇된 것이 나게 됩니다(마 13:24). 추수 때까지는 어쩔 수 없이 함께 존재 하겠지만 추수 때가 오면 불에 살라지게 됩니다.
② 쓴 뿌리는 곧 가라지와 같은 존재로서 문제가 됩니다.
 쓴 뿌리나 가라지는 은혜 받는데 방해가 되고 받은바 은혜와 축복도 어렵게 만듭니다. 기도하지 못하게 하고, 헌신하지 못하게 하며, 축복받는 일에 훼방을 놓게 됩니다. 따라서 내속에서 뿐 아니라 교회 안에서도 쓴 뿌리가 자라나지 못하게 해야 합니다. 그래서 악은 모든 모양이라도 버려야 합니다.

2) 눈을 크게 뜨고 즉시 발견해야 합니다.
세균이나 악한 병균처럼 번지기 쉽게 되기 때문입니다.
① 쓴 뿌리나 가라자와 같은 존재가 내 생활 속에 활동하지 못하게 영적 생활에 힘써야 합니다.
 새가 날아가다가 오물을 내 위에 떨어뜨리는 경우는 어쩔 수 없지만 그 새가 내 머리위에 앉아 둥지를 튼다면 큰일입니다(성결교 창시자 이명직 목사). 그래서 영적인 시야를 바르게 뜨고 분별해야 합니다.
② 전염병은 빨리 제거해야 하는 것과 같은 원리입니다.

구제역으로 인하여 돼지, 소, 닭, 오리 등 많은 짐승들이 생매장 될 때에 얼마나 큰 피해를 보았습니까? 전염병과 같은 악한 생각, 공산주의 사상, 불신앙적 요소들이 제거되어야 합니다.

그렇지 않으면 구제역 이상의 피해가 올 수 있기 때문입니다. 영적 눈이 활짝 떠져서 밝히 볼 수 있어야 하겠습니다.

3. 영안이 열린 사람은 영적으로 무엇이 중요한지를 분별하라는 명령입니다.

'음행과 팥죽으로 장자를 판 에서와'(16절) 같습니다.

1) 영적으로 분별할 것을 성경이 제시하였습니다.

에서가 그 좋은 예가 됩니다.

① 에서는 세상것 때문에 영적인 것을 경홀히 여기게 되었고 천추에 영원한 한을 남기게 되었습니다. 형과 동생의 질서요, 축복의 기업을 배고픔을 해결하고자 팔아버렸습니다.

가룟유다는 예수님을 팔아버렸고(행 1:18-19), 아나니아와 삽비라는 천국 상급까지 버린 자가 되었습니다(행 5:1-5).

② 우리에게 예수 믿는 명분이 세상적인 것과 비교가 되겠습니까?.

하나님의 자녀, 천국백성, 천국상급, 천국의 면류관 자손만대까지의 축복이 있는데 이것과 견줄만한 무슨 이유가 있겠습니까? 세균을 연구하는 학자들에 의하면 균은 나쁜 균도 있고, 좋은 균도 있다고 하는데 영적인 좋은 균이 득세하게 해야 합니다. 우리는 주님을 바라보는 사람들이기 때문입니다.

2) 세속적이고 세상적인 것은 모양이라도 버려야 합니다.

① 지금 세상은 북왕조의 아합 때와 유사합니다.

많은 사람들이 세속주의와 타협하게 되고 방황합니다. 이제는 선지자 엘리야의 결단을 본받아 바르게 서야 할 때입니다. 하나님이냐, 바알이냐의(왕상

18:21) 분명한 신앙적 결단이 요구 됩니다.
② 지금은 영적인 대결의 때입니다.

믿음의 눈을 바르게 뜬 사람들과 그렇지 못한 소경된 사람들의 대항입니다 (사 56:10). 이른바 진리의 전쟁(Truth's War)의 때입니다. 주님을 뵈올 사람들이기 때문에 굳게 서서 승리자가 되시기를 주님의 이름으로 축원합니다.

◆ 결론 : 영적인 싸움에서 이겨야 합니다. ◆

믿음/구원

여호와는 그 성전에 계신다
(합 2:18-29)

하나님께서는 영이시기 때문에(요 4:24) 아니 계신 곳이 없습니다. 신학적인 용어로 무소부재(無所不在)라고 말합니다. 그래서 성경은 이런 사실을 분명하게 말했습니다(욥 1:3-4; 암 9:2-4; 시 139:7-8등). 언제 어디서나 시간과 공간을 초월해서 임재해 계신 분이십니다. 정확한 연대는 학자마다 조금씩 다르나 하박국 선지자는 주전(B.C) 607년경에 유다를 중심으로 활동한 선지자로써 짧은 3장 밖에 되지 않지만 내용상으로는 거대한 산맥과 같이 전하였는데 요약해 보면 다음과 같은 알찬 내용으로 구성되었습니다. 질문 형식의 기도로써 기도했는데 왜 응답이 없습니까?. 악한 자가 득실대며 형통하는 이유는 왜 그렇습니까? 하나님을 멀리하는 나라들과 악한 세력이 왜 득세하는 것입니까? 그리고 거기에 대한 하나님의 응답의 내용들과 하나님의 뜻이 어떠함을 보여주시는 말씀으로 구성되었는바 그 중에 본문에서 은혜 받게 됩니다.

1. 악한 때에 의인이 살길은 오직 믿음이라고 하였습니다.

왜 하박국 시대뿐이겠습니까? 의인이 하나도 없으며(롬 3:10) 모든 사람이 죄를 범하였으매(롬 3:23) 허물과 죄로 죽었습니다(엡 2:1).

1) 그런데 하나님의 심판이 가까울수록 죄악이 더욱 심각해집니다.
그래서 예수님은 종말 때를 말씀하실 때마다 언급하신 때가 있습니다.
① 노아의 때와 같다고 하였습니다(창 7장).

인간들의 죄악이 관영해서 하나님이 인간 창조하심을 한탄하시고 물로 심판하실 것을 말씀하시며 노아에게 준비케 하시고 노아의 여덟 식구만 구원하셨습니다. 말세 때에도 노아의 때와 같다고 하였습니다. '노아의 때와 같이 인자의 임함도 그러하리라… 인자의 임함도 이와 같으리라'(마 24:37)하셨는데 노아의 때는 물로 심판하였으나 말세 때에는 온 세상을 불로 사르기 위해서 준비하십니다(벧후 3:6-7). 온 세상 인간들의 죄악에 대한 심판도 준비되어 있습니다.

②롯의 때와 같다고 하였습니다.

소돔과 고모라의 죄악이 하늘에 치솟게 되었고 하나님께서는 천사를 보내어 실사하게 하였는데(창 19:5-9) 소돔성 사람들은 천사까지도 범하려고 야단법석이었습니다. 그런데 문제는 지금 이 세상이 소돔성을 방불케 하는 죄악세상으로 가고 있다는 사실입니다. 이는 성경이 예언한바 대로이며(눅 17:28) 고대 바벨론이나 로마가 망할 때와 같은 현상이기 때문에 정신을 차리고 죄악에 떠내려가지 않도록 조심해야 합니다(계 18:4). 지금은 택한 백성들에게까지 접근하는 사탄의 세력이 강한 때입니다(벧전 5:8-9).

2) 악한 세대에 의인된 성도가 살길은 오직 믿음뿐입니다.

'의인은 그 믿음으로 말미암아 살리라'(4절)(but the righteous will live by his faith) 하였습니다.

①그런데 말세 때의 특징은 믿음이 약해지는 때라고 하셨습니다.

말세의 특징 중에는 불법이 성하므로 사랑이 식어지며(마 24:12) 그래서 개인도 교회들까지도 사랑이 고갈되는 때가 됩니다. 이기주의만 성행해서 자기밖에 모르는 시대가 오게 된다는 것입니다. 또 한 가지는 믿음이 약해지기 때문에(눅 18:8)'인자의 때에 세상에서 믿음을 보겠느냐'고 하셨습니다.

②따라서 말세 때의 성도는 더욱 믿음을 굳게 지키고 있어야 합니다.

환경과 배경이나 세상일들을 바라보지 말고 오직 믿음의 주요 온전케 하시는 분이신 예수그리스도만 바라보아야 합니다(히 12:2). 믿음은 하나님의 선물이며(엡 2:8), 이 믿음으로 의에 이르기 때문에 믿음을 굳게 지켜야 합니다(롬 10:10). 구약의 모든 의인들 모두가 믿음으로 승리하였다고 하였습니다(히 11장). 마지막 세상 종말이 온다 해도 믿음으로 굳게 서기를 바랍니다.

2. 악한 시대에 의인은 응답하시는 하나님을 바라보고 살아야 합니다.
하나님은 반드시 응답하시고 응답하시는 하나님이십니다.

1) 보응과 응답은 하나님의 약속이십니다. 세상의 약속은 상황 따라서 펑크가 날 때가 있지만 하나님은 반드시 지키시며 거짓말이 없으십니다(히 6:28).
① 비록 더딜지라도 이루어지게 하십니다.
'비록 더딜지라도 기다리라 지체치 않고 정녕 응답하리라'(합 2:3)하였습니다. 시간적 차이는 있겠지만 응답은 분명히 오게 됩니다. 이스라엘 백성이 유혹 받고 섬기던 우상들과는 전혀 다릅니다. 그것들은 유익을 주지 못하였고 거짓 스승이며 그것들은 금과 은을 녹여서 입힌 것이라 그 속에는 생기가 없습니다(합 2:18-19; 시 115:4-).
② 하나님은 우상을 제일 싫어하십니다.
그래서 십계명 중에 1-2계명이 우상에 대한 경고입니다. 그런데 말세 때의 특징은 사람들이 학문이 높고 과학이 발달해도 우상이 득세 하는 때입니다(계 9:20-21). 온천지에서 우상과 사탄의 세력들이 만연한 때가 오게 됩니다. 이런 때에 하나님의 심판이 공의롭게 세상에 임하게 됩니다.

2) 하나님 백성인 의인은 응답하시는 하나님만 믿고 바라보아야 합니다.
말세의 위기에서 살길은 오직 하나님밖에 없습니다.
① 하나님 없는 인생은 반드시 망합니다.
반대로 하나님 중심한 인생은 반드시 결과가 흥하게 되는 것이 성경의 약속

입니다. 따라서 어떤 일이 있든지 하나님을 잃지 않도록 살아야 합니다. 하나님은 인생들에게 기회를 주시는데 하루가 천년같이 천년이 하루같이 기다리시면서 모든 인생들이 하나님의 의로운 길로 돌아오기를 기다리십니다(벧후 3:8-9).

② 예배당까지 나왔지만 깨닫지 못한다면 큰 문제가 됩니다.
교회에 나왔으면 하나님 말씀을 바르게 깨닫고 의의 길로 살아야 합니다. 하나님은 복과 저주 그리고 생명과 사망의 길을 제시해 주셨습니다(신 30:15). 은과 금으로 만든 것들은 생명이 없지만 하나님 말씀은 살아 역사하십니다(히 4:12).

3. 그 하나님은 성전에 계신다고 하였습니다.

'오직 여호와는 그 성전에 계시니 온 천하는 그 앞에서 잠잠할지니라'(2:20)하였습니다.

1) 구약에서는 보이는 건물이 성전 이었지만 신약에서는 예수님이 성전이시고 예수 그리스도를 믿고 영접한 사람이 성전입니다.

① 성전을 건축해야 합니다.
솔로몬이 성전을 건축하고 헌당을 할 때에 하나님의 신이 그 전에 가득 임재하여 계셨습니다(왕상 5:6). 총 인원만 183,300여명이 동원되어서 미목, 미석으로 아름답게 건축되었습니다.

② 정성을 다해서 건축하였습니다.
그 돌을 다듬고(왕상 5:18), 아로새기며(왕상 6:18), 정금으로 입히게 되었습니다(왕상 6:10-12). 그리고 맡은 분야마다 제각기 임무를 다해서 아름답게 건축되었습니다. 시끄러운 소리나 잡소리가 들리지 아니하였고(왕상 6:7), 최고의 재료를 사용하였으며(왕상 6:22), 하나님께서 명하신바 그 설계도대로 건축하였습니다(왕상 6:38). 이 모두는 신약성도들의 견본입니다.

2) 신약교회는 마음의 성전입니다(고전 3:16, 6:19; 고후 6:16; 엡 2:21).

① 그래서 교회는 모든 성도들이 합심된 교회가 되어야 합니다(요 17:11; 엡 4:1-6).

② 정성을 다하는 교회생활이 중요합니다. 교회에 나올 때에 복장 하나까지도 중요합니다.

③ 지체로서의 각자의 모습에서 주님이 중심에 계시게 해야 합니다.

시끄러운 소리가 들리지 않게 해야 하고 주님이 최고의 자리에 계시게 해야 합니다.

④ 언제나 하나님 말씀 안에서 신앙생활을 해야 합니다.

그렇지 않으면 문제가 됩니다(마 7:24-29; 왕상 9:3). 말세가 되면서 세상은 온통 어둠과 죄악으로 가득해 가지만 주님의 성전 된 교회는 언제나 주님 모시고 거룩한 모습 속에서 부흥해 나가야 합니다. 은평교회가 이런 교회로서 축복받게 되시기를 주님의 이름으로 축원합니다.

◆ 결론 : 죄악된 세상에서 구별된 교회가 되어야 합니다. ◆

■ 감사/가정

고통 중에도 피어난 다니엘의 감사의 모습
(단 6:10-24)

    지금까지 우리는 무한 경쟁력이라는 슬로건을 가지고 정신없이 매일같이 뛰기만 하는 생활 속에 살아 왔습니다. 그러다보니 무한 경쟁력이라는 용어가 말하여 주듯이 개인과 가정과 사회 그리고 온 국가 전체가 지쳐있는 모습이고 심지어 교회들마저 성도들의 안식처가 아니라 피곤을 느끼는 곳이 되어버린 시대에 살고 있습니다. 지구촌에는 굶주리고 배고파서 죽어가는 무리들이 수없이 많은데 이만큼 하나님의 축복 속에 살면서도 성장이라는 용어만 익숙하였지 감사라는 말은 많지 않은 생활이 되어버렸습니다. 이제는 뛰던 발걸음을 조금 늦추고 감사라는 치료제를 투여할 때가 되었습니다.

    감사야말로 성숙한 신앙의 모습이요 하나님의 뜻이기 때문입니다(살전 5:16-18). 감사가 고갈된 시대에 우리의 신앙이 다시 한번 일어나는 계기가 되기 위해서는 추수감사절의 의미를 생각해야 할 때입니다. 본문에서 다니엘은 조국 유다가 바벨론에 70년간 포로 되었을 때에 바벨론에서 일어났던 사건으로서 우리에게 이미 잘 알려진 내용이지만 다시 한번 본문에서 감사를 배우게 됩니다. 사자굴속에 들어 갈 줄 알면서도 감사 기도한 모습입니다.

    그 하나님께 감사하였다(giving thanks to him God). 1620년 11월 29일 청교도들이 새로운 땅에 건너가서 황무지를 개간하고 감사절이 시작되었다면 성경은 이보다 훨씬 더 빨리 우리에게 감사절을 명하였습니다(출 23:16-). 본문에서 은혜의 시간이 되시기 바랍니다.

1. 다니엘이 감사한 배경과 환경은 좋지 아니한 때였습니다.

꽃 중에 매화가 있는데 눈 속에서도 꽃이 핀다하여 설중매라 부르는데 다니엘의 감사가 그러합니다.

1) 상황이 제일 악조건 중에 일어난 감사입니다.

기도하는 신앙을 걸어서 고발하게 되고 거기에 걸려서 현장법에 저촉되어 사자굴에 들어가는 상황에서도 감사하는 신앙은 감사의 위대성을 보여줍니다.

① 다니엘을 죽이려는 온갖 음모와 모략 투성이 상태에 있습니다.

언제 터질지 모르는 지뢰밭을 걷는 것과 비교가 됩니다. 그런데 다니엘은 감사하였기에 그의 신앙이 위대한 신앙입니다. 창 39:20에 나타나는 요셉의 신앙과도 비교되는 신앙이며 따라서 구약에 나타난 위대한 신앙의 두 인물이라고 하게 됩니다. 예수님은 환난에서도 평안을 명하시게 되었습니다(요 16:33). 예수 믿는 사람은 다니엘, 요셉 등과 같이 환난 중에도 감사를 배워야 합니다.

② 다니엘은 이제 극악분자들의 극악한 모함에 빠져서 잡혀가게 됩니다.

자기들이 쳐놓은 그물인 기도하는 모습을 보였기 때문입니다. 다니엘의 기도 신앙은 그들의 모함 속에서도 약화되지 않은 신앙이었습니다. 이것이 또한 간교하기 그지없는 사탄의 간교술이기도 합니다. 사탄 마귀는 지극히 간교합니다(창 3:1). 그래서 사탄마귀는 대적해야하고 물리쳐야 합니다(약 4:7). 다니엘의 감사한 신앙은 사탄마귀의 간교한 술책을 이기게 된 감사였습니다.

2) 다니엘은 최고의 악조건 가운데서도 감사했습니다.

유다왕 여호야김 3년에 느브갓네살에 의해서 끌려간 이후에 수많은 유다인들이 곤욕을 치루는 가운데서도 다니엘은 주전536년 페르시아 고레스 3년에까지 활동한 하나님의 선지자로 승리한 선지자였습니다.

① 어렵게 될 때마다 기도하였고 기도와 감사 속에서 난관을 극복하고 승리케

된 사람이 되었습니다(단 1:10, 3:1, 16-).

그 가운데 본문에서는 사자굴에 들어가는 최악의 현실이 왔지만 다니엘은 감사하였고 기도하여 하나님이 살아계심을 보여주었습니다. '이 조서에 어인이 찍힌 것을 알고도... 그 하나님께 감사하였더라' 했습니다.

② 다니엘의 감사는 '예루살렘을 향하여 열린 감사'였습니다.

예루살렘은 고국이요, 성전이 있는 곳이요, 예배하는 곳이요, 돌아가야 될 본향이었습니다. 비록 타국에 와있어도 잊지 못할 곳입니다. 우리는 이 시간에 처음 은혜 받고 사명 받고 성령 받던 때를 뒤돌아보아야 할 때입니다. 그리고 다시 감사를 회복해야 합니다. 청교도들의 신앙이요 믿음의 선진들이 걸었던 신앙입니다.

③ 다니엘은 기도 가운데 감사하였습니다.

경건생활의 중심은 언제나 기도가 살아있어야 합니다. 타국에 있지만 타국문화에 젖지 아니하고 이길 수 있었던 것이 기도입니다. '전에 행하던 대로 하루에 세 번 씩 무릎을 꿇고 기도하며' 했습니다. 시편 기자는 하루 세 번 아침, 정오, 저녁에 기도한다고 하였습니다(시 55:17).

2. 어려운 역경에서도 감사한 사람들이 있습니다.

매사가 잘되고 문제가 없는데도 감사하는 것은 당연한 일이고 역경과 고난 속에서 감사하는 신앙이 중요합니다.

1) 이런 감사는 하나님께서 귀하게 보십니다.

성경뿐아니라 교회사나 주변에서도 많이 볼 수 없는 귀한 신앙의 견본(Model) 들입니다.

① 시편에서 보시기 바랍니다(시 50:14, 23). '감사로 제사를 드리는 자가 나를 영화롭게 하나니 그 행위를 옳게 하는 자에게 내가 하나님의 구원을 보이리라' 했습니다(He who sacrifices thank offerings honors me).

② 신약에서 보겠습니다. 예수님이 아침부터 저녁때까지 복음을 전하시던 때에 일어났던 유명한 오병이어의 사건에서 교훈을 얻게 됩니다. (마 14:19)축사하시고 떼어주시게 되는데 여기에서 '축사'는 감사기도였습니다(looking up to heaven, he gave thanks and broke the loaves). 감사기도 속에서 기적이 일어나게 되었습니다. 그래서 기도 역시 감사 속에서 해야 합니다(골 4:2).

2) 교회사에서 감사의 현장을 보시기 바랍니다.
지난 이천년간의 기독교 역사는 감사 속에 나타난 기적의 현장사입니다.
① 사랑의 원자탄 손양원 목사님의 감사는 심금을 울리게 합니다.
두 아들이 순교한 후에 하였던 감사며 새로운 양자를 얻어서 하게 된 감사는 늘 마음을 뭉클하게 하는 감사입니다. 미국 유학보다 더 좋은 천국으로 유학 보내주셨다고 감사하는 신앙이요, 또 하나의 아들 주신 감사였습니다.
② 각박한 시대에 우리는 감사를 배워야 할 때입니다.
풍성한 축복 속에 살면서도 감사가 인색한 현실입니다. 앞서간 성도들에게서 감사가 회복되는 시간이 되어야 하겠습니다.

3. 감사로 일관된 신앙에는 결과가 아름답고 복이 됩니다.
문제는 감사의 결과는 언제나 아름답고 복되다는 사실을 잊지 말아야 함을 본문에서 배우게 됩니다(다니엘이 그랬고 요셉이 그랬습니다).

1) 기적이 일어나게 되었습니다.
죽이려고 사자굴에 넣었지만 죽지 않았습니다.
① 천사를 보내사 사자들의 입을 막았습니다(22절). 올바른 신앙과 감사생활은 망하지 않고 오히려 기적과 능력의 현장이 됩니다. 매사에 하나님의 선을 이루시기 때문입니다(롬 8:28). 그러므로 예수 잘 믿으세요. 우리는 이와 같은 하나님을 믿기 때문에 감사하게 됩니다.

② 왕이 침수를 폐하고 새벽에 굴에까지 와서 다니엘을 불렀습니다.
'사시는 하나님의 종 다니엘아 너의 항상 섬기는 하나님이 사자에게서 너를 구원하셨더냐'(6:7) 이때에 다니엘의 대답은 영광스러운 모습으로 떳떳하게 승리의 현장이 되었습니다. 최고의 고통이 최고의 영광의 현장이 되었습니다.

2) 자동적으로 원수를 갚으셨습니다.

전후사정을 알게 된 왕이 그냥두지 않았습니다. 왕을 기만하고 충신을 죽이려 하였고 정권과 권세를 어지럽게 한 죄가 드러났기 때문입니다.

① 다니엘은 저들을 매도하거나 복수의 마음이 없었을지라도 왕이 저들을 단죄했습니다.

사자들이 다니엘은 건드리지 아니하였으나 저들은 땅에 닿기도 전에 사자들이 뼈까지 모두 부숴버렸다고 하였습니다(6:24). 그리고 온 천지에 조서를 내려서 하나님을 섬기라고 말하게 됩니다(6:16-28). 지금도 그곳(이란)에 가면 그때에 내린 조서의 내용이 있다고 합니다.

② 다니엘은 하나님만 의뢰하였고 감사하였습니다.

현실을 이기고 극복하게 될 때에 감사가 풍성해지게 됩니다. 이번 추수감사절에 다니엘의 이런 감사하는 일들이 성도들에게 많게 되시기를 축원합니다.

◆ 결론 : 감사는 기적이 일어나게 합니다. ◆

감사/가정

사무엘이 자녀성장의 견본입니다
(삼상 3:19-21)

　기성세대들이 언제나 걱정하는 일중에 으뜸은 자식에 대한 일이 그 어떤 문제보다 으뜸임을 알 수가 있습니다. 더욱이 지금과 같이 초등학교에서 시작한 폭력 서클이 판치고 사회문제화 되어서 시끄러운 때일수록 기성세대인 어른들의 걱정은 단연코 자녀들에 대한 문제일 것입니다. 역사적으로 영웅들이 태어날 때에는 시대가 어려운 때였음을 보게 됩니다. 모세가 태어날 때에도(출 1:20; 행 7:18-20)그랬고, 미국 역사 가운데 16대 대통령을 지낸 링컨이 태어날 때에는 노예제도가 심각한 때였습니다. 본문에서 사무엘이 태어나서 자라는 때에는 사사시대의 끝 무렵 시대요 영적으로 매우 어려운 시대였는데 사무엘이 태어나서 영적인 일, 정치적인 일을 귀하게 순탄하게 만든 장본이 되었습니다(삼상 16:13). 다시 한번 어린이 주일을 맞이하여 은평교회 자녀들이 귀하게 축복의 자리에서 성장해서 사무엘과 같이 쓰여 지기를 바라면서 본문에서 은혜를 받게 됩니다.

1. 사무엘은 기도로 출생하였고 평생을 기도의 사람이었습니다.
　한마디로 사무엘은 시종일관 기도의 사람이었습니다.

1) 그 어머니 한나가 기도해서 얻어진 아들입니다.
　남편 브닌나에게 엘가나를 통해서는 아이가 있었지만 한나를 통해서는 아이가 없었기에 한나는 기도하게 되었고 남편의 위로도 소용이 없었습니다(1:4-8).
　① 이때에 한나가 할 수 있는 일이 기도밖에 없었습니다.

'한나가 마음이 괴로워서 여호와께 기도하고 통곡하여'(1:10)(In bitterness of soul Hannah wept much and prayed to the LORD)했습니다. 술 취했다는 소리를 들을 정도로 기도하였고(1:13-15) 그 문제는 결국 자녀를 얻기 위한 기도였습니다. 한나는 이 기도 속에서 하나님께서 자녀를 주실 것을 믿게 됩니다. 한나의 이 기도가 위력을 얻게 되었습니다.

② 이때에 하나님은 엘리제사장을 통해서 응답해 주셨습니다.

'엘리가 대답하여 가로되 평안히 가라 이스라엘 하나님이 너의 기도하여 구한 것을 허락하시기를 원하노라'(1:17)했습니다. 그 때에도 지금에도 주의 종들의 기도는 위력이 나타나게 됩니다. 어거스틴(Augustine)의 어머니 모니카(Monica)는 암브로스무스(Ambrosius)목사님의 말 한마디에 힘을 얻게 되고 계속하여 결국 응답의 여인이 되었습니다. 한나는 응답을 받게 됩니다(3:18-20) 어머니의 기도는 매우 중요합니다. 디모데의 어머니 유니게, 리빙스톤의 어머니 메그네스, 무디의 어머니 호돈, 웨슬레의 어머니 수산나, 모두 기도의 어머니들이었습니다.

2) 사무엘은 '모전자전' 기도의 사람이었습니다.

어머니 한나의 기도의 위력이 아들 사무엘에게 임하였습니다. 그래서 아이는 어릴 때 배운 신앙생활이 평생에 중요합니다(시 99:6).

① 자기 자신을 위한 기도의 사람이었습니다.

사무엘은 어린 때부터 성전에서 자라게 되었고, 밤에도 성전에서 잠을 자고 어린 때에 하나님의 응성을 듣게 되었습니다(삼상 3:1-). 이는 어머니 한나가 기도하게 될 때에 하나님 앞에 서약한 내용대로 되었습니다(1:27-28). 따라서 유아 세례 받을 때에 부모들이 아이를 대신해서 고백하는 내용은 매우 중요하기 때문에 그대로 지켜 나가야 할 일입니다.

② 그 이후에 사무엘은 기도의 상징적 인물이 되었습니다.

일찍이 모세도 그 시대에 기도의 사람이었는데(출 32:32), 후대에 와서 사무엘 역시 기도의 상징적 인물이 되었습니다. 시편 99편 6절에서 기도의 사람임을 말씀하였고, 미스바에서의 기도라든지(삼상 7:5-), 백성들 앞에서의 기도할 것을 다짐하는 모습에서 알게 됩니다(삼상 12:23). 어린이 때부터 기도훈련 받고 기도 중에 자라나는 모습은 매우 중요합니다.
미국의 초대 대통령인 죠지 워싱턴도 어린 때부터 기도의 사람이었습니다.

2. 사무엘은 어린 때부터 성전에서 자라서 하나님 앞에서 좋은 신앙 인격자가 되었습니다.

속담에 있듯이 세살 버릇 여든까지 간 경우라 할 것입니다.

1) 성경은 자녀의 신앙교육은 어린 때부터 라고 강조 했습니다.

세상교육도 조기교육이지만 신앙생활은 더욱 어린이 때부터입니다.

① 성경에서 보시기 바랍니다,

'네 자녀에게 부지런히 가르치며'(신 6:7)했습니다. 자녀에게 알게 해야 합니다(신 4:9)(Teach them to your children and to their children after them.). 자녀교육은 신앙교육입니다. 이것이 성공 실패의 요점에 서게 되기 때문입니다.

② 사무엘은 어린 때부터 신앙적 분위기에서 자랐습니다.

미국의 트루먼 대통령은 술회하기를 나는 어린 때부터 성경을 읽었기 때문에 대통령이 되었다고 했습니다. '아이 사무엘은 여호와 앞에서 자라니라'(삼상 2:21, 26)했습니다. 우리 자녀들이 성경과 기도 속에 성장해야 하겠습니다.

2) 사무엘은 어릴 때부터 철저하게 하나님을 섬겼습니다.

형식적으로나 외식이 아니라 중심으로 하나님을 섬긴 사람이 되었습니다.

① 부모에게서 이어받은 하나님 섬기는 신앙입니다.

(삼상 1:28) 성전에 데려다 놓게 되는데 '거기서 여호와를 경배하니라'하였고 (3:1), 아이 사무엘이 여호와를 섬기게 되는 모습을 읽게 됩니다. 어린 때부터

성경을 알았던 디모데의 모습에서도 보게 됩니다(딤후 3:15). 우리 자녀들이 어린 때부터 하나님을 경배하게 해야 하겠습니다.

② 이 세대에도 우리 자녀들이 어린 때부터 영적 교육이 절대 필요합니다.

지금 세대는 자녀들이 모두가 온갖 잡탕들이 쏟아져 나오는 컴퓨터 속에 잠겨있는 시대입니다. 그런데 그 속에는 영적 생명이 없습니다. 성경교육, 기도교육, 신앙교육에서 자랄 때에 영원한 생명이 있습니다. 류태영박사는 어린 때에 시골에서 어머니 따라 새벽기도 한 것이 자랑스럽다고 술회하였습니다. 요즘 부모 따라서 새벽기도 다니는 아이들이 있습니까?.

3. 사무엘은 하나님 앞에서 한 세대를 위대하게 쓰이는 사람이 되었습니다.

한 세대에 위대하게 쓰이는 생활은 매우 중요한 일입니다. 지금은 글로벌 시대입니다.

1) 사무엘은 하나님이 쓰시는 사람이 되었습니다. 하나님이 함께 하시는 사람입니다.

① 선지자로서 그의 말 한마디도 땅에 떨어지지 아니하고 이루어졌습니다.

그의 말 한마디도 이루어지는 성공적 선지자가 되었습니다(삼상 3:14, 4:1). 선지자로써 매우 중요한 인물의 위치에 올려 진 사람이 되었습니다.

② 이는 성공적인 사역자였음을 뜻하게 됩니다.

위로는 하나님과 통하였고 아래로는 백성들과 언제나 통하는 성공적 선지자가 되었습니다. 이것은 개인적으로 사무엘이 받은 축복이기도 한 내용입니다.

2) 지금은 벼랑 끝에 서있는 교육의 시대입니다. 지금 추세라면 미래의 예측이 어렵게 된 시대입니다.

① 현대교육의 맹적이나 허점은 정신적 영적인 일에서 찾아야 합니다.

오직 공부만이 능사가 아니라는 이야기입니다. 믿는 성도들의 자녀들까지도 성경을 멀리하고, 기도를 멀리하며 하나님과 틈이 생기면 미래는 더욱 어렵게 됩니다. 이것이 말세 때의 고통 하는 18가지의 원인이 됩니다(딤후 3:1-5).
② 악한 세대에 우리 자녀들이 하나님 앞에 자라게 해야 합니다.

여기에 소망이 있기 때문입니다. 마음에 합한 자로 키우고(행 13:22), 새벽 이슬 같은 청년들을 나타나게 해야 합니다(시 110:3). 이번 어린이 주일에 하나님의 축복이 우리 교회 교육부 아이들에게 이렇게 임하게 되시기를 주의 이름으로 축원합니다.

◆ 결론 : 결론은 견본이 사무엘입니다. ◆

■ 감사/가정

부모공경은 축복입니다
(출 20:12)

　동서고금을 떠나서 종교, 교육, 가정사, 사상사, 사회를 총 망라해서 공통적으로 어디에서든 강조해온 일은 부모공경에 대한 일을 강조해 왔습니다. 그러나 이론은 많고 좋은 글과 말은 많지만 실제 현실은 부모공경에 취약점이 많습니다. 옛날 농경사회의 가정구조가 아니라 현대인의 산업과 문화의 구조가 이론과 현실에서 괴리가 있게 하고 어렵게 만들었습니다.

　사도 바울은 목회서신에서 말세에 고통하는 원인 중에 하나가 "부모를 거역하는 것"(딤후 3:2- disobedient to their parents)이라고 전하였습니다. 원리가 무너지게 되고, 사회도 무너지게 되고 가정도 무너지게 되며 결국은 국가가 위태롭게 되는 것이 윤리의 중요성인바 부모공경은 그래서 더욱 중요한 일입니다. 바틴 바버(Bartin Baber)라는 유대신학자는 「너와 나(Ich and Du)」라는 책에서 '모든 문제는 너와 나의 관계 속에 있는바 이것이 인간이 지켜야 할 윤리다'라고 하였는데 부모공경적 큰 문제도 여기에 있게 됩니다. 무엇보다도 우리 그리스도인들은 하나님 말씀 안에서 부모공경은 으뜸 계명이요, 축복인바 다시 한번 말씀으로 돌아가야 하겠습니다.

1. 부모에게 효한다는 것은 모든 윤리의 기초요 축복입니다.

　부모에게 효하는 것을 상실한다면 다른 윤리도 기대하기 어렵게 됩니다.

1) 모든 그리스도인들은 언제나 하나님 말씀을 따라 사는 것이 중요합니다.

구약 39권 신약 27권에서 강조하는 것이 으뜸 계명인 효에 관한 일입니다.
① 부모 공경은 인간에 대한 계명 중에 첫째 계명입니다.

구약율법을 모두 파헤쳐보면 613가지 이상의 법인데 이것을 결합해보면 10계명이요, 10계명을 둘로 나누어 보면 하나님께 대한 계명과(1-4) 인간에 대한 계명으로(5-10) 나누어지는데 인간에 대한 계명 중에 첫째가 부모공경의 계명입니다. "네 부모를 공경하라 그리하면 너희 하나님 나 여호와가 네게 준 땅에서 네 생명이 길리라"(출 20:12 - Honor your father and your mother, so that you may live long in the land the LORD your God is giving you)하였습니다. 부모공경은 축복이기 때문에 땅에서 잘되고 축복되게 살게 하시는 약속입니다. 신약에 와서는 예수님도(요 19:27) 사도바울도 강조하였습니다(엡 6:1-3).

② 이 계명은 계명 이전에 축복이 약속된 말씀입니다.

장수와 잘됨과 형통의 축복이 약속되었습니다. 건강이 함께 따라오는 장수요 물질이 따라오는 장수입니다. 결국은 영원한 천국이 기다리는 사람이 됩니다. 다윗이 받은 축복이 성도에게 약속된 것인 줄 믿습니다(대상 29:28). 홍수 이후에 노아가 셈과 야벳에게 축복을 빌었던 축복이요(창 9:25-27), 예수님 말씀을 받들었던 사도요한이 받은 축복입니다(요 19:27).

2) 효는 사람이 살아가는데 중요한 질서의 기본입니다.

세상의 모든 이치는 질서의 기본에서 움직여집니다.

① 효가 무너지고 깨어지는 것은 기본 질서가 무너지는 것과 같습니다.

태양이 동에서 뜨고 서쪽으로 지는 것이 자연의 순리요 질서인데 이 진리가 깨진다면 인간은 살수가 없는 것과 같은 원리입니다. 그래서 성경은 질서와 덕을 강조해 주셨습니다(고전 14:5, 12, 17, 40). 그리고 타락천사를 용서하지 아니하셨고(벧후 2:4) 이때의 일이 아름다운 창조의 세계에 혼란과 무질서가 왔습니다(창 1:2).

② 하나님이 우리에게 향하신 뜻은 부모공경의 질서입니다.

하나님의 권위 앞에서 질서를 세우고 하나님을 경배하며 섬겨야 합니다. 하나님 앞에서 교회의 덕과 질서뿐 아니라 가정사에서의 부모공경은 덕과 질서 차원에서도 중요한 일입니다. 무질서한 행위는 개인 뿐 아니라 모두에게도 고통이 오게 됩니다.

2. 부모님에 대한 효를 바르게 해야 하겠습니다.

세대의 변천과 함께 효에 대한 기준도 바뀌거나 또한 모호한 상태 가운데 있는 것이 현실입니다.

1) 부모의 은덕을 잊지 않는 것이 중요합니다.

자식의 형편은 누구보다도 부모님이 더 잘 알고 있습니다. 따라서 천만금의 경제적 문제보다 마음의 문제가 중요합니다.

① 마음속에서도 은덕을 잊지 말아야 합니다.

심지어는 자식이 부모를 학대하는 시대에 패륜적 사건들이 있는 시대에 마음에 숨은 생각이라도 늘 부모님의 은공을 잊지 않아야 하겠습니다. 고려장제도가 머나먼 옛날이야기라면 이 세대에는 패륜적 현대판 고려장제도가 곳곳에서 일어나는 때입니다. 부모님의 생전에 효를 다하고 복을 심는 것이 기독교 복음입니다.

② 부모님에 대한 공경심을 잊지 말아야 합니다.

장성한 자식, 현대의 교육제도 하에서 성장한 자식의 입장에서 볼 때 부모님의 생각이나 생활이 맞지 않을 수도 있습니다. 그러나 분명한 것은 부모님 시대에는 나름대로 그 시대에 맞는 생활철학을 가지고 자녀를 양육해 오셨음을 자식 된 입장에서 이해를 해드리라는 것입니다. 부모님에 대한 노고를 인정해 드리고 공경해야 합니다.

2) 부모공경은 성경이 그 기준입니다.

부모공경에 대한 사상이나 방법들이 세상에는 다양하겠지만 우리는 성경적이어야 합니다.
① 부모님을 비롯해서 노인공경은 하나님 앞에서 해야 합니다.
  어른 공경이 모두 사라지고 있는 시대에 있습니다. 부모님은 물론이고 어른에 대한 경외심이 필요합니다. "너는 센 머리 앞에 일어서고 노인의 얼굴을 공경하며 네 하나님을 경외하라 나는 여호와니라"(레 19:32) 하였습니다.
② 상실된 노인이나 어른에 대한 경외심을 회복해야 합니다.
  예부터 '동방예의지국'이라 하였는데 그 뿌리를 회복 하는 것은 성경이 명하는 바입니다. 인도의 마하트마 간디는 한국을 향해서 '동방의 별', '동방의 빛'이라 하였습니다. 어른에 대한 공경이나 마음이 회복되어야 합니다(잠 30:17). 영어에서 아버지를 '파더'(Father)라고 하는데 교황을 부를 때에 말하는 라틴어의 파페(Pape)에서 온 용어입니다. 그만큼 절대적입니다.

3. 더 늦기 전에 성경적 효심을 회복해야 합니다.
(too late)늦으면 곤란합니다. 세상 모든 일이 늦으면 기회가 사라지게 되듯이 효하는 일도 그러합니다.

1) 완전히 늦기 전에 희망을 가지고 효와 공경심을 회복하도록 힘써야 합니다.
① 아직은 희망이 있다고 믿습니다. 우리 속에 성령님이 역사하시기 때문입니다.
  사데 교회는 몇 사람 남은 자들이 있었는데 빨리 회복하라고 하심과 같이(계 3:1-) 이 세대의 효나 부모공경심도 마찬가지의 원리입니다. 더 늦으면 회복이 불가능하기 때문입니다.
② 그리스도인들은 자기를 인도하는 영적지도자에 대한 공경심 또한 잃지 말아야 합니다.
  기쁨으로 일하게 해야 합니다(히 13:17). 그래야 자기 자신에게 유익이 있습

니다. 결국은 자기 자신과 자녀들에게 축복과 은혜가 내려가게 되어 있습니다(왕하 7-8장).

2) 부모님에 대한 공경은 분명히 축복의 약속입니다. 어려운 짐이 아니라 축복입니다.

① 미래가 밝아지고 축복이 약속되어 있습니다.

이것이 성경의 기본 가르침이요, 큰 교훈입니다. 그래서 부모 공경은 하나님의 명령이기도 한 것입니다. 여기에 '네가 땅에서 잘되고 장수하리라' 하였습니다. 또한 살아계실 때 잘해야 되고 돌아가신 후에는 아무소용이 없는 일이 됩니다. 부모 사후에 제사문제는 헛일입니다.

② 하나님의 이름으로 명령하시는 말씀입니다.

따라서 그 계명을 즐거워하게 될 때에 큰 평안이 약속되었고 장애물이 없습니다(시 119:165). 은평교회 모든 성도들에게는 자자손손에게 효와 축복을 물려주는 축복이 있기를 주의 이름으로 축원합니다.

◆ 결론 : 효를 물려주는 축복된 가정들이 됩시다. ◆

감사/가정

구원받아 행복한 가정
(행 16:30-34)

지구상에 있는 모든 단체나 모임의 최소한의 모임이 가정입니다. 숫자를 나누면 소수점 이하로 나누어지겠지만 사람은 반으로 나눌 수 없기 때문에 가정은 중요한 집합체입니다. 그래서 한 국가의 행복지수는 가정에서부터 나오게 되기 때문에 가정은 교회요 작은 천국이 되어야 합니다. 성경에는 많은 가정들이 소개되어 있는데 좋은 가정들이 많이 있습니다. 노아의 가정이라든지, 아브라함의 가정 등이 중요한 가정들의 견본들입니다. 인간을 창조하시고 한 가정을 시점으로 축복을 베풀어 주셨습니다(창 1:28).

신약에 와서는 고넬료의 가정이라든지(행 10:1-), 디모데의 가정(딤후 1:3)등은 신앙가정의 견본이라 할 것입니다. 본문에 소개하는 옥지기 가정은 바울과 실라를 만나서 예수를 믿고 구원 받아 행복한 가정이 되었습니다. 온 집이 구원받게 되었고 세례를 받아 기쁨이 넘치게 되었는데 가정의 달에 은혜의 시간이 되시기를 원합니다. 가정들에게 영적 전모를 밝혀줍니다.

1. 이 감옥지기는 만남이 좋았습니다.

인생은 태어나서부터 누구를 만나느냐에 따라서 행복·불행이 달라지게 됩니다. 학생은 선생님을, 선수는 감독을, 남녀 간의 배우자는 매우 중요한 만남이 됩니다.

1) 하나님께서 감옥지기에게 바울과 실라를 만나게 해주셨습니다.

아시아에 복음전파의 꿈을 접고 성령에 순종하여 유럽으로 갔습니다(16:16-17).
① 만나는 일이 하나님께서 허락하시는 만남이었습니다.

유럽의 관문인 마게도냐에 도착해서 자주장사 루디아도 만났고(14절) 그래서 낯선 땅에서 하나님을 믿는 루디아에게서 힘을 얻게 되었습니다. 은평교회 안에서 서로가 주안에서 만난 좋은 관계들이 되어야 합니다. 귀신들인 사람을 내 아 주었는데 그것이 화근이 되어 옥에 갇히게 되었습니다. 당장 눈앞에 볼 때에는 불행 같지만 그것이 하나님께서 바울과 실라를 그곳으로 보내사 일을 하시는 첫 단추였으니 모든 것이 합력하여 선을 이루는 하나님이십니다(롬 8:28).

② 돈에 눈이 어두워 귀신들린 자를 부리는 주인이 바울과 실라를 고발했습니다.

때때로 하나님의 복음의 법과 세상의 타락문화의 법은 상충되지만 결국 하나님의 뜻이 이루어지게 됩니다. 사람 생명을 걸고 돈벌이에 급급했던 사람과 이를 방해했다는 세상의 법입니다. 그러나 하나님의 섭리는 그것까지도 모두 사용하셔서 바울과 실라에게 옥지기를 만나는 계기가 되게 해주셨습니다. 실로 하나님의 뜻은 우리가 익히 다 알 수 없는 일입니다(신 29:29).

2) 감옥지기가 바울과 실라를 만날 수 있도록 하나님이 작업하셨습니다.

실로 이것은 옥지기를 구원코자 하시는 하나님의 섭리요 조치입니다.
① 하나님이 계획하시고 행하시는 일은 사람이 알 수 없습니다.

바울과 실라를 옥에 가둔 후에 일어난 사건들은 하나님만이 하실 수 있는 능력들입니다. 지진이 일어나고 옥터가 움직이며 묶였던 쇠사슬이 끊어지게 되었습니다(26절). 죄수들이 모두 도망친 것으로 알고 스스로 죽으려하던 옥지기에게 바울이 소리를 치게 되었고 이때부터 구원의 여명이 트기 시작했습니다(28절).

② 옥사장은 바울과의 만남을 통해서 개인과 가정사가 달라졌습니다.

개인과 가정이 예수님을 만나게 되었고 믿음의 가정으로 바뀌는 전환점이 되었습니다. 실로 놀라운 만남이요 축복입니다. 예수님을 만나고 모시게 되면 그 보다 축복이나 행복의 가정은 세상에 없게 됩니다. 여리고의 세관원 삭개오의 가정에서도 분명히 보여주는 대목이기도 합니다(눅19:1-10). 예수님이 이 땅에 오신 목적이기도 합니다. 옥지기의 가정이나 삭개오의 가정은 같은 국가의 녹을 먹는 관리로서 예수님을 영접하여 구원받게 되었다는 공통점도 재미있는 사실입니다.

2. 감옥지기는 바울이 전하는 예수를 믿었습니다.

인생사나 가정사에서 최고 최대의 사건은 예수를 믿는 일입니다.

1) 스스로 죽으려 했던 옥지기였습니다.

오늘날에도 이런 죽음의 현장은 심심치 않게 나타나는데 제일 어리석은 죽음입니다. 조금만 눈을 돌리게 되면 더 좋은 해결책이 있습니다.

① 그 해결책은 예수그리스도를 전해서 듣게 하는 일입니다.

예수그리스도는 어떤 절망 속에서 언제나 소망이 되십니다. 우리 하나님은 소망의 하나님이십니다(롬 15:12). 그러나 마귀는 절망과 낙담 끝에 죽게 만들기 때문에 거절해야 합니다. (故) 곽규석목사님은 목사가 되기 전에 사채에 시달리다가 일본에서 죽으려 하려던 순간에 전도자가 전해주는 전도지에 실린 글 중에 마태복음 11장28절을 읽고 회심하여 목사가 되었습니다.

② 전도가 중요합니다. 절망 중에도 예수를 만나면 됩니다.

'죽지 마세요'. '우리가 여기에 그냥 있지 않습니까'?. 결국 옥지기는 바울을 만나게 되었고 예수님을 모시게 되었습니다. 그 유명한 말씀이 사도행전 16장 31절 "주예수를 믿으라 그리하면 너와 네 집이 구원을 얻으리라" (They replied, "Believe in the Lord Jesus, and you will be saved–you and your household.")는 말씀입니다.

2) 바울이 전하는 예수님을 온 가정이 믿었습니다. 새롭게 되는 축복입니다.
어렵다고 자살하면 마귀에게 속는 일이거니와 지옥으로 직행합니다.
① 자기와 온 가족이 세례를 받게 되었습니다(33절).
　바울과 실라를 통해서 행하시던 하나님의 구원사속에 이루어진 대역사이거니와 이런 사건은 오늘날에도 얼마든지 도처에서 보게 되는데 하나님의 영원하신 구원계획입니다. 마귀를 따르던 자들이 하나님께 돌아오는 놀라운 역사적 사건들이 됩니다. 오늘도 우리가 그 한복판에 서있음을 인식해야 하겠습니다.
② 근심 걱정에서 기쁨으로 가득한 집이 되었습니다.
　'저와 온 집이 하나님을 믿었으므로 크게 기뻐하니라'(34절)(he was filled with joy because he had come to believe in God-he and his whole family.)하였습니다. 전에 맛보거나 느껴보지 못했던 기쁨이요 평화의 축복이었습니다.

3. 옥지기는 바울 일행을 섬기는 사람으로 변했습니다.
큰 소리 치는 입장에서 겸손과 섬기는 자의 위치로 바뀌게 되었는데 이것이 예수님 만난 자세입니다. 경목활동을 하다 보니 경찰서장이 바뀔 때마다 느끼는 것은 믿는 사람과 불신서장의 자세가 많이 다르다는 점입니다.

1) 예수 믿게 되면 섬김으로 축복이 옵니다.
이제는 옥지기의 자세가 아니라 바울을 섬기는 자세로 바뀌었습니다.
① 봉사자가 되었고 섬기는 자가 되었습니다.
　씻겨주었고(33절), 음식을 대접하였습니다(34절). 전도자 바울과 실라에게 피곤을 씻겨주는 일과 배고픔을 해결해주는 일은 하나님의 큰 은혜로 다가오게 되었습니다. 이것이 옥지기가 변한 모습입니다. 은평교회에는 예수를 만나서 이렇게 변화한 개인과 가정이 많아야 합니다.
② 예수님 당시에도 예수님을 대접한 이들이 있었습니다.

그 가정들이 복이 있습니다. 베다니의 나사로가정이요(요 11-12장), 이들은 주님이 사랑하셨습니다(요 11:3, 11). 예수님 위해서 잔치도 베풀어주었습니다(요 12:2). 이는 분명히 축복의 가정입니다.

2) 예수님은 대접하라고 하셨습니다. 그 대접의 결과는 상이 준비되었습니다(마 10:40-42).
 ① 은혜를 받았기 때문입니다. 은혜를 받으면 감격스러워 자동적으로 대접합니다.
 그리스도인은 대접하기를 좋아해야 합니다(히 13:1-2; 마 7:12; 롬 12:13). 여기에는 반드시 은혜가 있거니와 축복과 상급이 예비 되었습니다. 이것이 축복입니다.
 ② 은평교회 모든 분들은 옥지기가 받은 은혜와 축복의 가정들이 되시기를 바랍니다.
 이런 사람들이 많을수록 축복된 교회요 은혜가 넘치는 교회입니다. 왜냐하면 오늘날 교회들이 삭막한 사막화가 되어가고 있기 때문입니다. 은평교회 모든 성도들이 옥지기가 받은 은혜와 축복의 가정들이 모두 되시기를 주의 이름으로 축원합니다.

◆ 결론 : 행복한 가정들이 됩시다. ◆

■ 감사/가정

무엇을 물려주시겠습니까?
(딤후 1:3-5)

대물림이란 말이 있습니다. 대물림 중에는 우상숭배, 불신앙, 질병, 가난, 빚(채무) 등 사람이 살아가면서 고질적인 것들로서 후손까지 큰 문제가 됩니다(왕하4:1-). 반대로 영적이고 신령한 면에서 하나님께 복을 받아 살면서 그 축복을 물려주는 경우도 있는데 아브라함, 이삭, 야곱, 요셉, 에브라임과 므낫세로 이어지는 그 복이 내게 이어지는데 믿음으로 따라오는 축복입니다(갈 3:9).

하나님은 질투하시는 하나님이시기 때문에 저주가 3-4대까지 이르거니와(출 20:5-6; 욥 21:19) 자손들에게 이런 경우가 되지 않게 해야 합니다. 디모데서와 디도서는 목회서신(Pastoral Epistles)이라 부르는데 초대교회사에서 중요한 디모데는(Τιμόθεος) 하나님의 영광의 사람이라는 뜻으로서 그 이름에서 불려 지듯이 외할머니와 어머니에게서 영적 신앙과 모든 축복을 이어받게 되었습니다. 아버지는 헬라인이요 어머니는 유대인으로서 요즈음 말하는 다문화가정에서 자랐지만 조금도 그릇되지 아니하고 훌륭한 목회자가 되었습니다. 믿음의 유산 때문입니다. 디모데의 가정과 같이 훌륭한 가정사들이 되시기를 바라며 은혜를 나눕니다.

1. 디모데는 바울이 밤낮으로 기도할 때에 생각하는 중요한 인물입니다.

대 사도바울의 선교일대기에 인물들이 많이 있지만 그중에 특출한 인물이 되었습니다.

1) 기도할 때마다 생각하는 사람입니다.

'나의 밤낮 간구하는 가운데 쉬지 않고 너를 생각하여'(3절)(as night and day I constantly remember you in my prayers)라고 했습니다.

① 바울이 참 아들과 같이 보는 중요한 사람이 된 것입니다.

이는 바울이 사랑하는 사람이 되었다는 증거입니다. 사도요한이 '사랑하는 가이오'라 한 '가이오' 역시 축복받은 사람이었습니다(요3서 1). 수많은 사람들 중에 주님이 특히 사랑하는 이름들이 되고, 교회 안에서 사랑받는 인물들이 되어야 합니다. 디모데는 바울에게서 늘 생각 속에서라도 떠나지 않는 인물이 되었습니다.

② 사랑하기 때문에 기도 중에 떠오르는 사람이기에 복이 됩니다.

디모데는 젊은 목회자로서 귀하게 쓰임 받는 인물이 되었습니다. 내가 사랑해서 떠오르는 그 사람은 주님도 기억하십니다. 비록 불신자일지라도 언젠가는 하나님께 돌아올 때가 있습니다. 따라서 우리는 온 집안에 믿음의 유산을 물려주면서 대물림할 수 있도록 해야 하겠고 비록 불신가족이라도 날마다 기도해야 하겠습니다. 기도의 힘이 역시 크기 때문입니다.

2) 바울의 기도 속에는 디모데가 살아있었고 하나님께서 디모데를 귀하게 사용하시는 사람이 되었습니다.

여러분은 기도하실 때에 누가 떠오르며 기도의 목록(List)에는 누가 있는지 생각해 보시기 바랍니다. 특히 불신자식이 있다면 기도하세요.

① 내가 사랑하는 사람을 위하여 기도하는 내용은 하나님이 듣고 계심을 믿어야 합니다.

따라서 자식을 위해서 기도해야 할 이유가 여기에 있습니다. 시편 54편은 다윗의 훌륭한 기도 중에 하나이기도 한데 큰 은혜가 됩니다. "내 하나님이여 내 기도를 들으시며 내 입의 말에 귀를 기울이소서"(시 54:2)(Hear my prayer, O God; listen to the words of my mouth) 하였습니다.

② 무기 중에 보이지 않는 힘이 기도의 위력입니다.

기도는 보이지 않지만 대단한 위력이 나타나게 됩니다. 성도는 언제나 이 무기를 사용하며 그 결과를 자녀들에게 유산으로 물려주도록 해야 하겠습니다. 또한 바울은 디모데에게 기도하도록 권하였습니다(딤전 2:1).

2. 디모데의 배후에는 모계로부터의 영적유산이 있습니다.
제일 중요한 유산을 물려받게 되었습니다.

1) 디모데가 받은 제일 큰 유산은 영적이고 신령한 복입니다.
여러분은 어떤 유산을 받았고 또 자손에게 무엇을 물려주시려고 하십니까? 재물이나 눈에 보이는 것이 아니요 불가시적인 영적유산이요, 믿음유산이 되게 해야 하겠습니다.

① 디모데는 귀한 유산을 얻게 되었습니다.
'조상 적부터 섬겨오던 하나님께 감사하고'(3절) 하였고 '이 믿음은 먼저 외조모 로이스와 네 어머니 유니게 속에 있더니 네 속에도 있는 줄을 확신하노라'(5절) 하였습니다. 물려줄 수 있는 유산이 있는데 하나는 물질적 유산과 둘째는 정신적 유산으로서 좋은 정신이나 사상들이 그 가정의 가풍이 됩니다. 국가적으로 본다면 새마을 정신이나 절약정신, 남을 돕는 일 등이라 할 것입니다. 셋째는 영적유산으로서 자손만대에 이 유산을 최고로 물려주는 인식이 반드시 필요합니다.

② 다른 유산은 한계가 있지만 영적유산은 영원합니다.
다른 것은 세상으로 끝이 나지만 영적이고 신앙적 유산은 영원하게 천국에까지 남게 됩니다. 디모데는 어머니와 외할머니에게서 이 유산을 이어받게 되었습니다. 은평교회 모든 성도들이 이 유산으로 채워지시기를 바랍니다.

2) 우리는 인생을 설면서 자녀에게 무엇을 남길 것인가를 깊이 생각해야 하겠습니다. 그리고 자손이 지키게 해야 합니다.

① 과거 역사에서 우리에게 이것을 이야기하며 교훈하여 줍니다.

인생사가 세상적으로 아무리 화려하게 보여도 결국 물거품과 같이 사라지게 됩니다. 그래서 솔로몬은 모든 것이 '헛되도다'라고 고백하였습니다(전1:1-3). 언제나 화려함이 남는 것이 아니기 때문입니다. 신앙을 유산으로 남게 해야 합니다.

② 올바른 신앙이 살아있게 해야 합니다.

진정한 유산이 자손들에게 이어질 때에 개인도, 가정도, 교회도 미래가 밝습니다. 바른 신앙을 물려주세 될 때에 미래의 자녀들이 잘되고 복을 받습니다. 은평교회 출신 자녀들이 세계적인 인물이 되기 위해서도 나는 기도합니다. 록펠러의 어머니는 록펠러에게 믿음을 통한 축복 받는 방법을 주었습니다.

3. 자녀들에게 성경대로 대를 잇게 해야 합니다.

특히 부친계통보다 모친계통의 교훈과 영향력이 크기 때문에 어머니들이 이 일에 힘써야 합니다,

1) 성경에 나타난 사건들에게서 큰 교훈을 얻게 됩니다.

자녀양육 때 이 축복은 이미 판가름이 나게 됩니다.

① 결과는 자연히 축복으로 나타나게 됩니다.

자녀에게 땅 얼마를 물려주는 것보다 자녀를 영적으로 가르쳐야 하겠습니다. 그것이 곧 축복으로 연결되기 때문입니다(신 6:7).

② 최고 최대의 축복은 영적인 유산입니다.

지금까지 생각 속에서라도 상실하고 살았다면 다시 회복하고 치유되어서 축복을 유산으로 이어지게 해야 합니다. 디모데는 이 축복을 누구보다도 체험한 사람이 되었습니다.

2) 신앙은 물려받았지만 자식에게 실패했다면 문제가 됩니다.

성경에서 그 교훈을 보시기 바랍니다.

① 신앙을 잘 물려받았으나 주지 못한 사람입니다.

사무엘은 어머니 한나에게서 좋은 것을 받았습니다(삼상 2:26, 31-). 그러나 자식을 잘 양육하지 못한 결과로 열방들과 같이 왕의 제도가 도입되게 했습니다. 자녀에게 부지런히 신앙교육 시켜서 유산으로 물려주는 일이 중요합니다.

② 왕위는 물려주었지만 신앙교육이 없어서 망한 사람들도 있습니다.

히스기야왕은 개인적으로는 훌륭한 왕이었지만 자식에게 신앙유산이 부재였습니다(렘 15:4; 왕하 21:1-9). 이 일로 유다가 바벨론에 70년 간 망한 결정적 계기가 되었습니다. 은평교회 성도들 모두가 이러한 신앙유산이 바르게 되시기를 주의 이름으로 축원합니다.

◆ 결론 : 무엇을 물려주려 하십니까? ◆

■감사/가정

이삭과 리브가의 축복적인 만남
(창 24:61-67)

　신학이론 중에 '만남의 신학'이라는 제목이 있습니다. 사람이 태어나서부터 만나기 시작하는데 만남 속에 사람이 태어나고, 만남 속에 살아갑니다. 태어나보니 부모님과의 만남이 있었고, 다른 형제나 친척과의 만남이 있었고, 그 이후에 친구를 비롯한 여러 만남이 존재하게 됩니다. 무엇보다도 제일 중요한 만남은 내 인생 속에 예수 그리스도와의 만남이 필수요 중요합니다. 그리고 그 분과 교제가 이루어지고 사귐이 있는 인생이 되어야 합니다(요일 1:3). 또한 인생을 살아가면서 중요함이 배우자와의 만남입니다. 요즈음 그릇된 사고나 생각들이 난무하는 시대에 혼자 살겠다는 생각은 성경이 가르치는 생각이나 사상이 아님을 명심해야 합니다(창 2:18, 23-24; 마 19:5; 막 10:6-9; 엡 5:31).
　오늘 본문은 아브라함의 아들 이삭의 혼인에 대한 말씀으로써 이삭과 리브가의 만남의 과정과 혼인의 축복을 이야기해 주시는 바 여기에서 우리는 영적 큰 교훈을 얻게 되는데 특히 결혼 연령에 차있는 자녀를 둔 부모님과 그 당사자인 청년들에게 이 축복이 임하게 되시기를 바랍니다.

1. 하나님 백성이기 때문에 혈연의 만남은 중요하고 소중합니다.

　부모님과 형제의 만남은 내 임의로 어떻게 할 수 있는 만남이 아니지만 부부의 만남은 기도 가운데서 잘해야 되는 관계입니다.

1) 부부를 짝지어 주시는 이가 하나님이십니다.

성경대로 하나님이 짝지어 주신 것을 사람이 임의로 나눌 수 있는 일이 아닙니다(마 19:6, 막 10:9).

① 혈연관계는 하나님이 짝지어주신 관계입니다.

결혼 역시 마찬가지로 하나님의 뜻과 섭리 하에서 맺어진 관계가 되어야 합니다. 늙은 종 엘리에셀을 하란 땅으로 보내어 이삭의 배우자로 선택하는 이유가 여기에 있습니다(창 24:3-4). 전혀 맞지 않는 옷을 입어서 불편한 생활과 같이 결혼이 그렇다면 곤란한 일입니다. 서로에게 맞는 배필을 하나님께서 허락하셨기 때문입니다. 생활뿐 아니라 신앙적인 모든 문제 까지도 이삭과 리브가처럼 맞아야 행복이 오게 되고 축복이 됩니다.

② 여기에는 신약시대에 교회에서 주시는 큰 뜻이 있습니다.

혼인은 서로 맞는 신앙 안에서 해야 하는 원리입니다. 제일 중요한 영적인 문제가 맞지 않으면 큰일입니다. 그래서 성도들 중에는 부모님이나 자식된 청년들의 당사자들은 이일에 큰 관심을 가지고 계속해서 집중적으로 기도해야 합니다. 그릇된 결혼은 본인은 물론이고 가문 전체에 큰 문제가 되기 때문입니다. "하나님이 짝지어 주신 것"(God has joined together)이라고 하였습니다. 결혼은 하나님이 짝지어 주신 관계입니다. 세상 사람들이 생각하듯이 돈, 학력, 세상의 조건을 보고 혼인하지 말고 영적으로 주님 안에서 사명적으로 해야 합니다(잠 15:16, 17:1, 12:4, 19:14, 21:19 등 참조).

2) 결혼은 당사자 뿐 아니라 미치는 여파가 지대합니다.

두 가정과 국민 전체뿐 아니라 교회까지 지대한 결과를 미치게 됩니다. 그래서 혼인은 '인륜지 대사(人倫之大事)'라 하였습니다. 혼인 때문에 집안이 흥하기도 하고 망하기도 한 일들이 지금도 옛날도 있었습니다.

① 당사자들은 철저한 기도 중에 냉정한 검증을 해야 합니다.

매사를 잘 알아보고 결혼해야 한다는 뜻입니다. 젊은이들의 눈에는 들어오지 않고 귀에 들려오지 않는 하나의 기존 세대의 잔소리쯤으로 들리게 될지 모르겠으나 이는 인생사에 매우 중요한 일입니다. 잠시 잠간의 감정이 평생을 가게 되기 때문입니다. 심지어 극단적인 얘기 이지만 신혼여행 가서 헤어지는 경우는 간과 할 수 없는 일입니다.
② 결혼 전에 심사숙고해야 합니다.
그래서 아브라함은 늙은 종인 '엘리에셀'이 믿음직하게 이 일에 앞세워서 일하게 하였습니다. 엘리에셀은 아브라함의 가정에서 길리워진 사람으로 아브라함이 이삭이 태어나기 전에는 후계자로 생각할 정도의 신임 있는 종이었습니다(창15:2). 그 이후에 약속된 이삭이 태어나고 성장해서 지금 결혼하는 중대사이니 이 결혼은, 이 세대에 젊은이들이 배워야할 결혼의 견본이 됩니다. 은평교회 젊은이들이 이렇게 되기를 바랍니다.

2. 하나님 백성이기 때문에 결혼이 영적인 만남이어야 합니다.

만남 속에 가시적인 것도 있으나 불가시적인 영적인 문제도 있습니다. 어디에 중요성과 무게를 두느냐에 따라서 인생이 지각변동이 됩니다.

1) 영적이고 신앙적 만남이 되게 해야 합니다.

세속적인 계산이나 방법은 그리스도의 결혼관이 아니며 성경의 가르침도 아닙니다(신 17:17; 왕상 11:1; 느 13:26 참조).
① 만나기 전에 기도하고 기도로 만나는 두 사람의 관계가 되도록 해야 합니다.
이삭을 위해서는 배후에 모두 기도의 일들이 있게 되었는데 늙은 종 엘리에셀을 보내면서 기도하였고(창 24:2-3), 엘리에셀 역시 만나기 위해서 하나님께 기도하는 큰 흔적을 보게 됩니다(창 24:12,24). 부모는 사위를 보든 자부를 보든 간에 기도의 큰 후원자가 되어야 합니다. 그리하면 주십니다. 무엇이든지 구해야 합니다(요 14:13)(You may ask me for anything in my name, and I will do it).

② 이삭 자신도 기도하다가 리브가를 만나게 되었습니다.

역사적인 첫 상봉이 기도 중에 이루어지게 되었습니다. "이삭이 저물 때에 들에 나가 묵상하다가 눈을 들어 보매 약대들이 오더라(24:63)"했습니다. 주인공인 리브가의 무리가 온 것입니다. 많은 혼수품이 나귀에 실려서 오는 모습에서 결혼풍속도를 보게 되는데 문제는 기도하는 이삭의 모습입니다, 기도하는 만남이 되어야 합니다.

2) 이 세대에 동성연애나 결혼은 하나님의 뜻이 아니며 심판을 재촉하는 죄악입니다.

하나님의 창조의 원리와 섭리를 역행하는 일이며 하나님을 모르는 정신 나간 사람들의 일이라고 할 것입니다.

① 성경에서 기록된 역사적인 일들에서 볼 때에 심판을 재촉했습니다.

노아의 때나, 소돔과고모라 때가 그러하였는데 세상 종말 때에도 노아의 때나 소돔과 고모라의 때와 같다고 예수님은 분명히 말씀하셨습니다(마 24:37; 눅 17:28-). 천사에게도 달려 들었던(창 19:5-), 그들은 분명하게 이성이 아니며 말세에 나타날 동성연애자들입니다.

② 하나님의 창조는 남녀 이성간의 정식결혼을 순결한 만남 속에서 하게 하셨습니다.

그래서 결혼은 인륜 이전에 천륜이며 하나님의 뜻 안에서 이루어져야 합니다. 이를 어기게 되고 패륜적 길로 가게 됨으로 인해서 불치병인 후천성 면역결핍증(Aids)같은 질병이 난무한 세상이 되었습니다. 자유는 바르게 지켜질 때 가치가 빛나게 되는 것이지 방종하게 되면 곤란합니다. 따라서 결혼은 순결과 거룩을 지켜야 할 의무입니다(레 11:44; 창 24:16).

3. 하나님 백성이기 때문에 이 만남이 서로에게 위로가 되었습니다.

최초에 창조 하실 때에도 혼자 사는 것이 좋지 않기에 배우자를 지으셨던 하나님의 뜻을 봅니다(창 2:18 -).

1) 서로가 서로에게 필요한 존재입니다.
이삭이 모친상사 후에 위로자가 되었습니다(6절).
① 그래서 하나님은 남자를 창조하신 후 여자를 만드셨습니다. 서로에게 필요(Need)입니다.
'위로'라는 말은 '준다'(give)라는 뜻입니다. 서로가 위로를 베풀어 주는 것이 사랑이요 결혼생활입니다. 은평교회가 이렇게 되는 성도들이 되기를 바랍니다.
② 서로(相)가 위로자가 되어야 합니다.
어느 한편에서만 아니라 서로 노력해야 할 일입니다. 이는 부부만이 아니라 그래서 바울사도는 교회를 부부로 설명하였는데(엡 5:22-33) 부부에서 교회론을 볼 수 있는바 교회 안에서는 성도들이나 목회자와, 성도와 성도 간에 서로 위로 자로써의 생활이 교회생활에서 중요한 일입니다. 이런 교회가 좋은 교회입니다.

2) 은평교회 모든 성도들과 청년들에게 좋은 만남들이 있기를 바랍니다.
이는 예수 그리스도 안에서의 만남입니다.
① 예수 그리스도 안에서의 만남이 되었기 때문입니다.
이 믿음 안에서는 행복이 있게 되고 축복이 따라 옵니다. 따라서 예수님 안에서의 이 만남이 인생이 달라지게 됩니다.
② 예수님 안에서의 만남이 인생을 바꾼 사람들을 생각해 보십시오.
삭개오(눅 19:1-10), 베드로, 요한, 여고보, 안드레(마 4:18-), 바울(행 9:1-)도 본문에서 주인공인 이삭과 리브가는 하나님 안에서의 만남이기에 큰 축복이 되었습니다. 은평교회에서 이런 축복 받게 되시기를 주의 이름으로 축원합니다.

◆ 결론 : 어떤 만남 속에 살고 있습니까? ◆

■ 감사/가정

감사하는 자가 되라
(골 3:15:-17)

　사람이 세상을 살아가면서 생활의 환경에 따라서 좋고 긍정적인 마음과 일들도 있지만 나쁘고 부정적인 일들이 생기게 되기 때문에 이 두 사이에서 갈등 요인이 되고 불평과 불만적인 생애가 되기도 합니다. 향해하는 배에서 언제나 순풍에 돛 달아 놓은 듯이 좋은 날씨만이 아니고 배를 삼킬 듯이 바람과 파도가 불 때도 있는데 이것이 성경에서 교훈해 주는 진리이기도 합니다. 예수님과 제자들이 타고 가던 배에도 있었고(마 8:23), 사도바울이 타고 가던 배에도 고난이 왔으며(행 27:14), 구약에서 요나의 사건은 유명합니다(욘 1:4). 이때에 배는 빨리 항구로 돌아가는 것이 소원입니다(시 107:23-30). 그래서 오묘한 일은 하나님께 속하게 되었다고 하였습니다(신 29:29). 이런 때에도 성도가 할 일은 감사하는 일인데 하나님께서 선을 이루시기 때문입니다(롬 8:28). 감사하는 일을 보면 대개가 승진, 합격, 생일 등 긍정적이고 좋은 일이 있을 때만 감사하게 되는데 우리는 맥추감사절을 즈음해서 언제나 감사할 수 있는 전천후적인 감사를 배워야 하겠습니다. 바람이 불고 파도가 치는 어려움 속에서도 감사를 배워야 하는 것이 우리의 신앙의 숙제인바 맥추감사절에 이 시간 은혜 받게 됩니다.

1. 우리는 영원한 죄와 마귀의 굴레에서 구원받은 구속사적인 측면에서 감사해야 합니다.

　멸망에서 구원받은 차원의 감사입니다.

1) 우리의 감사의 차원이 달라져야 합니다.

잠시 동안에 무엇이 잘되고 하는 때의 감사는 누구나가 할 수 있는 낮은 차원입니다. 반대로 안 되는 차원에도 감사신앙을 배워야 합니다(합 3:17).

① 이스라엘 백성들의 역사적인 사례에서 보겠습니다.

요셉과 야곱의 애굽에 내려간 일부터 애굽에서 430년간 노예생활 하다가 특별한 하나님의 섭리로 애굽에서 나오게 되었고 광야를 거쳐서 가나안 약속의 땅에 들어가게 되는데 생각해 보면 짐승보다 못한 노예생활에서의 구원은 감격 그 자체였습니다. 유월절 어린양이 죽고 이스라엘이 해방되었습니다. 축복이요 기적입니다.

② 애굽에서 출애굽 한다는 것은 거의 불가능한 일인데 현실이 되었습니다.

430년간 붙잡아 놓은 그곳에서 이미 타성에 젖었고 그곳의 생활이 몸에 배었기 때문에 가나안은 생각도 못했습니다. 대한민국이 36년간 피압박 가운데 있다가 해방된 지 67년이 되었는데도 당시의 생활용어나 습관이 우리 중에 남아 있는 것을 보면 세월이 가도 벗어나지 못하는 일이 피압박의 습관이라고 생각이 됩니다. 세월이 많이 흘러갔으며 애굽왕이 꼭 잡고 놓아주지 아니 했습니다. 이스라엘 백성들 역시 모세나 아론을 욕하며 응하려고 하지 아니 하였습니다. 그런 가운데 해방이 되었으니 감사할 일이지요.

2) 유월절 양이 죽게 되었고 특별한 역사로 해방되었습니다.

이것이 하나님의 구원역사입니다. 우리가 구원받은 일에 대한 구약의 예표요 그림자 되는 것이 이스라엘 구원의 역사입니다.

① 아담안에서 죄에 노예가 되어 살아 왔습니다.

유월절 양이 희생 되었듯이 예수 그리스도는 우리 죄 위해 죽으셨습니다(요 1:29). 사도바울은 에베소교회에 전하는 말씀에서 분명히 전해주었습니다. (엡 2:1-) 죄와 허물로 죽었고 이 세상 풍속을 따라 살았고 공중 권세 잡은 자를 따라갔으며 불순종의 아들들 가운데 역사하는 영, 즉 마귀를 따라서 본질상 진노의 자식이 되었는데 이곳에서 구원받고 해방과 자유가 주어지게 되었습니다.
② 하나님의 구원 역사는 놀라운 역사입니다.
마귀가 놓아주지 않으려고 힘쓰고, 본인들이 타성에 젖어서 하나님께 돌아올 생각도 않으며 오히려 전도하는 사람들에게 욕을 하되 모세와 아론에게 욕하는 풍습이 지금 세대입니다. 그러나 하나님은 이스라엘을 구원해 주셨듯이 오늘날 우리를 영원한 죄와 사망에서 구원해 주셨고 자유케 해주셨습니다(요 8:32). 홍해를 건넌 후에 찬송과 감사가 넘쳐나듯이(출 15:1-) 우리 입에는 이제 감사와 찬송이 감격스럽게 넘쳐야 하는 것이 맥추감사절입니다(출 23:16)

2. 우리는 구속사적인 측면에서 하나님의 뜻에 감사해야 합니다.
구원의 역사를 보았거니와 이 모든 것은 하나님의 구원 계획 속에서 이루어진 사건이기에 감사해야 합니다.

1) 구원사적인 섭리에 감사해야 합니다.
구원은 하나님의 섭리 중에서 이루어지는 사건입니다.
① 같은 조건에서도 감사하며 흥하는가 하면 부정적이고 망하는 일들도 있습니다.
이스라엘 초대왕 사울과 사울의 후임 다윗의 경우는 현저한 차이가 있습니다. 하나는 불순종과 교만으로 망하게 되었고 또 하나는 감사와 찬송으로 대대로 축복의 사람이 되었습니다(행 13:22). 다윗은 축복의 대명사가 되었습니다(대상 17:16, 27).
② 은혜와 축복을 받았지만 감사치 않고 다른 길로 나갈 때 망한 경우도 있습니다.
다윗은 감사 속에서 예수님의 족보에 떼놓을 수 없는 인물이 되었습니다(마 1:1). 그러나 그 아들 솔로몬은 하나님의 축복을 지혜와 부귀영화가 가득하

게 받았지만 열방의 우상의 길로 가는 죄로 인하여 망하게 된 장본인이 되었습니다(왕상 11:9-11). 따라서 주신 은혜 생각하며 감사와 찬송이 있어야 합니다.

2) 사도바울은 모두가 하나님의 은혜로 된 것이라고 감사했습니다.

핍박자요, 교회의 원수로 지내던 사람이 돌아와서 바울이 되었습니다.

① 바울은 주신 은혜에 전적으로 감사 찬송 했습니다.

'그러나 나의 나 된 것은 하나님의 은혜로 된 것이니'(고전 15:10)(But by the grace of God I am what I am, and his grace to me)라고 했습니다. 생각하면 생각할수록 하나님의 은혜에 감사하는 신앙이 되어야 합니다. 이것이 구원받은 성도의 자세입니다.

② 어렵고 힘든 때에도 감사하며 기뻐하였고 충성을 하였습니다.

옥중에서 매를 맞고 매일 어려운 중에 있음에도 기뻐하며 찬송한 내용을 성경에서 보게 되는데 이것이 우리에게 주시는 감사하는 신앙입니다(빌 4;4; 행 16:25; 딤후 4:7).

3. 모든 일에 범사에 감사하는 신앙을 배워야 합니다.

범사에 감사하는 일은 우리에게 향하신 하나님의 뜻이기 때문입니다(give thanks in all circumstances, for this is God's will for you in Christ Jesus 살전5:18).

1) 매사에 잘 풀리지 아니할 때도 감사해야 합니다.

① 신앙인은 고난과 옥중에서도 감사했습니다.

다니엘은 사자굴속에서도 감사했고(단 6:10), 사도바울은 옥중에서 감사 찬송하며(행 16:25), 이삭은 문제 있을 때에도 단을 쌓고 예배하였습니다(창 26:25). 이것이 성경에서 우리에게 제시하는 감사신앙입니다.

② 좋은 일이 있을 때에는 더욱 감사해야 합니다.

감사가 메마르지 않게 해야 합니다. 히스기야왕은 죽을병에 있다가 나았을 때에 감사 찬송했습니다(사 38:20). 우리에게 주어진 환경 가운데 하나님께 늘 감사하는 신앙이 반드시 정립되게 해야 합니다.

2) 사도 바울은 본문에서 감사를 강조하였습니다. 맥추감사절에 배워야 합니다.
① '감사하는 자가 되라'(15절, And be thankful)하였고, '하나님 아버지께 감사하라'(17절) 하였는데, 우리의 감사의 대상을 분명히 하라는 말씀인바 세상 우상이나 세상 잡신이 아니라 감사의 대상은 살아계신 하나님이십니다.
② 환경과 생활이 바뀌어도 감사해야 합니다.
'그리스도의 평강이 너희 마음을 주장케 하라'하였고(15절), '말씀이 너희 속에 풍성함을 인하여 하라'(16절) 하였으며, '무엇을 하든지 감사하라'(17절)(And whatever you do)고 하였습니다. 늘 우리 입으로 감사하며 마음에서 감사하며, 물질을 드리며 감사하는 은평교회 성도들이 되시기를 주의 이름으로 축원합니다.

◆ 결론 : 감사는 생활 속에서 해야 합니다. ◆

예배/찬송

성도들이 드리는 예배와 찬양
(대하 5:11-14)

기독교신앙에서 예배생활은 신앙의 중심이라고 할 수 있겠습니다. 예배가 빠진 신앙생활은 생각할 수가 없을 것입니다. 그래서 구약에서나 신약에서나 공히 예배가 강조되었습니다. 구약에서 창세기 4장의 아벨의 예배를 말하게 되고 신약에 와서 예수님은 신령과 진정으로 예배할 것을 강조하셨습니다(요4:24). 예배라는 말은 영어의 워쉽(Worship)인데 그 뜻은 가치(worth)와 모양(shape)의 합성어에서 왔습니다. 최고의 가치가 있는 모양이라고 할 것입니다. 그래서 예배의 모양은 인간이 하나님께 드려질 때에 최고의 가치의 모양이 나오게 됩니다. 이런 아름다운 모양을 성경에서 보게 됩니다(창 22:14; 출 23:17-18; 신 16:16-17). 하나님께 드려지는 예배의 형태에서 드려지는 예물은 흠이 없는 최고의 것이어야 합니다(레 1-4장). 예배는 하나님께 최고의 가치를 드리는 행위가 되어야 합니다. 예배가 부실하게 되면 신앙생활이 부실하게 됩니다. 본문에서 은혜를 나누게 되는데 솔로몬이 성전을 건축하고 드리는 예배로서 하나님의 영광이 온 성전에 가득하게 되었습니다.

1. 예배의 주요한 요소들은 말씀이 최고의 가치가 됩니다.

기록된 말씀이 전파될 때에 예배의 중심이 됩니다.

1) 예배의 중심에 하나님 말씀이 많은 부분을 차지하게 됩니다.

이는 하나님께서 위에서부터 주시는 바 영적지침 때문입니다.

① 예컨대 수문 앞 광장(in the square before the Water Gate)에 모여서 드려진 예배에서 새벽부터 드린 구약시대에도 예배에는 말씀 선포가 그 중심이 되었습니다.
② 신약시대에도 언제나 모인 곳에는 천국복음이 그 중심이 되었습니다.
예컨대 예수님의 긴 설교라든지(마 5-7장), 천국을 향한 비유설교라든지(마 13장), 종말론설교(마 24-25장)에서 보여주셨습니다. 사도들도 오순절 이후에 긴 설교가 계속되었습니다(행 2:16-35). 바울의 드로아에서의 주일 밤 설교(행 20:7-12)에서 보게 됩니다. 예배의 중심은 말씀에 긴 시간을 할애하게 되었습니다.

2) 말씀선포는 하나님의 뜻이 무엇인가를 성경을 풀어서 전파하는 일입니다.

참고로 설교의 정의를 내리자면 설교자가 강단에서 청중들에게 하나님의 말씀을 선포(가르침)하는 것입니다.
① 그래서 성도는 누가 설교하든지 예배 시에 선포되는 말씀에 귀를 기울여야 합니다. 순종하며 살 때에 영혼이 잘되고(요삼 1:4), 복을 받습니다(신 28:1-14).
② 말씀을 듣게 될 때에 믿음이 생기게 됩니다.
먼저 듣는 자가 살게 되고(요 5:25, 겔 37:1-14) 믿음이 생기게 됩니다(롬 10:17). 유두고와 같이 졸게 되면 문제가 생기게 됩니다(행 20:9).

2. 예배의 요소는 하나님께 드려지는 형태가 됩니다.

예배에서 말씀이 하나님께로부터 내려오게 되는 형태라면 다른 것들은 하나님께 드려지는 형태가 됩니다. 예수님도 단번에 십자가에서 드리셨고(히 9:36), 우리는 예수님의 이름으로 하나님께 드리게 됩니다(롬 2:28-29, 4:20-25).

1) 예배 시에 드려지는 내용을 보시기 바랍니다.

위로부터 내려지는 것을 받게 되었고 이제는 드리게 됩니다.
① 우리 몸으로 산제사를 드려야 합니다(롬 12:1).
　따라서 예배 시에 본인이 빠진 어떤 제물도 의미가 없습니다. 예컨대 본인이 빠진 채로 드리는 대리헌금은 문제가 있습니다.
② 예배에는 기도와 찬송이 드려져야 합니다.
　기도와 찬송은 마땅히 드려야 되는 구원받은 성도의 행위입니다. 그래서 본문을 비롯해서 구약이나 신약에는 예배 시에 찬송이 가득했습니다. (다윗과 솔로몬 역시) 이사야도(사 43:21), 바울도(엡 1:3-14), 사도요한도(계 5:8, 8:3-6) 네 생물을 비롯한 24장로의 찬송으로 가득한 내용을 소개하였습니다.
③ 예배 시에 드려야 할 것이 헌금입니다.
　하나님께 올 때에는 무엇이든지 빈손으로 오지 말라고 했습니다(출 16:16). 여호와께 보이되 공수로 여호와께 보이지 말고, 사도바울은 미리 준비하라고 했습니다(고후 8-9장).

2) 우리가 하나님께 예배 시에 드리지 못한 것이 무엇인가를 생각해야 하겠습니다.
① 예배 시에 드리고도 시원함이 없는 것은 무엇인가 중요한 요소가 빠져있기 때문일 것입니다. 이는 요리할 때에 어느 부분이 빠진 것 같아서 시원치 않습니다. 예배 시에 모든 요소마다 충실하기 위해서 힘써야 합니다.
② 성도는 천국에 갈 때까지는 예배생활에 충실해야 합니다.
　이는 성도가 하나님의 자녀로써 마땅한 일이며 그 무엇과도 바꿀 수 없는 일이 예배생활이 되기 때문입니다.

3. 하나님께서 받으시는 예배는 이런 예배입니다.
본문에서도 솔로몬의 예배가 하나님께 상달했습니다.

1) 하나님께서 기뻐 받으시는 예배가 되어야 합니다.

① 언제나 회개의 요소는 빠짐이 없어야 합니다.
세례요한도(마 3:8-11), 예수님도(마 4:17), 다윗도(시 57:14; 삼하 24:24-25) 회개를 중요시 여기셨습니다.
② 믿음의 요소가 중요합니다.
매사에 믿음으로 드려야 합니다(창 4:2; 히 11:4). 아벨의 예배가 믿음으로 드린 예배였습니다. 따라서 믿음이 빠진 예배는 문제가 됩니다.
③ 정성입니다. 예배는 최고로 드려야 합니다.
말라기에서 보여주시듯(말 1-2장) 흠 있는 제물이 문제가 되었습니다. 정성으로 최고의 예배가 되게 해야 합니다.
④ 예배 시에는 친교가 이루어져야 합니다.
사도행전의 교회(행 2:42)가 그랬고 사도요한도 강조했습니다(요일 1:3-7)〉

2) 이 예배를 통하여 하나님께서 영광을 받으시고 축복해 주십니다.

① 내가 이 땅에 존재하는 이유가 예배에 있습니다.
예배가 바르게 성립되게 해야 할 이유가 여기에 있습니다. 하나님의 영광이 여기에 있기 때문입니다(시 50:5). 예배가 타성에 젖어서 형식화되지 않게 해야 합니다.
② 이 예배가 축복입니다.
하나님과 연결됨은 영생이요 축복이지만 하나님과 단절은 지옥이요 저주입니다. 우리 모두가 예배에 성공자들이 되시기를 주의 이름으로 축원합니다.

◆ 결론 : 예배는 축복입니다. ◆

예수님/부활

그리스도는 우리를 자유케 하신다
(눅 13:10-17)

이 세상을 살아가는 모든 인간에게는 꼭 필요한 용어들이 있습니다.
제일 요긴한 용어를 꼽자면 의·식·주 문제일 것이고, 그 문제가 어느 정도 해결된 후에는 자유라는 용어가 따라오게 됩니다. 그래서 배고픔을 면하게 되면 다음 단계로 문화생활이 화제가 됩니다.
그러기에 일제 강점기에는 외치기를 '자유가 아니면 죽음을 달라'고 외치며 많은 사람들이 순국했습니다. 지금 중동지역에서 일고 있는 바람이 거세지고 있는데 이집트, 튀니지, 리비아, 시리아, 오만 등에서 자유의 물결이 뉴스거리가 되었고 중국에서도 신장 위구르족 자치부에서도 계속 자유의 불길이 타오르고 있음을 봅니다.
인간은 모두가 자유하기를 원하는데 컴퓨터(Computer)시대이기 때문에 많은 사람들이 컴맹에서 자유하려고도 힘쓰고 있습니다.
본문에서 예수님은 건강의 자유를 선포하셨습니다.
18년간 허리가 꼬부라져서 움직이지 못하는 여자를 예수님은 자유하게 하셨고 치유해주셨습니다. 현대인들의 초관심사는 건강문제인데 예수님은 자유하게 하십니다(요 5:5; 약 1:5). 경제적 문제를 비롯해서 건강에 이르기까지 영적자유를 얻는 그리스도 안에서 자유가 있게 되기를 바라고 은혜를 받습니다.

1. 이 여인은 긴 세월 동안 투병했습니다.

성경에는 병을 앓은 세월을 기록한 곳이 몇 번 있습니다. 제일 긴 세월이 38년이요(요 5:5), 12년간의 혈류병자에 관한 기사(막 5:25), 나면서부터 소경된 자(요 9:1), 앉은뱅이도 고치게 되었습니다(행 3:1-).

1) 꽤 긴 세월이요 오랜 시간동안 시달려 왔습니다.
18년이면 성인식의 나이요 그 기간 동안 허리를 펴지 못했습니다.
① 병은 무슨 병이든지 세월이 얼마간이든지 간에 괴롭고 힘든 세월입니다.
   따라서 건강축복 받아서 사는 것이 중요한 바, 재물이며 지위와 명예도 몸이 부자유하면 귀찮게 됩니다(왕하 5:1-). 예수님은 우리를 모든 질병에서도 자유하게 하시는 분이십니다(마 8:1, 6, 14, 27, 9:1, 18, 20, 27, 32, 10:1, 14:16, 25, 15:22, 31, 34, 17:14). 예수님 만나면 해결되었습니다.
② 어떤 병이든지 그 병이 크든지 작든지 오랜 세월에 관계없이 주님을 치유해 주셨습니다.
   주님은 창조주이시기 때문입니다(요 1:3). 이는 일찍이 이사야의 예언이요 누가는 이를 인용하여 전하였습니다(사 61:1-2; 눅 4:18-19). 그런 치유의 역사는 지금도 때때로 역사해 주십니다.

2) 예수님을 만나게 되면 귀신의 속박에서 자유하게 되어 해방됩니다.
마귀는 인간들을 속박하고 괴롭혀왔습니다.
① 이 여자는 18년간이나 긴 세월동안 허리를 펴지 못하고 살았습니다.
   사람이 허리를 펴고 두 자리를 펴고 산다는 것이 축복인데 이 축복을 상실했으니 큰 고통의 세월이었을 것이 분명합니다. 다행히도 예수님을 만나서 이 고통에서 자유하게 되었습니다. 현대의학에서 고치치 못하는 것도 주님이 역사하시면 낫게 되는 일이 일어나게 됩니다.
② 예수님께 나오면 늦더라도 치유하시게 됩니다.
   병의 요인 가운데 하나는 하나님의 일을 위한 것이 있고(요 9:1-), 또 하나는 자기 실수와 환경으로 인해 몸이 부자유한 일도 있거니와 죄 값으로 오는 경

우도 있는데 38년 된 병자는 죄 때문이었음이 밝혀지고 있습니다(요 5:14). 그래도 예수님을 만난 이 38년 된 병자는 낫게 되었고 병에서 자유하게 되었습니다. 본문에서 18년 된 이 여자도 허리가 펴지는 자유를 얻게 되었습니다.

2. 예수님은 우리를 병에서 자유하게 하십니다.

'여자여 네 병에서 놓였다'(12절)고 하였습니다.(and said to her, "Woman, you are set free from your infirmity).

1) 예수님이 그 백성에 대한 자유의 선포입니다.

'딸아 네 병에서 자유하였다' 라고 선포해 주셨습니다.

① 주님이 명령하시면 그 선포된 대로 이루어집니다.

주님이 명하신 문제의 현장들을 보시기 바랍니다.

성난 파도도 잔잔케 되었습니다(마 8:26).

흉악한 귀신도 나오게 되고 건강케 되었습니다(마 8:31).

'대저 하나님의 모든 말씀은 능치 못하심이 없느니라'(눅 1:37) 하였습니다.(For nothing is impossible with God.) 창조주이시기 때문입니다.

② 주님은 창조주이시며 진리가 되십니다.

진리(the truth), 길 되신 분이십니다. 그 진리가 자유하게 하십니다(요 8:32). 따라서 이제는 속박(bond)에서 벗어났기 때문에 다시는 멍에를 멜 필요가 없습니다(갈 5:1).

2) 병에서부터 자유하게 된 사람들의 간증들이 교회 안에는 많이 있습니다. 모두 주님이 치유해 주신 사건들입니다.

① 병의 종류도 많습니다.

폐병에서 낫게 된 사람도 많이 있습니다. 유명한 목사님들이 폐병에서 치유되었습니다. 이름을 밝힐 수는 없지만 한국 교회 강단에서 많이 보게 됩니다.

어떤 이는 암 병에서도 치유 받은 사실이 간증되어집니다.
② 어느 병이든지 우리는 할 수 없지만 주님은 치유하십니다.
우리는 감기 하나라도 조절할 수 없지만 주님은 중한 병까지도 치유하시는데 '주께서 저를 일으키시리라'(약 5:15)고 하셨습니다. (the Lord will raise him up, 레 15:26; 말 4:2)

3. 병에서 자유하게 되기 위해서는 하나님이 원하시는 자유의 조건이 있습니다.
누구에게나 모두 자유하게 되는 것이 아니라는 뜻입니다.

1) 주님이 요구하시는 조건이 있습니다.
병에 걸리면 가정 모든 이들에게 어려움을 주게 됩니다. 경제적으로 큰 문제가 생기게 되는데 결국 병원에 모두 가져가게 됩니다.
① 예수님은 조건이 돈이 아니라 '믿음'(Faith)을 요구하십니다.
병에서의 자유의 조건이 믿음입니다. 그래서 예수님께서 치유의 일을 하실 때마다 믿음을 강조하셨습니다(마 8:10, 9:1, 22; 약 5:25). 의심 없이 굳게 믿어야 하는 조건입니다.
② 기도입니다.
기도하라고 강조하셨습니다. 주님을 가까이 해야 합니다. 비단 질병문제뿐 아니라 모든 일들은 기도 외에 다른 것으로 이런 일이 일어날 수 없다고 하셨습니다(막 9:29 - He replied, This kind can come out only by prayer). 기도하세요, 낫게 됩니다.
③ 주님이 원하시면 낫게 해달라고 기도해야 합니다.
'내가 원하노니 깨끗함을 받으라'(마 8:3)고 하실 때에 깨끗하게 낫게 되었습니다.

2) 치료는 하나님의 영광이 되어야 합니다.

따라서 병에서 자유하게 될 때에 나타나는 현상이 있습니다.
① 우선적으로 본인이 기쁨이 가득하게 됩니다.
  체험적인 사람들만이 아는 놀라운 기적의 황홀감입니다.
② 최고의 목적은 하나님께 영광이 됩니다.
  이 여인도 하나님께 영광을 돌렸습니다. 모든 일이 그 목적이 하나님께 영광이 되어야 합니다(고전 10:31).
  은평교회 모든 성도들이 예수님 만나서 악질적인 질병으로부터 자유하게 되시기를 주의 이름으로 축원합니다.

◆ 결론 : 예수님은 자유하게 하십니다. ◆

[예수님/부활]

한 가지는 반드시 알아야 합니다
(요 9:18-25)

성도들 중에는 겸손하게 말하면서 나는 아는 것이 없어서요, 하면서 뒤로 빠지는 경우들이 있습니다. 그러나 분명한 것은 다른 것은 모두 모른다고 해도 다만 한 가지인 예수님 믿는 믿음은 알아야 하고 다른 것은 모두 몰라도 예수 믿는 신앙고백이 살아있다면 영적으로 살아 있는 사람이요, 성도입니다.

세상적으로 유명하다는 사람들 중에도 실재적으로 보면 예수 그리스도에 대한 고백이 비성경적인 사람들이 많이 있습니다. 본문에서 바리새인들의 대답이(요 9:40-41) '우리도 소경인가?'(Are we blind too?) 이때에 예수님께서는 그들에게 이렇게 말씀하셨습니다. '너희가 소경 되었더면 죄가 없으려니와 본다고 하니 너희 죄가 그저 있느니라' 오늘 읽은 본문말씀은 나면서부터 소경된 사람에게 땅에 침을 뱉어 흙으로 진흙을 만드셔서 눈에 붙이시고 실로암 못에 가서 씻으라고 하실 때에 그 소경이 그대로 순종해서 눈이 밝게 뜨게 된 기적이 사건의 내용입니다. 현대의 발달된 안과에 의하면 중간에 시력을 잃은 것은 어느 정도 회복할 수 있으나 나면서부터 소경된 것은 할 수가 없다는 것인데 예수님은 창조주이시기에 고치셨고 밝게 하셨던 바 전적인 하나님의 역사요 능력의 현장인 본문에서 은혜를 받게 됩니다.

1. 이 소경은 창조주 예수님을 만났기 때문에 해결 받게 되었습니다.

사람의 능력이나 재주가 아닌 하나님의 전적인 능력이요 치료의 역사입니다.

1) 예수님이 그 사람을 만나주셨습니다.

인생은 누구를 만나느냐에 따라서 인생의 생애가 달라지고 바뀌게 됩니다. 예수님이 그 사람을 만나주셨습니다. '예수께서 길 가실 때에 날 때부터 소경된 사람을 보신지라(9:1) '(As he went along, he saw a man blind from birth) 했습니다.

① 이 사람은 예수님께 대한 소문을 들었을지 모르나 볼 수 없는 불행한 사람이었습니다. 소경이기 때문입니다. 왜 이 소경뿐이겠습니까? 모든 인간은 죄에서 태어났으며 영적인 소경이요 벙어리와 같은 존재임을 성경이 이스라엘 백성들을 통해서 말씀하시고 계십니다(사 42:43, 56:10; 마 23:17-26). 결국 죄악가운데 어두움에 살다가 지옥을 가게 되는 인생들입니다. 이런 인생을 예수님은 사랑해주셨고(롬 5:8), 38년 된 병자도 만나주셨으며(요 5:6), 낫게 해 주셨습니다. 이것은 예수님이 이 땅에 오신 목적이기도 하신바 이사야선지자의 예언을 누가가 기록된 말씀에서 보여줍니다(사 61:1-3; 눅 4:18-19).

② 눈뜨기 위해서는 때때로 감사해야 하는 일들이 있습니다. 예수님이 치료해 주시는데 치료받는 입장에서는 불편을 모두 감수해야 합니다. 침 뱉어서 진흙으로 바르셨고 실로암 못에가서 씻으라 했을 때에 그대로 했습니다(막 10:45-52). 여리고에서 있었던 바디매오의 치료사건에서도 바디매오는 사람들의 비웃음과 비아냥도 모두 이겼고 넘어지면서도 예수님을 쫓아갔습니다. 눈뜨기 위해서는 때때로 자존심도 버리고 걸치고 있던 옷도 벗어야 합니다.

2) 예수님을 만난 사람들은 신약이든 구약이든 특징이 있습니다.

공통점은 인간이 하나님을 찾아간 것이 아니고 하나님이 찾아오셨다는 사실입니다. 종교학적으로 보면 인간이 신을 향해 찾아나서는 것이 종교이지만 기독교는 하나님이 인간을 향해서 찾아오시게 된 것이 복음이요 축복입니다. 왜냐하면 인간의 죄악 때문입니다(사 59:1-).

아담에게도(창 3:9), 동생을 죽인 가인에게도(창 4:9), 물로 심판하실 때에 노아에게도(창 6:13), 믿음과 축복의 아브라함에게도(창 12:1-2), 야곱에게도 (창 28:10-),

사명을 주시기 위한 모세에게도(출 3:4), 여호수아에게도(수 7:10), 기드온에게도(삿 6:12), 마노아에게도(삿 13:2), 사무엘에게도(삼상 3:1-), 갈릴리 어부들에게도(마 4:18), 핍박의 대명사였던 사울에게도(행 9:4-) 찾아가셨고 부르셨습니다.
① 성경에서 뿐 아니고 교회사에서나 현시대에서도 주님은 찾아오십니다. 탕자 중에 탕자였던 어거스틴이 돌아와서 성 어거스틴(st Augustine)이 되게 하시며 397년 칼타고회의에서 27권의 신약을 확정할 때에 주동적 학자가 되게 하셨습니다 돌아오게 될 때에 그에게 역사하시는 말씀(롬 13:11-14)이었습니다. 구두 방 직공에서 성령의 역사로 대 부흥사였던 무디(D. L. Moody)도 주님이 부르셔서 사용하셨습니다. 충청도 산골 가난한 작은 농부로 살던 아이에게도 성령으로 부으시고 성장시키신 후 목사로서 쓰임 받게 하신분이 예수님이십니다. 그래서 김명규 목사의 호를 소석(小石)이라고 지었습니다.
"내가 세상에 있는 동안에는 세상에 빛이로다(요 9:5절)"(While I am in the world, I am the light of the world.)라고 하셨습니다.
이 소경은 예수님을 만나서 눈을 뜨게 되었습니다.

2. 예수님이 무슨 말씀을 하시든지 순종하는 것이 중요합니다.
무슨 말씀을 하시든지 어떻게 해서라도 순종해야 합니다.

1) 순종의 자세 또한 중요합니다. 내 생각과 나의 의견과 내 고정관념이 맞지 않을 수도 있습니다. 조롱과 인격모독적일 수도 있습니다.
① 이 소경은 주의 말씀에 순종했습니다.
"실로암 못에 가서 씻으라 하시니(실로암은 번역하면 보냄을 받았다는 뜻이라)이에 가서 씻고 밝은 눈으로 왔더라(요9:7)" 했습니다.
전혀 보이지 않는데 순종하고 가는 용기가 중요합니다. 이것이 순종입니다. 아람나라 군대장관 나아만도 어렵지만 순종할 때에 기적이 일어나게 되었고(왕하 5:1-4), 디베랴 바닷가에서의 기적역시 순종이었으며(눅 5:1-), 가나안혼

인잔치(요 2:1-11) 역시 말씀대로 순종할 때에 역사가 일어났습니다.

② 순종할 때에는 목적이 분명하기 때문에 불가능한 것도 순종이 따르게 됩니다.

이 소경은 평생에 보기를 얼마나 소망했겠는가는 말하지 않아도 짐작할 수 있습니다. 영적 생활가운데 좋은 목적이 있다면 그 목적을 두고 순종해 보시기 바랍니다. 거기에는 반드시 기적이 일어납니다.

2) 현재 당면한 문제가 다급할수록 말씀에 귀를 귀울어야합니다.

다급할 때에는 악 소리도 지르지 못하게 다급하지만 그 순간에도 주님말씀을 생각하여 순종해야 합니다. 그리고 기도하게 됩니다.

① 이 소경은 자기가 평생 소경으로 살았음을 의식했습니다.

그러나 내 눈이 뜰 수만 있다면 내가 무슨 일이든 못하겠느냐는 마음이 가득했습니다. 주님이 가서 씻으라는데 못할 일이 어디에 있겠는가? 라고 생각이 듭니다. 잠시 동안에 마음이 상해도 가서 씻고 와서 밝아지게 된다면 이것이 축복이지요, 우리자신들의 신앙을 한번쯤 비교해 보아야 할 부분입니다.

② 말씀을 순종치 않았다면 아직도 그 문제에 있어서 목마르지 않기 때문입니다. 아직 다급하게 생각지 않기 때문에 영적문제를 등한히 여기게 되는 것이지요. 이 시간에 성도들 중에 아직도 예수님의 부르심에 응답하지 않는 사람이 있다면 이 시간에 주의 손을 붙잡기 바랍니다.

3. 이제 이 사람에게는 예수님밖에 없습니다.

우리한번 따라서 해봅시다. 이제 내 인생에서 예수님밖에 없습니다.

1) 눈을 뜨기는 했는데 이상이 생겼습니다. 주위에서 축하해주고 환영하는 것이 아니라 오히려 핍박이 일어나게 되고 소용돌이가 생겼습니다.

① 눈을 뜨게 하신분이 예수님이시기 때문입니다.

바리새인들의 핍박에 동네 사람들도 심지어 부모들까지도 이 아들을 축하나 환영이 아니라 싫어했습니다. 예수님 때문인데 이것이 세상입니다. 그 일이 죄 인지는 모르나 내가 소경으로 있다가 지금 보는 것이라 했습니다.
② 우리는 분명한 이와 같은 신앙적소신이 있어야 합니다.
누가 뭐라고 하더라도 나 때문에 십자가에 죽으시고 부활하신 예수그리스도에 대한 구원에 확신과 신앙적 절개를 이 세대에 반드시 요구되는 부분입니다. 그래서 누구 앞에서도 내가 믿는 예수님밖에 없음을 말해야 합니다(30-33).

2) 내가 믿는 예수그리스도를 분명하게 말하고 전해야 합니다.
우물쭈물 할일이 아니며 주위 눈치 보며 머뭇거릴 사항이 아닙니다.
① 이 사람은 서민층이며 이름 있는 거물급도 아닙니다. 그런데 예수님을 만났습니다. 예수님을 만나서 소경에서 눈을 뜨게 되었고 인생이 역전되었습니다. 예수님을 만나면 지금도 인생이 안전하게 변화되고 역전됩니다. 이것이 기독교사상인바 이 신앙을 체험자만이 알게 되는데 모두가 체험자들이 되시기를 바랍니다.
② 이 사람은 주변의 핍박이나 위협, 조소에도 변하지 않고 굳게 지켜 나가게 되었습니다. 왜냐하면 그분이 눈을 뜨게 하셨기 때문입니다. '네가 인자를 믿느냐 주여 누구오리이까 내가 믿나이다 지금 너와 말하는 자가 그이다 주여 내가 믿나이다(38절)' 이 고백이 중요합니다. 영안이 열리고 믿음에 승리에 고백이 있으시기를 주의 이름으로 축복합니다.

◆ 결론:예수님을 만나야 합니다. ◆

■예수님/부활

예수 그리스도의 증인들
(눅 24:44-49)

어느 역사적 사건이나 인물들이 그냥 전파되는 것이 아니라 전해지는 전파에 의해서 후대에 까지 전달되는데 오늘날과 같이 정확한 기록문이나 자료들이 없는 시대에는 더욱 증인이 중요한 일을 했습니다. 증인은 재판석에서 뿐 아니라 어느 분야에서든지 중요한 위치에 있는 것이 증인입니다. 예수그리스도의 동정녀 탄생부터 시작해서 4복음서에 기록된 십자가 죽으심과 부활과 승천과 재림에 이르기까지 그분을 믿고 구원받은 사람들에 의해서 전파되어 왔고 앞으로도 계속 전파되는데 이제 그 증인의 중심에 우리가 서있게 되었습니다. 때로는 거짓 증인이나 예수그리스도에 대한 참 복음과 정반대되는 일로 반성경적이며 반 복음적인 일들로 인하여 난감한 문제들이 발생하였고 앞으로도 더욱 많이 일어나는 것이 종말적 시대의 일들(마 24:4)이겠지만 그래도 주님의 참 교회는 지난 세월 동안 고백하며 전하여진 예수그리스도의 십자가와 부활에 대한 증인으로 굳게 서게 될 것입니다.

예수그리스도의 십자가 대속적 죽으심과 부활은 믿는 자의 의롭게 됨과 구원의 기초이기 때문입니다. 2012년 부활절에 다시한번 확신하게 됩니다.

1. 우리는 예수그리스도의 십자가와 부활의 증인들입니다.
성경이 밝히 말하듯이 우리가 그 증인(μάρτυς"-말튀스)들입니다.

1) 성경에 밝히는 증인들에 대한 말씀들을 보시기 바랍니다.
신약성경 전체에 깔려있는 문맥과 사상이 '증인'에 대한 말씀으로 가득합니다.

① 특히 신약성경에 나타난 예수그리스도에 복음에 대한 증인들을 보시기 바랍니다.
성령께서 임재하신 이후에 성령의 역사 속에서 십자가와 부활은 그 증거의 중심사상이 되었고 성령께서 행하시는 일들이었습니다(행 1:8, 22, 2:32, 3:15, 4:23, 5:32, 10:39, 13:31). 초대교회의 설교의 주요내용은 십자가와 부활이 초점이었고 중심이었습니다. 그들은 친히 보았기 때문입니다.
② 예수님의 부활을 분명히 보았던 현장에서 증언한 이들이 성경의 기록입니다. 그때에는 지금과 같이 세월이 지난 때도 아니고 현장의 증인들입니다.
③ 천사들이 증거 하였습니다. 마태의 기록입니다(마 28:6). 부활하신 줄 모르고 무덤에 찾아왔던 제자와 여인들에게 천사가 전하였습니다. "그가 여기 계시지 않고 그의 말씀하신 대로 살아나셨느니라 와서 그의 누우셨던 것을 보라" (He is not here; he has risen, just as he said. Come and see the place where he lay.)하였습니다. 마가도(막 16:5-6), 누가도(눅 24:4), 천사들의 증거를 말했습니다.
④ 제자들이 증거 하였습니다(요 20:11-12). 그 중에 사도요한의 증거입니다.

2) 믿지 못하는 불신자가 되지 말고 믿는 자가 되라고 하셨습니다.

사도요한도 도마에게 이르신 말씀을 자세하게 기록하였습니다. 도마는 의심이 많은 제자였습니다.
① 보지 않고 믿는 자가 더 복되다고 하였습니다(요 20:29).
"예수께서 가라사대 너는 나를 본고로 믿느냐 보지 못하고 믿는 자들은 복이 되도다"고 하셨습니다. '믿음 없는 자가 되지 말고 믿는 자가 되라(27절)'(Stop doubting and believe.)고 하셨습니다. 마가복음은 베드로의 복음이기도 하기 때문에 중요합니다.
② 사도행전의 증거를 보시기 바랍니다. 베드로는 또한 사도행전에서 분명하게 밝혀 주었습니다. "이 예수를 하나님이 살리신지라 우리가 다 이 일에 증인이

로다"(행 2:32)하였고, 다 시 실리신 사실을 여러 곳에서 강조 하였습니다(행 3:15; 벧전 1:3; 행 1:20; 롬 6:9, 10:9) 그리고 이 부활 신앙으로 굳게 서서 흔들이지 말고 주의 일에 힘을 힘쓰라고 당부 하였습니다(고전 15:58). 이 세대에 모든 그리스도인들이 반드시 지켜야 할 생명의 복음이기도 합니다.

2. 예수님이 죽기 전에 부활하실 것을 예고해 주셨던 그대로입니다.

예수님은 십자가에 고난 받으시고 죽으실 것과 다시 부활하실 것을 말씀하셨습니다.

1) 예수님 자신이 부활하실 것을 말씀하셨습니다.

기독교 역사 가운데 많은 그릇된 사교집단이나 이단 집단들의 교주들도 이를 흉내 내었지만 그들은 그대로 썩어 갔습니다.

① 예수님 자신이 부활에 대한 증인입니다.

예수님의 이 예견 때문에 군사들이 지키게 되었지만 부활하시는 예수님의 찬란한 모습을 군사들이 막지는 못했고 오히려 죽은 자같이 되었습니다(마 27:63). 예수님의 부활 예고들을 보시기 바랍니다(마 16:21, 17:23, 20:19, 28:6; 막 8:31, 10:34; 눅 9:22, 18:33, 24:6-7). 부활에 대한 예고하심대로 되었습니다.

② 예고하신대로 예수님은 부활하셨습니다. 그리고 제자들에게 부활 후에 갈릴리에서 다시 만날 것을 약속하셨습니다. 그 약속을 기억케 하시면서 내가 부활하였음을 알게 하라고 하셨습니다(마 28:10). 예고하신 말씀을 기억하게 하신 말씀을 여러 번 강조하셨습니다(눅 24:13, 26, 38) 그리고 의심하지 말라는 말씀을 강조하셨습니다.

2) 예수님 자신보다 더 정확하고 확실한 증인은 없습니다.

왜냐하면 예수님 자신께서 말씀하시고 그대로 이루셨기 때문입니다.

① 예수님의 확신에 찬 부활에 관한 말씀을 보시기 바랍니다. 의심 많던 도마에

게 다가가시고 말씀하십니다(요 20:27). '네 손가락을 이리 내밀어 내 손을 보고 네 손을 내밀어 내 옆구리에 넣어 보라 그리고 믿음 없는 자가 되지 말고 믿는 자가 되라'(요 21:14) 하셨습니다. 부활하신 이후에 세 번째 나타나 보이셨습니다.

② 예수님은 평상시에도 죽은 자를 살리시어 부활의 능력을 보여 주셨습니다.

죽고 사는 문제는 누구도 해결 할 수 없고 오직 하나님이 하시는 일입니다. 현대의학으로도 할 수 없는 일입니다. 나인성 과부의 아들을 살리셨습니다(눅 7:11-16). 야이로의 딸을 살리였습니다(눅 7:52-56). 나사로를 살리셨습니다(요 11:43-44). 부활의 소망은 반드시 이루어지는 하나님의 약속이요 주님이 모범이 되셨습니다(요 11:25-26; 살전 4:13-17). 이제 우리가 믿어야 합니다(요 11:40 - Then Jesus said, "Did I not tell you that if you believed, you would see the glory of God?")

3. 이제는 예수그리스도를 믿는 모두가 부활의 증인들입니다.

이 사건이 우리의 믿음이요, 이 믿음에 의해서 우리가 증인들이 되었습니다.

1) 증인은 확실성이 있어야 합니다. 반신반의라든지 아마 그럴거야라는 식이 되면 곤란합니다. 확실해야 합니다.

① 제자들은 확실한 증인들이었습니다. 왜냐하면 보았고, 목격했기 때문입니다.

평상시에 기적의 현장을 보았고, 십자가의 죽으심과 부활하신 예수님을 직접 뵈었습니다. 확실한 증인이 되었습니다. 환란과 핍박 중에 순교의 각오로 믿게 되었고 확신한 증인이 되었습니다.

② 그리고 성경이 이렇게 말씀을 전하였습니다.

'너희는 이 모든 일에 증인이라(눅 24:48)'(You are witnesses of these things.) 했습니다. 예수님은 승천하시기 전에 또 증인될 것을 강조해 주시고 가셨습

니다(마 28:19-20; 막 16:15; 요 20:21; 행 1:8)

2) 이제는 우리가 이 세대에 십자가와 부활의 산 증인들이 되었습니다.

증인(μάρτυς")는 영어화 되면서 순교자(martyr)라는 뜻이 되었습니다.

① 증인으로 살기 위해서는 순교적 각오의 신앙이 필요합니다.

　욕을 먹고 심지어 순교까지 했던 믿음의 증인들이 되었습니다. 사방으로 유랑하고 믿음을 지키기 위해서 흩어지게도 되었습니다(벧전 1:1).

② 기독교 역사는 증인되기 위해서 순교했던 순교의 역사이기도 합니다.

　의심했던 도마는 인도에서 순교하였고, 스데반집사님은 돌에 맞아 순교하였으며(행 7:56-60), 베드로는 거꾸로 십자가형을, 바울은 참수형을 당하였습니다. 다윗은 죽어서 썩었지만 하나님이 살리시는 이는 썩음을 당치 아니하였습니다(행 13:36-37). 그러므로 우리가 주님이 오실 때에 부활할 것을 믿는 부활신앙으로 세상을 승리케 되시기를 축원합니다.

◆ 결론 : 우리는 부활의 증인들입니다. ◆

> 축복

경제적 속박에서 자유하고 축복을 받으라
(마 6:31-34)

이 세상에서 제일 탈피하기 어려운 것 가운데 하나가 소유욕에 대한 개념일 것입니다. 그래서 세상에서 매일같이 가진 자와 덜 가진 자의 경쟁 속에서 소위 경제전쟁이 진행 중에 있습니다. 국가 간에도 전에는 우방이니 적군이니 했던 나라들도 경제적 이익에 따라서 용어가 달라지는 시대입니다.

모 방송국의 프로그램 가운데 '임종체험'을 하는데 죽어서 베옷입고 관속에까지 들어가는 체험을 하는 방송인데 인생을 많이 깨닫게 하는 방송인 것 같습니다. 수전노처럼 살던 사람, 알코올 중독자로 살던 사람들이 인생을 다시 한번 생각하게 되었다고 합니다.

본문에서 예수님은 산상보훈을 통해서 먹고, 마시고, 입고하는 일보다 먼저 구할 것이 무엇인지 알아야 한다고 하셨습니다. '그리하면 이 모든 것을 너희에게 더하시리라'고 하시면서 경제적 속박에서 자유하고 인생을 깨달아야 됨을 다시 한번 말씀하셨는데 여기에서 은혜를 나누게 됩니다.

1. 성도들은 경제적 노예가 아니라 경제를 다스리는 권세가 있어야 됨을 말씀하셨습니다.

하나님은 인간들에게 '다스리라'(창 1:28)고 하셨습니다.

1) 속박하고 묶여 사는 노예가 아니라 다스릴 수 있어야 합니다.

속박(Bond)이 아니라 다스리는 것이 하나님의 뜻입니다. 이미 창세기에서 명하셨습니다(창 1:28 - and over every living creature that moves on the ground)
① 하나님의 명령과 같이 모든 것은 인간이 다스리고 개발해야 하는 대상이지 숭배의 대상이 아니라는 사실입니다.

그런데 사람들은 경제(Economic)라는 틀 속에 묶여서 마치 새장의 새와 같이 갇혀서 염려와 불안 속에서 살아가는 모습입니다. 성령의 사람, 하나님의 자녀에게는 이것까지 자유하고 벗어나야 하는 축복의 길이 있습니다.

이스라엘이 애굽에서 나올 때에 금은보석을 가지고 나와서 그것이(출 3:22) 두 가지로 갈라지게 되었는데 하나는 우상이요(출 11:2, 12:35, 32:1-4), 하나는 성막을 짓는데 사용되었습니다(출 25:1-2).

② 물질은 하나님의 영광을 위하여 다스려야 하는 것이지 인간이 속박되면 그것이 곧 황금우상이 됩니다.

광야 40년을 지나면서 이스라엘 백성들은 굶거나, 옷이 해어지거나, 신발이 없거나 해서 망한 것이 아니라 불순종, 원망, 우상숭배 등이 망하게 했습니다(신 8:4; 고전 10:1-11).

그리고 성막이 완성 되었을 때에 축복을 받게 되었습니다. 축복의 출처가 된 것입니다(출 39:42-43). 주의 영광을 위해서 물질도 잘 다스려야 하겠습니다.

2) 이 세대의 성도들은 깨달아야 합니다.

물질이 필요하지만 잘하면 축복이요, 그릇되면 물질 때문에 망합니다.
① 황금우상을 송아지 형상으로 만든 사람들입니다.

이들은 물질이 축복이 아니라 오히려 저주가 되었습니다. 물질 자체는 선한 것도, 악한 것도 아니지만 사용하는 사람에 따라서 달라집니다. 새벽이슬을 양이 먹을 때에는 영양가 있는 우유가 되겠지만 독사가 먹게 되면 독이 되는 것과 비교 할 수 있습니다.

② 황금이 어떻게 사용 되느냐에 따라서 달라지게 됩니다.

동방박사들은 황금과 유향과 몰약을 예수님께 드리게 될 때에 요셉이 애굽

피난 시절에 유용했겠지만(마 2:14), 반대로 예수님의 부활을 목격하고도 돈에 눈이 어두운 병사들은 돈 때문에 예수님의 부활을 부정하게 되었습니다(마 28:12).

바나바는 밭이 축복이었지만(행 4:36), 아나니아와 삽비라는 밭 때문에 저주가 되었습니다(행 5:1). 깨닫고 바른 신앙인격으로 돈 까지도 다스리게 되기를 축복합니다.

2. 경제적 가치보다 더욱 신앙적 가치를 중요시해야 합니다.
어느 것이 내게 가치 있는지를 분명히 생각해야 합니다.

1) 빵으로 사는 것이 아니라 하나님 말씀으로 살아야 합니다.
이는 예수님께서 마귀 시험에서 보여주신 교훈입니다(마 4:4 - Jesus answered, "it is written: Man does not live on bread alone, but on every word that comes from the mouth of God.").

① 사탄이 유혹해 왔습니다.
아담에게(창 3:1), 에서에게(창 25:34), 아간에게(수 7:15), 게하시에게(왕하 5:27), 가룟유다에게(요 13:2), 아나니아와 삽비라에게(행 5:1) 그리고 오늘은 누구에게 다가갈지 모릅니다. 땅의 유혹을 다스려야 합니다.

② 하나님을 믿는 믿음의 사람들은 깨달아야 합니다.
하나님의 거룩하신 말씀이 언제나 가치관의 우위로 서있게 되어야 합니다. 이른바 바른 '인식'입니다. 에서는 팥죽 때문에 불행한 사람이 되었습니다(창 25:24; 히 12:17). 이 시대에 에서의 전철을 밟게 되면 곤란합니다.

2) 믿음에 사람들은 영적 가치관을 바르게 정립해야 합니다.
가치관의 정립이 약한 시대이기 때문입니다.
① 모세를 소개합니다.

모세의 영적 가치관에 대해서 분명하게 소개해 주셨는데 큰 교훈입니다(히 11:24).

우리는 영원한 천국 시민권자들이기 때문입니다(빌 3:20).
② 바울을 소개합니다.

이스라엘의 큰 자 사울이 작은 자 바울로 살아가기란 어렵지만 바울을 본받아야 하겠습니다(빌 3:8). 예수님 때문에 모든 것을 버리게 되었습니다. 바울의 영적이고 신령한 가치관의 모습에서 배우게 됩니다.

3. 성도는 먼저 생각해야 할 것이 분명해졌습니다.
물질 속에 살면서 물질을 버리고 살 수는 없지만 깊이 생각해야 합니다.

1) 먼저 생각해야 할 일이 무엇이겠습니까?
세상에서 어떤 것에 대한 우선순위의 결정입니다.
① 매사에 먼저 그 나라를 구하며 살아야 합니다.

그 나라는 바로 천국이요 영원한 나라를 생각하는 것입니다. 매튜 헨리는 주석하기를 '하늘에 속한 생명적 욕구 즉 하나님 나라'라고 주석했습니다. 사람의 생명이 소유의 넉넉한 데 있지 않습니다(눅12:15).
② 먼저 그 의를 구해야 합니다.

의롭게(Justice) 되는 것은 행함의 율법적 의도 아니고 경제적 가치도 아닙니다. 하나님께서 주시는 의인데 예수 믿는 믿음 안에서 주어지는 의입니다. 이는 천국 가는 백성들이 지니는 의입니다.

2) 이 모든 것을 더하시리라고 하셨습니다.
하나님의 뜻을 따라 살고 믿음의 바른 가치관에 따라서 살 때에 약속한 축복입니다.
① 솔로몬의 예에서 배우게 됩니다(왕상 3:9-13).

하나님의 뜻대로 지혜를 구하게 될 때에 구하지 아니한 부와 영화도 따라오게 되었습니다.

이는 자동화 되는 성도에게 약속한 하나님의 축복입니다.

② 무엇을 먼저 생각해야 할지를 판단해야 합니다.

메이어(Meyer)는 주석했습니다. '물질 문제는 하나님께 의탁한 채 전적으로 하나님 나라와 하나님의 뜻을 구해야 한다'고 하였습니다. 은평교회 모든 성도들이 하나같이 이런 축복 속에 살기를 축원합니다.

◆ 결론 : 경제적 속박에서 자유해야 합니다. ◆

■ 축복

성공과 실패의 길이 있습니다
(대하 17:1-5)

　세상 모든 사람들은 하나같이 실패의 길보다는 성공의 길을 원합니다. 그런데 문제는 실패를 원치 않으면서도 실패의 길을 걷고 있으며, 성공의 길에 대해서 무지하다는 것입니다. 세상의 모든 일에는 그 길이 있습니다. 자동차길, 뱃길, 비행기의 항로, 철길 등이 있듯이 성공하는 인생에도 그 길이 있습니다. 성경에는 이스라엘백성들이 걷는 네 가지 길이 있었습니다. 하나는 왕이 가는 왕도(king's way)요, 둘째는 상인들이 가는 대상로(business way)요, 셋째는 제사장들이 다니는 신앙의 길(faith way)과 넷째 신약시대의 성도들이 걸어야 하는 예배의 길(worship way)이 있음을 보게 됩니다. 제각기 목적을 향해서 가는 길이지만 예수그리스도 안에서 성도의 성공의 길은 예배의 길이 성공해야 합니다(요 4:24, 롬 12:1). 그런데 세상적인 길은 가는 길이 넓고 가는 자가 많지만 믿음의 성공적 길에는 가는 길이 좁기 때문에 가는 자가 적다는 사실입니다(마 7:13-14).
　본문에서 유다왕 여호사밧에 관한 기사로써 여호사밧은 성공과 실패를 모두 겪은 왕으로서 유다왕 중에서 네 번 째 왕으로 35세에 즉위하여 25년 간 치리할 동안에 일어난 성공 실패의 사건을 본문에서 보며 은혜를 나누게 됩니다.

1. 여호사밧이 성공한 치적들을 보겠습니다.
　어떤 일이 성공하여서 나라가 부강하게 되고 성군의 정치를 하였는지 보겠습니다.

1) 여호사밧의 성공적인 치적 사항들입니다.

유다왕들 중에 아사, 여호사밧, 히스기야, 요시야를 꼽습니다.

① 국방력이 튼튼한 성공을 이루었습니다.

고대국가나 현대국가나 할 것 없이 국방력이 튼튼해야 나라가 안정됩니다. 여호사밧은 국방을 튼튼히 했습니다. 1-2절, 13절, 14-19절에서 보게 됩니다. 그 숫자가 116만 명이나 되었습니다. 대한민국은 국방력이 튼튼해야 합니다.

② 경제를 발전시켜서 부강하게 했습니다.

현대에 와서도 경제에 성공한 대통령이 성공한 대통령이라고 하는데 옛날에도 경제가 중요했습니다(11-13절). 다른 것에 성공했어도 경제가 추락하면 비난받게 됩니다.

2) 경제적 치적과 국방의 튼튼함은 하나님께로부터 온 축복입니다.

여호와께서 인도하시기 때문입니다(시 127:1, 잠 16:9).

① 국방의 최종적 안위는 하나님께 있습니다.

우리 국가가 약할 때에 일본인들에게 안방에서 명성왕후를 살해당한 일을 잊지 말아야 합니다. 여호수아와 함께 하셨고(수 12:1-4), 실패의 길에도 교훈을 얻게 됩니다(수 6-7장). 다윗의 승리에서도 교훈을 얻게 됩니다(삼상 17:42).

② 경제적 치적 역시 하나님께서 주신 축복이었습니다.

아브라함에게 약속하셨으며(창 12:1-4), 이삭이 체험하였고(창 26:12), 야곱이 경제권을 받았습니다(창 31:1). 믿는 자에게 약속하신 축복입니다(사 58:13-14; 말 3:10). 대한민국 경제가 부흥되어 선교에 쓰여야 합니다.

2. 여호사밧의 실패의 아픔에서도 교훈을 받게 됩니다.

성공의 치적만이 아니고 실패의 쓴잔도 남겼습니다.

1) 하나님께서 싫어하시는 사람과 정치적 결혼을 한 것이 실패의 원인이 되었습니

다. 오늘날 정략적 결혼과 같은 원리입니다.

① 북쪽 아합왕과의 연혼입니다

성경 기록에서 제일 악한 왕에 속하는 아합과의 정략적 결혼입니다. 제일 악한 왕의 모습입니다(18, 왕상 16:30). 하나님이 주신 축복의 결혼이 불행의 씨앗이 되었습니다(대하 19:2).

② 악한 자와 교제하였습니다.

실패의 요인이 된 것입니다(대하 20:35) 악한 왕이었던 아하시야왕과의 친분이 실패의 요인이 되었습니다(대하 20:36).

2) 여호사밧이 실수하고 실패한 결과를 보겠습니다.

그 대가는 침울하게 되었고 큰 문제가 되었습니다.

① 하나님의 선지자에게 책망을 받게 됩니다.

칭찬은 좋은 것이지만 책망은 곤란합니다. 칭찬의 대상이 될지언정 책망의 대상이 되면 곤란합니다(대하 19:2; 계 12:4).

② 실패의 결과로 악한 자를 돕다가 전쟁터에서 죽을 뻔했습니다.

북왕국 아합을 돕다가 죽을 뻔했습니다(대하 18장). 악한 자 편에 있으면 망할 때에도 같이 망합니다. 이 세대에 주의 백성이 깨달아서 분별해야 하는 이유가 여기에 있습니다(롬 12:2, 계 18:4-5, 렘 51:4-5).

3. 여호사밧이 성공할 때에는 이유가 있었습니다.

성공에도 실패에도 분명한 이유가 있음을 알아야 합니다.

1) 백성들까지 신앙교육을 철저하게 하였을 때에 성공입니다.

영적이고 신앙적인 영적생활은 매우 중요시해야 합니다. 미래의 꿈나무들인 자녀들에게 신앙교육은 더욱 중요합니다.

① 성읍마다 신앙교육이 이루어지게 했습니다.

'미가야를 보내어 유다에게 성읍에서 가르치게 하고'(7절) '저희가 여호와의 율법책을 가지고 유다에서 가르치되 그 모든 성읍으로 순행하며 인민을 가르쳤더라'(9절) 했습니다. 주일학교 교육이 중요하며 은평교회 선교원이 또한 중요합니다. 가정과 교회, 국가의 미래가 여기에 있기 때문입니다.

② 여호와 하나님께서 함께 하셨습니다.

하나님께서 함께 하시는 것만큼 중요함이 없습니다(대하 17:3, 6, 10). 북한 김일성, 김정일, 김정은을 믿는 정권은 곧 무너지게 될 것인데 왜냐하면 하나님이 거기에는 역사하시지 않기 때문입니다.

2) 모든 우상을 타파하고 유일하신 하나님 신앙을 회복했습니다.

북한이 망할 이유는 그곳에는 하나님께 공식적 예배가 없습니다. 세상적 개념의 환경이나 배경이 문제가 아니라 하나님이 함께 해주셔야 성공합니다.

① 우리는 이 땅의 모든 우상들이 무너지기 위해서 기도해야 합니다.

그리고 하나님께 돌아오게 해야 합니다(대하 17:3, 4-6). 교회가 바로 세워지게 될 때에 국가에도 복이 옵니다.

② 오직 하나님께만 구하는 신앙회복입니다.

하나님께 구하게 되었습니다(4절). 따라서 신앙회복이 어떤 일보다 중요한 일인바 한국교회의 영적회복을 위해서 기도해야 합니다. 대한민국과 성도들이 성공적인 길만 걷게 되시기를 주의 이름으로 축원합니다.

◆ 결론 : 예수그리스도 안에 성공의 길이 약속되었습니다. ◆

■ 축복

언어가 기적을 이룹니다
(잠 18:20-21)

모든 창조물들은 자기 나름대로 서로가 통하는 언어가 있음을 알고 있습니다. 그러나 인간과 같이 혀를 통해서 정교하게 모든 생각과 사상을 말과 글로 표현 하는 일은 오직 사람 밖에 없습니다. 그래서 인간의 언어 속에는 그 사람의 사상과 생각뿐 아니라 전체의 인격이 들어 있습니다. 따라서 언어나 글은 매우 중요한 위치에 있는데, 그럼에도 불구하고 말과 글을 함부로 사용하기 때문에 성경에는 또한 많은 곳에서 교훈해 주시고 있습니다(약 3:1-12; 잠 16:27, 12:14, 6:2).

우리 속담 가운데 '말이 씨가 된다'는 말이 있습니다. 그래서 우리 믿음을 가진 하나님의 자녀들은 언어나 행동에 각별히 조심해야 합니다. 성도는 일반적이 아니라 하나님의 자녀의 생활이기 때문입니다. 이사야 6장에 나타난 이사야의 입술을 화저로 지져주게 된 사건에서도 많은 교훈을 얻게 됩니다. 본문에서 우리는 영적이고 신령한 면에서 큰 은혜를 받게 됩니다.

1. 성도는 영적인 말을 해야 합니다.

말이라고 모두 좋고 은혜로운 말이 아니기 때문에 같은 말이라도 조심스럽게 구별해야 합니다. 입에서 나오는 것이 더러운 것이 많이 있습니다(마 15:18-). 따라서 영적인 언어가 필요합니다.

1) 영적으로 언어가 발생해야 합니다. 용어 선택이나 감정의 높낮이 조절이 필요합니다.

① 믿음의 말입니다.
어떤 말이든지 믿음에서 하는 말이 있고 불신앙적인 요소의 말이 있습니다. 우리는 하나님나라 백성이기 때문에 조심해야 합니다(요 1:12; 빌 3:20; 히 9:27). 말과 신앙생활과는 밀접한 관계가 있기 때문에 축복받고 상급 받으며 영적으로 유익한 언어구사가 중요합니다.

② 긍정적인 말을 해야 합니다.
말끝마다 부정적이면 곤란합니다. '할 수 없다'(I can not)가 아니라 '할 수 있다'(I can do)고 해야 합니다. 이런 사실은 광야 40년의 이스라엘백성들에게서 큰 교훈을 얻었고(민 14:8-9) 신약시대에도 강력히 전하여 주고 있습니다(고전 10:1-11; 히 3장).

③ 영적이고 신령한 생활에 도움이 되는 말을 해야 합니다.
영적으로 해가 되거나 타인에게 누가 되는 말은 곤란합니다. 바울은 교회론에서 강조하였고(엡 4:29), 예수님도 강조하셨고(마 7:1), 거짓은 마귀가 원조이며(요 8:44), 거짓은 귀신의 가르침이며(딤전 4:1-2), 지옥에 가게 됩니다(계 21:8, 22;15). 누추한 말을 버리고 감사하는 말을 해야 합니다(엡 5:4-but rather thanksgiving).

2) 영적으로 하지 말아야 할 용어들이 있습니다. 왜냐하면 성도요 하나님 백성이기 때문입니다.

① 하나님께서 기뻐하시지 않는 용어들은 버려야 합니다.
모두가 부정적 사고와 믿음이 아닌 용어들로써 이스라엘 백성들이 망한 길이기 때문입니다(히 3:13-14).

② 남을 헐뜯고 죽이는 말을 지어내거나 인격을 모독하는 말입니다.
지금은 시대적으로 언어폭력뿐 아니라 IT 산업의 발달과 함께 인터넷(Internet)을 통한 그릇된 악풀의 난무가 사람을 죽음으로까지 몰고 가는 살인적인 제공이 많은데 하나님의 성도는 댓글을 다는 것도 조심해야 합니다.

2. 영적인 입이 되기 위해서는 입에 할례를 받아야 합니다.

입에서 생수가 나와야 하고(요 7:38) 성령으로 불의 혀같이 갈라지는 모습을 초대 교회에서 보게 됩니다(행 2:1).

1) 이스라엘 백성들은 입에 할례를 받지 못했습니다.
이것이 그들에 대한 책망의 요소가 되었습니다.
① 책망의 요소가 되었던 역사적 사건들을 보시기 바랍니다.
    이스라엘 백성들의 역사적 조상들이 그랬습니다(렘 6:10). 귀가 할례를 받지 못해서 듣지 못한다고 하였습니다. 스데반의 순교 직전 설교에서도 언급하였습니다(행 7:51).
② 하나님은 대표적으로 쓰시기 위해서 이사야의 입술을 화저로 지져주셨습니다(사 6:5-6). 완악한 백성들에게 하나님 말씀을 전해야 하는 입술이기 때문입니다. 그리고 이사야는 한평생을 4명의 왕의 시대에 하나님 말씀을 전파한 선지자로써 대선지자라 합니다.

2) 신약적인 의미로 말하면 입이 변해야 합니다.
과거에 예수 믿지 않을 때의 부정되고 더러운 입이 변화되어야 합니다.
① 성령께서 내 안에 계시면 변화됩니다.
    마음의 변화가 손발의 행동과 입의 말로 나오게 되기 때문입니다. 이제는 의의 병기가 되어야 합니다(롬 6:12-13).
② 성령의 사람이 되어야 합니다.
    그래서 옛것을 버리고 새롭게 변화된 행동과 언어의 구사가 중요합니다. 찬양과 예배와 기도와 전도와 사랑의 입술로 바뀌어야 합니다. 바로 이런 곳에 기적이 나타납니다.

3. 말에 대한 결과는 하나님이 축복과 심판으로 하십니다.

지금은 어디를 가든지 CCTV 사진에 찍히는 세상인데 벌써 태초부터 하나님은 하나님의 방법으로 모든 것을 찍으시고 녹음을 해 놓으셨는데 그 결과에 따라서 축복과 심판이 있습니다.

1) 말에는 결과가 있습니다.
선한 사람과 악한 사람이 말에서부터 나오게 됩니다(마 12:35-36).
① 예수님의 말씀을 보시기 바랍니다.
　선한 사람은 그 쌓은 선에서 선한 말이 나오고 악한 사람은 그 쌓은 악에서 악한 말이 나오기 때문에 그 열매를 통해서 그 나무를 알게 됩니다(마 12:33).
② 무슨 말을 하였든지 심판이 있습니다(마 6:36).
　그래서 자기가 한 말로 의롭다 하게 되고 심판도 받게 됩니다. 우리는 모두가 반드시 하나님 앞에 설 때가 오기 때문입니다.

2) 성도의 입술은 축복된 입술이 되어야 합니다. 그래서 입 관리가 중요합니다.
① 남을 축복하고 복음 전파하는 입술이 되어야 합니다.
　특히 본 설교자는 입을 조심하려고 노력하는데 그 까닭은 말한 대로 되기 때문입니다.
　옆 사람에게 축복을 받고 잘되라고 기도해 주는 입술이 되어야 합니다.
② 성도의 입에서 하나님의 영광이 넘치게 해야 합니다.
　성도의 입에서 하나님의 영광이 가득하게 나타나도록 힘쓰는 성도들이 되시고, 주님의 축복이 언제나 넘치게 해야 합니다. 성도들의 입술이 복된 입술이 되시기를 주의 이름으로 축복합니다.

◆ 결론 : 언어에서 축복 받아야 합니다. ◆

■ 축복

평강의 축복을 받은 사람들
(사 57:14-21)

　우리가 세상을 살아가면서 하나님께로부터 복을 받고 살아야 하는 축복의 종류와 분량은 숫자로 계산 할 수없이 많이 받았고 또 받고 살게 되어있습니다. 우리는 세상에 아무것도 가지고 온 것이 없지만(욥 1:21; 전 5:15; 딤전 6:7; 시 49:17) 우리는 많은 것을 받고 살고 있는데 갈 때에는 빈손으로 가는 것이 인생입니다(For we brought nothing into the world, and we can take nothing out of it). 문제는 이 세상을 살아가면서 보이는 가시적인 조건들이 풍부해도 마음에 불안해하고 평안이 없는 생활들이 현재 많은 사람들의 삶의 형태들이라는 것입니다. 찬송가 495장 가운데(C. F. Butler)작시자인 버틀러가 고백하였듯이 '초막이나 궁궐이나 내 주 예수 모신 곳이 그 어디나 하늘나라'이어야 하는데 사람들의 심적 부분에는 그렇지 못한 세상입니다.
　이사야 선지자는 전했습니다. '평강이 있을지어다'(19절)하였고, '평강이 없다'(21절)고 하였는데 인생일대기를 살아가면서 평강이 없기도 하고 있기도 하는 인생임을 말씀해 주셨습니다. 평강이란 말은 히브리어로 '살라임'인데 '예루살렘'이란 뜻은 평강의 성읍이란 말씀입니다. 따라서 하나님을 떠나서는 절대로 평강이 없습니다. 성공하고 출세하였다고 해도 평안이 없다면 지옥 같은 인생들을 사는 사람들이 많습니다. 역사적으로 왕위 찬탈전이나 지금 세상에서 대통령의 권력도 영원할 수 없고 중요한 것은 평안한 인생인데 2012년에 성도들에게 평안이 깃들기를 기도하며 말씀에서 은혜를 나누게 됩니다.

1. 은평교회 성도들에게 평강의 축복이 있기를 기도합니다.

사도바울은 그의 서신들마다 초두에 은혜와 평강을 전했습니다. 예수님이 이 평강을 주신다고 약속하셨습니다(요 14:27). 은혜와 평강(Grace and Peace)이란 뜻입니다.

1) 하나님 앞에서 평강의 조건을 갖추어야 합니다. 조건이 갖추어지지 아니하면 왔다가 그냥 지나가게 됩니다.

① 2012년에는 하나님 앞에서 거치는 것을 제거해 보시기 바랍니다.

'돋우고 돋우어 길을 수축하여 내 백성의 길에서 거치는 것을 제하여 버리라'(14절)하였습니다. 사람과 사람 사이에도 거치는 것이 있을 때에는 불통 되듯이 하나님과 사이에서도 거치는 것이 있다면 통할 수 없습니다.

② 유다는 바벨론에 70년간 포로생활 하였지만 다시 돌아올 것을 예언하면서 길을 수축하라고 하셨습니다.

그들이 돌아오게 되는데 길을 정리해서 평안히 돌아오게 하라는 것입니다. 역사는 그대로 되었습니다. 그들의 귀향길에 평안이 약속되었듯이 하나님의 백성인 성도들이 2012년에 살아가는 길에 고속도로가 열리게 되기를 축복합니다.

'대대로 수축하고 수축하라 돌을 제하라'(사 62:10)(Build up, build up the highway! Remove the stones)하였습니다. 바위($\pi\acute{\epsilon}\tau\rho\alpha$)를 제거할 때에 바른 길이 열리고 축복과 평강의 대로가 열리게 됩니다. 이는 성령의 강한 역사로만 가능케 되는 일이기에 성령을 의지해야 합니다.

2) 마음에 거대한 바위와 같은 존재를 제거하기 위해서는 회개가 이루어져야 합니다. 하나님을 떠나고 교만한 죄입니다.

① 성령은 오셔서 회개케 하십니다.

회개할 때에 성령께서 역사하며(행 2:38), 본문 15절에는 '통회 자복하여 마음이 겸손'한 자에게 역사하신다고 하셨습니다. 천국은 깨끗한 자가 들어갑니다. 현대과학에서 고도의 반도체공장을 출입할 때에도 깨끗이 소독된 옷을 입고 미리에는 소독된 모자를 쓰고 출입하게 됩니다. 불순물이 끼이면 되지 않기 때문입니다. 천국에 들어갈 자, 하나님의 평강을 얻을 자는 불순물을 제거해야 합니다.
② 회개한 사람은 깨끗하며 하나님 앞에서 겸손하게 되어 있습니다.
교만하게 되면 하나님 앞에서 퇴치 당하게 됩니다(벧전 5:5). 겸손할 때에 은혜를 받게 됩니다. 초대왕 사울은 은혜를 받은 자였지만 교만하게 될 때에 망하게 되었고 폐위되었습니다(행 13:22).

2. 하나님 앞에 평강의 축복을 받은 사람들은 결과가 아름답습니다.
하나님의 평강이 그 인생에 풍성하게 깃들기 때문입니다.

1) 모든 그릇된 것들이 회복되고 고장 난 부분이 고쳐지게 됩니다.
고쳐주실 것을 예고해 주셨습니다(18, 19; 렘 3:22).
① 왜 고장이 나고 문제가 생겼습니까? 죄악 때문입니다.
하나님께서 창조하실 때에는 최고의 명품들이였지만 타락의 결과로 문제가 발생하였습니다(창 3:17). 그러나 하나님은 창조주이시기 때문에 예수그리스도 안에서 다시 고쳐 주십니다(렘 33:6; 말 4:2; 마 4:23). 개인이나 가정도 그렇지만 국가나 사회의 그릇된 것은 예수님 안에서 치료되고 고치어 하나님의 평강이 임해야 합니다.
② 그릇된 사상이나 질병과 같은 암적인 요소들이 제거되고 활동하지 못하게 해야 합니다(시 119:165). '큰 평안이' 약속되었습니다(Great Peace). 공기 중에는 오염된 공기가 있고 그래서 소독하고, 손, 발을 씻게 되고 몸속에는 그릇된 세포들이 활동하지 못하게 몸이 건강을 유지해야 하듯이 2012년 우리 은평교회 성도들에게도 하나님의 은혜와 평강의 축복이 말씀 따라서 임하게 되시기를

바랍니다.

2) 지금까지 몸에 지니고 있던 불필요한 습관들까지도 버려야 합니다.

현대병들을 보면 그릇된 식습관과 관계가 있다고 하는데 신앙생활 역시 영적인 건강과 밀접한 관계가 있습니다.

① 하나님의 뜻이 무엇인지 발견하고 하나님의 뜻도 따라야 합니다.

신앙생활은 좋은 습관이 중요합니다. 봉사의 일도 습관입니다. 기도 생활도 습관입니다(눅 22:39). 전도하는 것도 습관입니다. 따라서 좋은 습관이 중요합니다.

② 습관 따라서 신앙생활 전체가 모양이 바뀌게 됩니다.

신앙생활에서 좋은 습관을 키워나가시기 바랍니다. 나쁜 습관은 마귀의 숙주가 됩니다. 예배시간 조는 것, 예배시간 늦는 것 등… 버릴 것을 버리고 하나님의 뜻을 따라야 합니다(롬 12:2).

3. 하나님의 약속하신 축복이 기다리는 사람이 되어야 합니다.

70년을 마치고 이제는 축복의 고향으로의 약속이 준비 되었습니다. 하나님께 돌아오게 될 때에 역사는 바뀌게 됩니다.

1) 이방 땅 바벨론에서 얻을 수 없는 축복의 약속입니다.

이방 땅에서 얼마나 어렵게 되었습니까마는 이제는 축복입니다.

① 세상에서 얻을 수 없는 위로와 축복이 약속되었습니다.

탕자의 비유에서 배우게 되는 진리입니다.(눅 15:11-24) 타락된 곳에서는 생각지도 못한 축복이 기다리고 있던 현장을 봅니다. 누구도 위로할 수 없는 슬픔이 있지만(애 1:1-2) 이제는 위로와 평강과 축복이 약속되었습니다.

② 하나님의 위로는 샘물과 같아서 영원히 목마르지 않게 됩니다.

'슬퍼하는 자에게 위로를 다시 얻게 하리라'(18절)하였는데 '위로'라는 말은 결에 머물게 한다는 뜻으로 의롭거나 괴롭지 않게 해주시는 평안이 약속된 말씀입니다. 이제는 낙심할 필요가 없습니다.

2) 세상의 위로와 평강은 고갈되지만 하나님께는 강물과 같아서 마르지 않는 분복이 약속되었습니다.

① 세상에서의 것은 고갈될 때가 옵니다.

그래서 예수님은 수가성여인에게 말씀해 주셨습니다(요 4:13). 예수 밖에는 목마름이지만 예수님 안에서는 샘이 계속 올라오는 것과 같습니다. 그래서 위로와 축복이 넘치게 약속되었습니다.

② 따라서 우리는 절대적으로 무슨 일이 있을지라도 하나님 말씀 안에 있어야 합니다.

악인에게는 평강이 없습니다(21절; 사 48:22). 악인에게는 평강이 없다고 분명히 말씀했습니다("There is no peace," says my God, for the wicked)하나님 안에 있을 때에 진정한 은혜와 평강이 있게 됩니다.

2012년에 은평교회 성도들에게 절대적으로 은혜와 평강이 넘치는 축복이 있게되시기를 주의 이름으로 축원합니다(신 28:1-6).

◆ 결론 : 평강이 강수처럼 흐르는 축복을 받아야 합니다. ◆

축복

갈렙이 받은 인생후반의 축복과 성공원리
(수 14:7-12)

우리 말 속담에 '젊어서 고생은 사서도 한다'는 말이 있습니다. 인생 70-80대를 살아가면서 젊어서는 힘이 있기 때문에 고생과 어려움도 능히 이겨낼 수 있지만 늙어서 고생은 어려움을 견딜 만한 힘이 없기 때문에 젊어서는 고생 좀 해도 나이가 들어서는 편안한 여생이 필요합니다.

소설이나 영화나 드라마에서 주인공은 결국 해피엔딩(Happy Ending)으로 끝나는 것이 상례로 되어 있는데 우리의 인생일대기가 행복하게 끝나기 위해서는 거기에 따른 성공적 전략이 꼭 필요합니다. O.E.C.D국가 가운데에서도 대한민국은 노인문제가 더욱 심각한 사태로 보도되고 있는데 은평교회 성도들에게 노후문제가 행복해 지기를 바라고 본문에서 은혜를 나누게 됩니다. 이스라엘 백성이 가나안에 들어가는 과정에서 갈렙은 빼놓지 못할 역할을 하였고 가나안에 들어가서도 믿음 안에서 행복한 모습들을 보여 주었습니다. 40년 전이나 지금 85세가 되었어도 긍정적인 믿음으로 승리한 갈렙에게 배우게 됩니다.

1. 하나님께서 주신 사명에 성실(誠實)한 사람이였습니다.

사람이 몇 살까지 살았느냐보다 더 중요한 것은 무슨 일을 어떻게 하였느냐가 중요합니다. 인생후반만 아니라 천국까지 연결되는 일이기 때문입니다.

1) 하나님께서 내게 주신 직임과 사명에 충실하게 살아야 합니다.

'내 나이 40세에 여호와의 종 모세가 가데스바네아에서 나를 보내어 이 땅을 정탐케 하므로 내 마음에 성실한 대로 그에게 보고하였다고 술회하였습니다(7절).
　① 12명의 정탐꾼에 관한 기사입니다.
　　지금 세상에서는 몇%냐에 따라서 세상이 달라지게 되는데 12명중에 10명이 모두가 반대하였고 그 땅을 악평할 때에 갈렙은 여호수아와 함께 하나님의 뜻대로 성실하게 보고하게 되었습니다. 그 땅이 기름지고 좋은 땅이지만 우리는 들어갈 수 없는 땅으로 악평하게 될 때에 모든 백성이 더불어서 함께 부정적 인생이 되었습니다.
　② 갈렙은 여호수아와 함께 하나님을 신뢰하고 굳게 믿었습니다.
　　하나님을 믿고 신뢰했기 때문에 이런 보고가 가능했습니다. 다른 10명은 마치 입에 거품 물듯이 비평했고 악하게 말했지만 갈렙의 고백은 '우리가 올라가서 그 땅을 취하자 능히 이기리라'(민 13:30) 하였습니다. '그 땅은 심히 아름다운 땅이요 여호와께서 우리를 기뻐하시면…여호와는 우리와 함께 하시느니라'(민 14:6)(but the LORD is with us. Do not be afraid of them)하였습니다. 따라서 신앙고백의 성실성이 매우 중요합니다.

2) 갈렙은 지금까지 40년이 지나도록 변치 않고 그 신앙을 성실하게 전하며 외치고 있습니다. 신앙의 후예들에게 전달하는 것은 중요한 일입니다.
　① 내가 바른 신앙위에 서 있을 때에 가능한 일입니다.
　　내가 신앙위에 성실하게 서서 다른 사람들에게 전달해야 합니다. 그리고 갈렙과 같이 성실하게 전달해 주어야 합니다. 여호수아가 그랬고(수 24:15), 바울이 그랬습니다(고전 15:1-2). 신앙의 성실성, 사명의 성실성, 전하는 자의 성실성이 중요합니다.
　② 2012년에는 이제 우리가 해야 할 차례입니다.
　　믿음이 선진들이 그랬고 12명의 정탐꾼들 가운데 여호수아와 갈렙이 그랬듯이 이제 내가 그 신앙의 성실성을 지켜야 합니다. 눈이 멀고 귀가 들리지 않는다면 큰일입니다(계 3:17; 민 13:9; 계 2:7). '귀 있는 자는 들으라'(He who has

ears, let him hear 마13:9)하였습니다.

2. 갈렙은 모두가 반대 하여도 하나님의 뜻에 따라 순종하였습니다.
그 반대를 역류하는 일은 힘이 드는 일이었습니다.

1) 갈렙은 신앙의 자존심을 끝까지 지켰다고 간증하고 있습니다.
10명이 반대해도 그것은 하나님의 뜻이 아니었기 때문입니다.
① 이때에 갈렙은 여호와만 순종하였고 간증했습니다.
　'나는 나의 하나님 여호와를 온전히 좇았다'(8절)(followed the LORD my God wholeheartedly)고 하였습니다. 이것이 갈렙의 신앙이요 신앙의 자존심이었습니다. 왜냐하면 그는 전지전능하신 하나님을 믿었기 때문입니다.
② 이 신앙은 현실의 문제만 보는 것이 아니고 현실의 배후에서 역사하시는 하나님을 믿고 바라보는 믿음입니다.
　구름이 잔뜩 흐렸어도 구름 배후에는 밝은 태양이 떠 있는 것과 같은 믿음이요 신앙의 원리입니다. 이것이 또한 성실성입니다. 2012년도에 은평교회 성도들에게 믿음의 이 성실이 있기를 바랍니다. 구원의 문제, 축복의 문제, 상급 문제도 이 신앙의 기반위에서 주어집니다.

2) 모든 일의 주권자는 하나님이심을 믿어야 합니다.
애굽에서 이끌어내심부터 가나안에 들어가는 모든 일은 하나님의 주권 하에서 역사되어 지듯이 죄악 세상에서 구원받아 천국에 입성할 때 까지의 모든 일들은 하나님의 주권하에 있습니다. 예수 믿고 신앙생활의 성실성이 망하는 길이 아니요 홍하는 일입니다.
① 자기 개인에게 향하신 하나님의 주권을 믿어야 합니다.
　드라마 작가나 영화의 시나리오는 감독에 의해서 역사되듯이 내 인생의 인생 일대기는 하나님께 있습니다. 내 인생을 주관하시는 하나님을 바라보며 믿음

가운데 승리해야 하겠습니다. 인생 노후까지도 하나님이 인도하십니다.
② 인생 성공실패가 하나님께 있습니다.
 따라서 우리는 하나님만 의뢰하고 믿고 의지해야 합니다. 인생의 행복지수는 하나님께서 믿는 자에게 주시는 축복입니다. 예수님도 하나님의 뜻대로 하셨고(마 26:35), 생사화복은 하나님께 있다고 한나는 노래하며 기도하였습니다(삼상 2:6-).

3. 갈렙의 인생후반전도 하나님께서 인도하시는 전략이었습니다.
최고최대의 좋은 전략은 하나님께서 송두리째 맡기고 사는 일입니다.

1) 85세 때의 일입니다(10절). 40년 전이나 후에나 변치 않고 하나님을 믿고 신뢰하였습니다. 인생후반전인데 아직도 이 축복 하에 있습니다.
① 건강 역시 하나님께서 노후에 주신 축복이었습니다.
 그래서 40년 전과 같이 변치 않고 '이 산지도 내게 조소서'라고 고백하였습니다(Now give me this hill country). 아낙자손이 버티고 있든지 말든지 상관없는 신앙이요 하나님만 신뢰하는 믿음이었습니다(12절).
② 갈렙은 후반까지 변치 않고 빛이 나는 축복을 받았습니다.
 40년이 지났는데도 변치 않았고 건강이나 신앙 역시 약해지지 아니한 성공자였습니다. 이정도 나이 대는 이제는 모든 것을 정리하고 천국 갈 준비만 하는데 갈렙은 노후까지 역사한 인물입니다.

2) 주님의 일은 나이에 관계없이 할 수 있습니다(창 12:1-5; 출 3:-).
아브라함과 모세를 통해서도 보게 되고 안나(눅 2:36)에게서도 배우게 됩니다.
① 하나님이 함께 하시기 때문에 할 수 있다고 믿어야 합니다.
 교회봉사, 주차장관리, 성가대, 교사, 전도, 기도 생활 등, 신앙생활 전반에서 나이가 관계없는 일입니다. 인생후반이 태양처럼 오히려 아름다울 수 있습니다.

② 하나님이 나와 함께 하시기 때문에 가능한 일입니다.

내 나이 지금 몇인데 하면서 약해진다면 후반부터는 아름답지 못합니다. 나이 50이 넘은 분들은 후반이 시작되어 가는 중이고 50 전에 있는 분들은 후반을 향해 가는 분들인데 은평교회 모든 분들이 후반까지 모두가 성공적이게 되시기를 주님의 이름으로 축원합니다.

◆ 결론 : 인생후반이 더욱 복되어야 합니다. ◆

■ 축복

모든 굴레와 올무에서 벗어나는 축복
(시 124:1-8)

성경에는 하나님 백성들이 하나님께로부터 받은 은혜와 축복들에 대해 요약해서 설명하였습니다. 그 축복 중에 단연코 으뜸은 죄와 사망 권세에서 해방되어 구원받은 것이며 영원한 천국을 받게 된 것입니다. 또한 구원받은 그 백성들이 광야와 같은 세상을 살아가는 동안에 받고 살아야 하는 축복과 그 받는 비결까지도 약속해 주셨습니다(신 10:12-13, 28:1-14). 하나님은 예수 안에 있는 그의 자녀들에게 분명히 축복하셨습니다. 2007년 2월 28일자 한국경제신문에 정부가 발표한 아이티(IT) 기술 2020이라는 자료에 의하면 앞으로 2020년 안에 벌어질 한국 과학기술의 미래를 다루면서 발표한 적이 있는데 마치 공상영화의 한 장면과 같은 내용이었습니다. 향수가게에 직접 가지 않더라도 인터넷으로 냄새까지 전송해서 구매하게 하는 시대가 온다는 것입니다. 소형로봇을 삼키고 자면 아침에 몸의 모든 건강이 체크가 되며 몸 안의 청소까지 모두 된다는 이야기입니다. 과학은 하나님이 지으신 창조세계의 극히 작은 일부분을 개발하는 것뿐이지만 실로 놀라운 사실입니다. 문제는 그것을 사용하는 인간이 문제입니다. 본문에서 하나님이 내편에 계시는 신앙을 말씀하셨는데 모든 억압과 고통에서 자유케 하시는 하나님을 믿으면서 확고한 신앙 위에 서야 합니다.

1. 하나님이 내편이시기 때문에 모든 굴레에서 벗어나는 은혜와 축복이 약속되었습니다.

1-2절에서 분명히 설명해 주십니다.

1) 가정법(IF)으로 생각해서 하나님이 내편이 아니시라고 본다면 끔찍한 일입니다.

① 그 처참함이 비교할 데가 없을 것입니다.

이미 죄 가운데 있었고 죽었었는데 다시 살리셨지 않습니까?(엡 2:1) 만약 그렇지 아니한다면 여전히 죄 가운데서 살 것이며 온갖 죄의 억압에서 헤매고 다니게 될 것입니다. 개인뿐 아니라 모두가 마찬가지입니다. 교회도 여기까지 인도해 주셔서 32년 간 성장하게 하셨습니다. 개척해서 없어진 교회가 얼마나 많습니까? 가정이나 국가적 차원에서도 하나님의 축복을 많이 받았습니다.

② 이 모든 축복은 사람들이 말하듯이 우연이나 자기 노력에서 나온 것도 아니요 절대적인 하나님의 축복을 받은 것입니다.

6.25전쟁에서 잿더미였었고 세계에서 제일 가난하여서 국민 총생산이 67불 밖에 되지 않아서 원조로 살아온 나라였습니다. 박정희 대통령이 1961년 미국에 원조를 구하러 갔다가 빈손으로 돌아왔고 서독에 가서 광부들과 간호사들의 눈물겨운 삶을 보고 함께 울던 그런 나라였으나 하나님이 여기까지 축복해 주신 것은 하나님의 선물이며 선교의 특수한 사명을 주신 것입니다. 이제는 한국교회가 세계적으로 선교할 때요 기도해야 합니다. 반대로 하나님이 얼굴을 돌리시면 비참해집니다(렘 21:10; 민 6:22-27).

2) 하나님이 내편에 계실 때에 역사가 바뀌게 됩니다.

하나님이 내편에 계시다고 믿고 고백해야 합니다. 게임(놀이)할 때에도 잘하는 사람 편에 있어야 이깁니다.

① 하나님 편에 있었던 다윗의 경우에서 보게 됩니다.

베들레헴에서 태어나서 그의 일생이 언제나 승리했던 것은 하나님 편에서 살았기 때문입니다. 골리앗에게서나 사울에게서 벗어날 수 있었던 것은 하나님 편에 있었기 때문입니다. 그래서 다윗은 고백했습니다(시 17:8, 18:1).

② 지금까지도 역사해 주셨지만 미래에도 인도하심을 믿어야 합니다.

우리에게 주신 것은 이 믿음의 축복입니다. 다윗은 여러 곳에서 또 고백하였습니다(시 27:1, 46:1). 아브라함도 고백하였습니다(창 22:14). 미리 준비하시는 축복의 손길을 고백해야 합니다. 예수님은 이와 같은 아브라함과 다윗의 족보 가운데 오셨습니다(마 1:1). 그리고 그를 가는 곳마다 이기고 승리케 하시고 벗어나게 하십니다(삿 6:22; 출 17:15; 겔 48:35). 하나님이 나와 함께 계심을 믿을 때에 가능한 일입니다(본문 4-5절).

2. 하나님이 우리 편에 계시기 때문에 은혜와 축복이 넘치게 됩니다.
전지전능하신 하나님이 내편에서 함께 계시기 때문입니다.

1) 악한 대적들이 나를 씹지 못하게 해주십니다.
나에게 달려들어서 씹어보지만 절대로 씹히지 않습니다.
① 하나님이 내편에 계시기 때문입니다. 그것이 이유입니다.
'우리를 저희에게 주어 씹히지 않게 하신 여호와를 찬송하리로다'(6절) 하였습니다. 골리앗에게서나 사울에게 씹히지 않게 하셨고 이런 하나님에 대해서 여호수아나 갈렙은 자신 있게 믿고 나가게 될 때에 가나안 땅이 저희들에게 주어지게 되었습니다(민 14장). 저들은 우리의 밥이라(but the LORD is with us)했습니다(민 19:9).
② 씹힐 듯이 약해보이지만 씹히지 않습니다.
지렁이 같이 약한 존재요(사 41:14-15) 대적이 수없이 많이 몰려오지만(시 3:1-) 저들에게 씹히지 않습니다. 1961년 6일 전쟁 시에 모세 다이안장군은 시편 3편을 방송국에서 읽으면서 전쟁하는 병사들을 독려하였고 승리했습니다. 하나님은 지금도 나와 같이 계심을 믿어야 합니다.

2) 모든 올무에서부터 벗어나게 해주시겠다고 약속하셨습니다.
우리가 사는 세상은 광야와 같아서 올무가 많은 세상입니다.

① 새가 사냥꾼의 손에서 벗어나게 함같이 하십니다.
'우리 혼이 새가 사냥꾼의 올무에서 벗어남 같이 되었나니 올무가 끊어짐으로 벗어났도다'(7절) 했습니다. 원수들이 시간과 장소를 초월해서 달려들지만 염려 없습니다. 하나님이 함께 하십니다.
② 심지어 압살롬까지도 반기를 들고 역적이 되지만 소용이 없습니다.
하나님의 손길이 압살롬에게 있는 것이 아니라 다윗에게 있었기 때문입니다(삼하 15:1). 이제는 압살롬이 다 이긴듯했으나 하나님은 다윗의 손을 잡고 계셨습니다. 6.25 때에 김일성이 다 이긴 줄 알았지만 하나님은 대한민국을 버리지 아니하셨습니다. 부산해운대 백사장에서 이승만 대통령과 피난 간 목사님들과 성도들이 비 맞으며 기도했던 기도를 하나님이 들으시고 유엔군을 보내셨습니다. 소련 유엔 대사가 참석치 못하도록 조치도 하셨습니다.

3. 하나님이 내편이시기 때문에 내가 해야 할 일이 있습니다.
그 일이 무엇인지 깨닫고 해야 합니다.

1) 하나님이 일하시기 때문에 나도 일해야 합니다.
예수님께서 말씀하시기를 아버지가 일하시니 나도 일한다(요 5:17) 하셨습니다.
① 내가 이 세상에서 해야 하는 그 일이 무엇인지 깨달아야 합니다.
그 일이 무엇인지 성경에서 보여주셨습니다. 하나님을 믿고 신뢰(Trust)해 드리는 일입니다. 하나님의 보내신 자를 믿는 것이 하나님의 일이라고(요 6:29) 했습니다. 그러므로 우리는 하나님을 믿어드리고 신뢰해야 합니다.
② 오직 하나님만 바라보아야 합니다.
이것이 내가 해야 할 일입니다. '나의 도움은 천지를 지으신 여호와께로써 온다'(8절)고 하였습니다. 이 일에 갈급해야 하고(시 42:1) 사모해야 합니다(시 107:9).

2) 하나님의 능력은 지금도 변함이 없으십니다.

내가 믿는 하나님의 현주소를 바르게 알아야 합니다.

① 위대하신 하나님이 나의 하나님이십니다.

창조주 하나님이시요(창 1:1), 아브라함을 부르셨고(창 12:1), 430년 만에 애굽에서 이스라엘을 이끌어 내신 하나님이십니다.

② 매 순간마다 우리는 기도해야 합니다.

나를 올무에서 벗어나게 하시고 모든 일들을 이기게 해달라고 기도해야 합니다. 모든 일들이 내게 주시기로 약속되었어도 현실적으로 이루어지고 내게 오기까지는 기도가 필요합니다. 그래서 기도하라고 하셨습니다(겔 36:37). 야베스는 기도하였고 얻게 되었습니다(대상 4:9-10). 2012년에 은평교회 성도들에게 얽매이기 쉬운 모든 올무에서 벗어나서 축복받기를 축원합니다.

◆ 결론 : 전능하신 하나님을 믿어야 합니다. ◆

> 축복

고통의 길에서 평안의 길로 가는 축복
(눅 8:43-48)

인생은 태어날 때부터 고통 중에 태어나게 되는데 어두운 모태에서 세상에 나오는 순간 고함을 치면서 세상에 자기 자신을 신고합니다. 그때부터 살아가는 세상의 희로애락이 거듭되는데 창조 때도(창 3:18), 야곱에게도(창 47:9-), 일백이십세를 향유한 모세에게도(시 90:9-10) 그랬습니다. 그래서 인생은 하나님께 나오는 길만이 영생과 축복이 약속되었기 때문에 산헤드린의원이었던 니고데모도(요 3:1-), 세리로 부유했던 삭개오도(눅 19:1-10), 예수께 나오게 되었고 영생의 축복을 예수님 안에 받게 되었는데 이것은 예수께서 죄로 잃어버린 영혼을 구원하시기 위해서 오신 목적이라고 하였습니다(눅 19:10 - For the Son of Man came to seek and to save what was lost)

본문에 나오는 혈류병을 앓는 여인은 12년을 그 병에서 시달리며 괴로움을 당하였고 돈도 많이 허비하였지만 낫기는커녕 더 중하던 차에 예수님을 만나서 깨끗하게 치유를 받게 되었습니다. 이 유출병은 구약에도 기록되었는데(레 15장) 몸의 중요부위에 종기가 생겨서 불규칙으로 피가 흘러내리는 고약한 병입니다. 사람들에게 따돌림을 당하게 되고 말할 수 없는 고통이 따르게 되었지만 이제 예수님 만나서 해결 받게 되었던바 여기에서 은혜를 받고자 합니다.

1. 이 여인의 혈류병은 불치의 병으로 고통의 연속이었습니다.

세상을 살아가면서 고통의 종류도 여러 가지에서 오지만 제일 큰 고통은 몸이 아파서 오는 고통입니다. 그래서 평생을 두고 건강의 축복이 큰 축복입니다.

1) 이 여자는 아무에게도 고침 받지 못하는 고질적인 병이 있었습니다.

'아무에게도 고침 받지 못하는 여자'(43절)(but no one could heal her)라 했습니다.

① 질병이라도 고침 받을 수 있는 병이라면 희망가운데 고민이나 적정을 하지 않았을 것입니다. 약으로도 수술로도 치료가 불가능해서 죽을 날만 기다리는 환자들이 지금은 병원마다 많이 있습니다. 평생 살아가면서 이런 일이 없기 위해서 기도해야 합니다.

지금 시대는 의학이 발달해도 질병이 앞서 가는 시대이기 때문에 사람의 고민이 여기도 있습니다.

② 이 여인은 많은 의원에게 보이면서 더 고통이 왔습니다.

같은 기사를 마가는 마가복음 5장 26절에서 이렇게 전하였습니다. "많은 의원에게 많은 괴로움을 받았고 있던 것도 다 허비하였으되 아무 효험도 없고 도리어 더 중하였던 차에"라고 하였습니다. 조금이라도 멈추든지 덜하였더라면 희망을 가지게 될 것인데 그렇지도 못하였습니다. 병세만 더욱 악화되어서 치료비와 정신적 육체적 고통가운데 12년의 긴 세월이 지나가버렸습니다. 의학은 언제나 한계가 있습니다.

성 전환 수술을 한 사람들이 미적인 것은 만든다 해도 아이를 낳게는 할 수 없습니다. 창조주 하나님의 역사이기 때문입니다. 인간은 머리털 하나라도 검거나 희게 할 수 없다고 하였습니다(마 5:36). 나폴레옹은 내 사전에 불가능이라는 말을 빼라고 했지만 역시 그도 불가능한 것이 많았습니다. 그러나 믿는 자에게는 예수 안에서 모든 것이 가능했습니다(빌 4:13).

2) 세상에서는 불가능한 일도 예수 안에서는 가능합니다.

지금과 같이 의학이 발달한 시대에도 역시 같습니다.

① 지금도 인생들은 의학적으로 다 할 수 없기 때문에 괴롭습니다.

세상적으로 소위 출세하였다고 높은 지위와 많은 경제력을 갖추었다 해도 역시 괴로운 일들은 있습니다. 그래서 하나님께 나오는 길밖에는 다른 길이 없음을 알아야 합니다.

② 하나님의 품을 떠난 인생들은 사는 길이 없기 때문입니다.

하나님의 품의 안전한 둥지가 제일 좋은 품입니다. 노아는 홍수 이후에 까마귀를 내보내었는데 돌아오지 아니하였고 비둘기를 내보내었는데 앉을 곳이 없음으로 다시 방주로 돌아오게 되었다고 하였습니다(창 8:9). 최고로 어려운 질병의 고통중이라도 돌아올 품은 예수 그리스도를 통한 하나님의 품입니다. 이 여인은 마지막 희망을 안고 예수님께 와서 해결 받았습니다.

2. 불치병자인 이 여인은 예수님만 믿고 신뢰하였습니다.

유일하게 마지막 희망은 예수님이기 때문입니다. '이는 내가 그의 옷에만 손을 대어도 구원을 얻으리라'(막 5:28)하였는데, '딸아 네 믿음이 너를 구원하였으니'(눅 8:48)했습니다.

1) 예수 믿는 믿음입니다.

이 여인은 자기 신앙을 누구에게도 밝힐 수 없는 괴로운 여인이었습니다.

① 누구에게도 밝힐 수 없는 병을 가진 여인이기 때문입니다.

왜냐하면 이 병은 사람들이 운집한 공중 앞에 나설 수 없는 병이기 때문입니다. 자칫하면 돌아 맞아 죽을 수도 있지만 예수님만 믿고 예수님 앞에 나가게 되었습니다.

② 이 여인은 세상 의원들이 12년을 치료했지만 포기한 여인입니다.

가족도 포기했고, 의사도 포기하였고, 사회 관습도 버렸고, 심지어 자기 자신도 이제는 예수님 밖에는 다른 길이 없었습니다. 모두 포기하고 절망 중에 있어도 예수님께 나오면 희망이 열립니다.

2) 세상에서는 포기 했어도 예수님께 오면 낫겠다는 믿음으로 예수님께 나오게 되

었습니다.

① 그런데 장애물이 생겼습니다.

예수님께 왔지만 사람들이 너무 많아 말을 건넬 수 없게 되었습니다. 장애물 중에 장애물은 사람입니다. 지금도 교회에까지 잘 왔다가 사람 때문에 시험에 걸려 넘어지는 경우들이 많은데 이는 넘어야 할 관문입니다. 내가 치료받고 살기 위해서는 이 관문을 넘어야 합니다.

② 예수님만 믿었습니다.

그리고 포기하지 않고 예수님의 옷을 만지게 되었고 드디어 기적이 일어났습니다. 이제 예수님을 믿고 나가는 현장에는 기적의 현장이 되었음을 보여주고 있습니다(마 20:29; 막 10:46; 눅 7:1-10; 마 21:22; 막 9:23). 환경이나 배경은 중요한 것이 아니라 우리의 믿음이 중요합니다. 예수 믿는 믿음이 약하지 말아야 합니다.

3. 불치병자인 이 여인은 결국 평안을 얻게 되었습니다.

12년의 질병에서 본인도 평안을 얻게 되었고 지켜보는 이들에게도 기쁨이 되었습니다.

1) 이제는 병에서 해방되었습니다. 지옥 같은 괴로움에서 해방이 되었습니다.

① 병이 낫게 되었기 때문입니다. '손을 대니 혈루증이 즉시 그쳤더라'(44절)하였습니다. '누가 내 옷에 손을 대었느냐 내게서 능력이 나갔느니라'(I know that power has gone out from me)하십니다. '더 이상 숨길 수가 없어서' 사실을 보고 했습니다(47절). 예수님이 하시면 이렇게 역사가 나타나게 됩니다.

② 예수님을 만나기만 하면 실체가 변하고 바뀌게 됩니다.

예수님 만나기 전에는 12년의 병에서 고통하는 실체였으나 이제는 기뻐하게 변화된 실체가 되었습니다. 혈루병은 원래 매일 흐르는 물에 씻어야 하지만 이제 필요가 없습니다. 예수님이 생명수이십니다(요 6:55, 4:14). 영원히 해방

되었습니다. 병에서….

2) 예수님이 선포하셨습니다. 예수님이 선포하시고 공포하시는데 막을 자가 없습니다.

'딸아 네 믿음이 너를 구원하였으니 평안히 가라(48절)'(Then he said to her, Daughter, your faith has healed you. Go in peace)하십니다.

① 예수님이 선포하셨습니다.

병에서 놓이고 평안하기를 공포하셨는데 이 축복이 이 시간 모든 성도들에게 임하시기를 바랍니다. 기독교는 믿고 나가게 될 때에 행복이 깊어집니다.

② 여기에는 예수 믿는 믿음이 크게 작용하였습니다.

믿음이 중요합니다. 믿고 기도하세요. 주께서 지금도 역사하십니다.

죄 때문에 오는 일들도 죄 사함 받고 평안을 주십니다(눅 7:35-50). 예수님이 모든 것을 지불해 주셨기 때문입니다. 그리고 약속하십니다(요14:27, 15:11). 모든 질고까지 예수님이 지셨습니다(사 53:4). 2012년도에 기쁨과 평안이 충만하게 체험되시기를 축원합니다.

◆ 결론 : 예수님 안에 누리는 축복입니다. ◆

■ 축복

축복받아 행복한 생애를 산 사람
(창 26:19-25)

　세상 살면서 축복받고 행복한 인생을 추구하는 것은 누구나 다 바라는 일입니다. 그런데 사람들이 모두가 자기가 축복 받았고 행복하다고 하는 사람은 적습니다. 더욱이 성격과 환경의 탓도 있겠지만, 한국 사람들의 행복지수는 낮은 편에 속합니다. 물질문명이 발달하고, 경제가 발전해 나가며 학력수준이 지금보다 높은 시대는 과거엔 없었지만 행복지수는 낮게 나옵니다. 젊음 이들이 결혼을 기피하게 되고 늦게 결혼하려는 이유도 행복지수에 비례 한다고 할 것입니다. 하나님께서는 창조 때부터 인간들에게 분명히 축복을 약속하셨고 명하셨는데, 생육, 번성, 땅에 충만, 정복, 다스리는 권한을 주셨습니다(창 1:28). 그리고 훗날에 하나님 말씀을 주시면서 지킴으로 행복도 약속하셨습니다(신 10:12-13).
　그러나 인간들은 행복의 주인공으로 살기 보다는 불행하다고 느끼며 사는 것이 현실인바 우리는 이 시간에 이삭에 생애를 통하여 축복받고 살아가는 축복의 통로가 어떤 것인지 살피고, 불행하다고 생각하는 것이 아니라 행복한 사람의 견본(model)이 되어야 하겠습니다. 이삭을 통해 은혜를 나누게 됩니다.

1. 이삭은 출생의 비밀부터 행복자였습니다.
이삭은 출생부터 행복의 비밀을 가지고 태어난 사람이 되었습니다.

1) 이삭은 아브라함의 아들로 태어났습니다.
믿음의 사람, 순종의 사람, 축복의 사람인 아브라함의 아들입니다.

① 하나님의 약속 중에 태어난 사람이 되었습니다.
   창세기 17장에서 보면 아직 아들이 없었고 17:1에서 '나는 전능한 하나님이라' (and said, I am God Almighty)하시고 18:11절에 보면 아브라함과 사라가 나이가 많아 늙었고 기능이 모두 없어진 상태였습니다. 그런데 18:14절에서 전지전능하신 하나님께서 자식을 약속해 주셨습니다. 이삭은 상상을 초월한 능력 중에 태어났습니다. 변하지 않으시는 하나님의 약속 중에 태어난 사람입니다.

② 이삭이 태어남에서 큰 교훈을 배우게 됩니다.
   전지전능하셔서 불가능이 없으신 창조주 하나님을 배우게 됩니다. 하나님의 역사는 통상적으로 인간이 불가능하게 생각하는 것을 가능케 하시는 분이십니다. 문제는 이것을 믿느냐?입니다. 마태는 17장 20절에서 믿음을 강조 하였고, 사도요한은 나사로의 무덤 앞에서 예수님의 질문을 전하게 됩니다. '이것을 네가 믿느냐?(Do you believe this?)(요11:26) 하나님을 믿었던 아브라함이었습니다. 바랄 수 없는 중에 믿게 되었고, 바라보았더니 이것이 의가 되었습니다(롬 4:18-).
   그 믿음대로 태어나게 되었는데 창 21:1-2에서 말씀대로(promised)가 몇 번씩이나 강조되었는데 축복의 약속대로 태어난 이삭이라고 밝혀주시고 있습니다.

2) 이삭은 아브라함의 가정에 기쁨이요 행복 그 자체였습니다.
평범한 아이가 아니라 축복 속에 태어난 아이로써 주시는 축복입니다.
① 이삭이라는 이름에서도 밝혀 주었습니다.
   이삭이라는 뜻은 웃음, 기쁨이라는 뜻으로서 아브라함의 가정에 기쁨 그 자체였습니다. 이 세대에 은평교회에서 태어나고 자라는 아이들이 모두가 이렇게 되어야 하겠습니다. 세례요한 역시 유사한 모습을 엿보게 되는데, 기도하다가 약속이 주어지게 되었고 기쁨과 웃음이 약속된 아이로 태어났습니다(눅

1:13-14).
아브라함으로써는 사라를 통해서는 이미 포기하였고 상속자를 종이었던 엘리에셀로 생각하다가(창 15:1-) 하갈을 취하여 이스마엘을 생산한 후의(창 16장)일이기 때문에 이삭의 태어남은 기쁨이요 즐거움이 되었습니다.
② 이삭이는 태어나서부터 기쁨이요 즐거움을 주었습니다.
노년에 얻은 100세의 선물이 되었기 때문이었습니다. 아브라함으로써는 행복동이요, 축복동이가 되었습니다. 일반적인 자식도 태의 열매는 그의 상급인데(시 127:3) 100세에 낳은 아이야 두말 할 나위가 없었던 것이 사실입니다. 은평교회에서 기쁨의 아이들이 많이 태어나기를 바랍니다.

2. 이삭은 신앙적인 입장에서 행복한 자였습니다.

태어나는 것도 행복자였지만 살아가는 길도 행복자가 되었습니다.

1) 제물이 되었습니다.

귀하게 태어난 것도 태어난 것이지만 하나님이 아브라함을 시험하시는 시험대의 제물이 되었습니다(창 22장).
① 눈에 넣어도 아프지 않은 그 귀한 아이를 제물로 바치라고 하실 때에 아브라함은 그대로 순종하게 되었습니다.
철저하게 하나님께 순종하는 아브라함의 신앙을 보게 됩니다. 그 축복이 이삭에게 그대로 전달되었기 때문에 이삭은 축복 됩니다.
② 산위에 올라가 제단에서 결박된 이삭의 모습을 보게 됩니다.
오실 메시야이신 예수그리스도의 표상이요, 모델입니다. 그 아브라함의 아들 그 이삭의 모습이 부전자전입니다. 17세 때 쯤 되었던 이삭이 늙으신 아브라함을 강제로 이탈할 수도 있겠지만 이삭 역시 순종하면서 그대로 따랐습니다. 이후에 축복이 더욱 견고하게 되었고(창 22:15-18) 그 축복을 후에 이삭이 대물림하여 받게 되었습니다. 아이들은 이렇게 키워야 합니다.

2) 신앙생활의 축복은 말씀 순종에서 옵니다.

신앙생활이 행복해지며 인생이 복 받기 원한다면 말씀에 따라야 합니다. 축복의 지름길은 말씀에 있습니다.

① 하나님 말씀이기 때문에 믿고, 신뢰하고 따라야 합니다.

때로는 개인적으로 적응이 되지 않았다거나 마음이 다를 수도 있지만 하나님의 뜻에 따라가면 능력이 역사하게 됩니다. 바울의 예에서도 보게 되는데(행 16:6-) 아시야 방향에서 돌이켜서 빌립보지방으로 가던 바울에게서 하나님의 역사를 보게 됩니다.

② 사회적 통념이나 개념에 맞지 않는 일도 있지만 말씀에 순종입니다.

자식을 드리는 일이기 때문입니다. 그래도 순종했습니다. 모슬림 권에서 전도하는 일은 사회적 통념이 아니더라도 열심히 전도에 힘써야 하는 원리와 같습니다. 은평교회 성도들이 축복의 생애가 되시기 바랍니다.

3. 이삭은 인생 삶이 행복하게 살았습니다.

지금 우리 사회의 행복지수는 밑바닥에서 맴도는데 이유는 몇 가지일 것입니다. 마음가짐 문제요, 경제문제요, 사회적 지위문제요, 자식이나 건강문제도 여기에 한 몫을 할 것입니다.

1) 이삭은 결혼생활이 행복했습니다. 인생문제에서 결혼문제는 제일 으뜸입니다.

① 이삭은 리브가를 만나게 된 것이 축복이었습니다.

리브가를 만나는 과정이 창 24장에 기록되었는데 리브가는 처녀였고, 부지런하였고, 예뻤습니다(창 24:16). 이삭은 묵상기도 하다가 리브가가 다가오는 모습을 첫 목격했습니다(창 24:63). 남녀의 만남은 기도 속에서 이루어져야 합니다. 하나님이 만나게 하십니다. 하나님께서 허락하신 축복입니다(잠 18:22). 은평교회 청년들에게 이 복이 임할지어다.

② 모친상 이후에 큰 기쁨과 위로가 되었습니다(24:67).

이는 성경적으로써 창조의 섭리에서 이미 말씀하신 바였습니다(창 2:14). 은평교회 청년들에게 이삭과 리브가의 축복이 있게 되기를 축복합니다.

2) 이삭이는 재정적인 축복을 받아 행복자였습니다. 인생사에서 재정은 있어야 합니다.

① 거부가 되었습니다(창 26:12). 농사를 지어서 거부가 되는 축복을 소개하는 것은 이삭이 받은 축복과 행복을 표시한 것입니다. 은평교회 성도들이 산중인이 되시기를 바랍니다. 창대, 왕성, 거부라는 용어는 중요한 축복의 용어들입니다.

② 우물을 팔 때마다 물이 나왔습니다. 중동지역에서의 우물은 축복 그 자체가 됩니다.

태어남, 결혼, 물질 축복 등은 하나님이 이삭에게 주신 축복입니다(창 17:2-6, 24:7, 26:28-29). 후에는 원수들까지라도 축복을 빌었습니다. 실로 이삭은 행복자였는데 이는 대대로 축복받은 대명사가 되었습니다(신 33:29). 은평교회 모든 성도들이 이 축복을 받게 되시기를 주의 이름으로 축원합니다.

◆ 결론 : 이삭의 행복한 축복을 받기를 바랍니다. ◆

■신앙생활

영적 성도에게 있어야 할 습관
(골 3:15-17)

　삼국을 통일한 신라의 김유신 장군의 일화 중에서 평소 술집에 자주 다니고 타락을 일삼을 때에 어머니가 말하기를 그러려면 '모자의 인연을 끊어라'라고 역정을 내는 소리에 결심하게 되는데 어느 날 말을 타고 잠이 들었다가 잠에서 깨어보니 이 말이 평상시대로 어느 새 술집에 와 있는 것에 화가 나서 애마를 칼로 죽이고 결심하여 무예와 학문에 정진하여 통일 신라의 충신이 되었다는 이야기가 있습니다. 사람이든 동물이든 모두 살아가는 습관이 있는데 그 습관이 어떤가에 따라서 삶의 모습이 달라집니다.
　예수님의 기도생활 역시 습관에 젖어 있으셨음을 보여주는데(눅 22:39-40), 습관(as usual)적으로 언제나 기도생활의 모습을 제자들에게 보여 주셨습니다. 습관은 제 2의 성격이라고 할 만큼 중요한 일입니다. 본문에서 사도바울은 영적 생활습관을 강조하여 전하게 되는데 잠자는 영적 생활을 일깨워서 '그리스도의 평강이 너희를 주장하게 하라'든지 '감사하는 자가 되라'든지 '시와 찬미와 신령한 노래를 부르자'고 하였는데 이 모두가 평상시에 성도가 가져야 할 중요한 생활 습관인바 본문에서 은혜를 나누게 됩니다.

1. 신앙적으로 부정적인 요소를 버리며 멀리하는 습관을 가져야 합니다.

　우리 생활 중에는 부정적인 습관들이 많이 있는데 긍정적인 것은 살리고 발전시켜 나가야 되지만 부정적인 요소는 버려야 합니다. 식생활에도 짜거나 맵거나 달면 몸에 이상이 생기듯이 영적 생활에도 문화라는 미명하에 그릇된 것이 습관화

되지 않도록 늘 견제하고 조심해야 합니다.

1) 영적으로 버릴 것이 있습니다.
내 신앙생활을 어렵게 만드는 일들이 습관에 젖지 않도록 버려야 합니다.
① 언어에 의한 그릇된 감정표출을 버려야 합니다.
　입에서부터 부정적인 언사가 습관적인 사람이 있는데 이 모두 버려야할 일입니다(엡 4:26-29, 5:3-5). 외적으로 현대적 감각을 살려서 고급 옷을 입고 좋은 집에 살아도 습관들이 비인격적이고 불신앙적이라면 곤란합니다. 욥은 그 극악한 상황에서도 입으로 범죄치 아니했다고 했습니다(욥 1:21-22). 이것이 욥의 신앙성공의 비결이었다고 봅니다.
② 성경을 바르게 배워야 합니다.
　'행악자가 있어도 그 행악자를 인하여 불평하기 보다는 하나님을 기뻐 할 때에 복이 있다고' 하였습니다(시 37:1-4). 불평과 불만은 나를 어렵게 하고 오염시키기 때문에 입 관리의 습관이 중요합니다. 욥과는 반대인 욥의 아내에게서 교훈을 얻습니다(욥 2:9). 그러나 욥은 인내하는 습관으로 축복의 사람이 됩니다(겔 14:14; 약 5:10-11).

2) 이스라엘 역사 가운데서 배우게 됩니다.
이스라엘 백성들의 역사는 곧 축복의 역사요, 하나님의 크신 역사하심의 기적의 일대기였지만 이스라엘은 언제나 부정적 습관이 있습니다.
① 그들의 부정적인 습관으로 일관된 모습을 보시기 바랍니다.
　이스라엘 백성의 역사는 곧 축복의 역사요, 하나님의 크신 은혜의 역사였지만 이스라엘 백성들은 부정으로 일관했습니다.
　홍해 앞에서(출 14:11), 마라의 쓴물에서(출 15:24), 고기 먹고 싶다고(출 11:5), 열두 명의 정탐꾼 사건에서(민 13-14장), 이런 일은 신약시대에 모두의 거울입니다(고전 10:1-11).

② 교회에 나오기 전, 예수 믿지 않았을 때가 좋았습니까?

애굽에 대한 향수를 가지고 광야에서의 고난을 못 이겨서 가나안을 포기하겠다는 것은 대단히 어리석은 일입니다. 예수 믿기 전에는, 욕도 하고, 제사문제도 없었고, 술 문제가 걸리지 아니했는데 교회에 나오고 보니까 부자유스럽습니다. 마귀에게 속지 마시기 바랍니다. 고난이 오거든 오히려 감사 찬송 가운데서 성숙한 신앙이 습관화 되어야 합니다.

2. 우리의 신앙은 긍정적이어야 합니다.

부정적 습관과 긍정적 습관 중에 어디에 치우치고 있습니까?

1) 본문에서 감사하는 자가 되라고 하였습니다.

서양 사람들의 생활에서 우리는 배울 것이 있는데 '감사합니다'(Thank you)라는 단어입니다.

① 성령의 사람들은 감사하게 됩니다.

왜냐하면 성령께서는 감사하게 하시기 때문입니다. 사도바울 일행은 복음 전하다 옥에 갇히고 매를 맞아도 찬송과 감사로 일관해서 교훈을 남겼습니다(행 16:25; 빌 4:4). 이것이 성령의 사람의 모습니다.

② 축복의 사람은 원망이 아니라 감사하는 습관과 함께 모든 것을 하나님의 섭리로 돌렸습니다.

우리는 이것을 요셉의 일대기에서 배우게 되는데 요셉은 원망이 아니라 감사 속에서 모든 것을 하나님의 섭리로 돌리는 습관을 가졌습니다(창 50:17). 이것이 또한 긍정적인 신앙습관입니다.

2) 매사에 감사하는 습관이 중요합니다.

항상 모든 일에 '감사하라'고 하였습니다(always for all things).

① 생애를 살아가면서 언제나 좋은 일만 있는 것이 아니고, 언제나 나쁜 일만 있

는 것이 아닙니다.

땅이 있을 동안에는 심음, 거둠, 추위, 더위, 여름, 겨울, 낮, 밤이 쉬지 아니하는 것이 인생사입니다(창 8:22). 그래서 무조건 감사해야 합니다.

② 우리가 믿는 하나님은 좋으신 하나님이십니다.

복음성가에 '좋으신 하나님, 좋으신 하나님, 참 좋으신 나의 하나님'이라고 하였습니다. 따라서 모든 일이 좋아서 감사 찬송의 습관이 아니라 내가 믿는 하나님이 좋으신 분이시기 때문에 감사하는 습관을 키워야 합니다.

3. 긍정적인 습관을 가진 성도에게 축복이 있습니다.

부정은 부정을 낳게 되고, 긍정은 긍정을 낳게 되는 것은 믿음대로 되기 때문입니다.

1) 그래서 긍정적 습관에서 축복이 넘치게 됩니다.

동화작가인 안델센은 그의 술주정뱅이 부친 밑에서도 낙심치 않고 긍정적인 생각 속에서 쓴 것이 「성냥팔이 소녀」라든가 「미운 오리새끼」 등을 남길 수 있었다고 합니다. 성경에서 우리는 분명하게 배우게 됩니다.

① 먼저 믿음의 평안과 기쁨이 넘치게 됩니다.

사도바울은 옥에서도 찬송하게 되었고 예수님은 평안을 약속해 주셨습니다(요 14:27).

② 어디에서나 축복의 사람이 됩니다.

환경과 배경을 뛰어넘는 축복이 찾아오게 됩니다. 요셉은 옥에서도 축복의 사람이었습니다(창 39:23). 바울은 빌립보교회를 모범적인 교회로 세워가게 되었습니다.

2) 긍정적 습관을 가진 사람에게는 가나안이 주어지듯이 천국에 입성하는 축복이 오게 됩니다.

① 여호수아와 갈렙에게서 배우게 됩니다.

신구약 전체의 예표요, 그림자로 보여 주셨습니다.

② 이제 믿음의 긍정적인 사람이 될 때에 천국의 상급이 약속되어 있습니다. 그래서 인내해야 합니다(계 14:12).

영적이고 신령한 좋은 습관으로 승리하게 되시기를 주의 이름으로 축원합니다.

◆ 결론 : 좋은 습관을 가지세요. ◆

■신앙생활

현재의 생각이 앞길을 좌우한다
(마 22:37-40)

사람의 생각이 매우 중요한 것은 현재의 생각이 생활을 이끌기 때문입니다. 가룟 유다는 예수님을 은 30에 팔게 되는데 사탄이 그 생각을 넣어주었고 가룟 유다는 그 생각을 실행했습니다(요 13:2, 27, 6:70-71).

역사적으로 볼 때에도 마귀가 주는 생각대로 실행하게 되었는데 아담과 하와가 그랬고(창 3:1), 가인이 그 예이고(창 4:6-7), 그래서 해가 지도록 분을 품지 말아야 합니다(엡 4:26). 아나니아와 삽비라가 사단에게 속게 되었고(행 5:3), 따라서 하나님의 자녀들은 그릇되고 잘못된 것은 그 이름이라도 부르지 말아야 합니다(엡 5:3). 미워하고 상대방을 모략하는 것은 사단의 생각이기에 오히려 사랑하는 마음으로 채워야 합니다(요일 2:8-9, 4:8, 16).

본문에서 예수님은 율법 중에 어느 것이 크냐는 질문에 사랑의 계명을 설명하셨는데 사탄이의 생각은 미움이며, 악한 생각이지만 주님은 사랑을 베풀어 주시게 됩니다.

그래서 사랑을 입으로만이 아니라 생활로 옮겨야 하는데(요일 3:18) 마귀가 주는 미움과 증오와 악한 생각을 버리고 하나님의 생각인 사랑으로 가득 채워 나가야 하겠습니다.

1. 성도는 언제나 생각을 깊이(deep)할 수 있어야 합니다.

생각이 얕고 짧으면 실수가 많아지게 되고 언어를 통해서 덕을 상실하게 되고 인격적 문제가 발생하기 때문에 큰 문제가 됩니다.

1) 생각이 깊은 사람은 말을 쉽게 내뱉지 않게 됩니다.
한번 내뱉은 말은 쉽게 주워 담을 수가 없기 때문에 조심해야 합니다.
① 우리는 성령의 전입니다(고전 3:16, 6:19; 고후 6:16; 엡 2:21).
그래서 성령께서 내 안에 내주하여 계시면 자기조절(self-control)하는 절제가 중요합니다.
그래서 야고보 선생은 말에 대해서 강조했습니다(약 1:19-20, 3:1-). 이는 성경이 우리에게 강조하는 부분이기도 합니다(잠 14:29, 16:32).
② 특히 타인의 말을 할 때에는 조심해야 합니다.
먼저 상대방의 입장을 바꾸어서 생각해야 합니다. 어떤 일이나 사건이 발생하였을 때에도, 구설수에 많이 올라서 떠들게 되는데 성도들은 언제나 생각의 분별력과 거기에 따른 언어의 제어력이 필요합니다. 예수님이 언급해주신 황금률(Golden Rule)을 보시기 바랍니다(마 7:12).
말 한마디라도 이웃을 생각하는 마음에서 해야 합니다.

2) 성도는 사랑하는 마음을 가질 때에 이해가 되고 언어에 실수를 덜 하게 됩니다.
따라서 모든 문제는 사랑의 결핍에서 옵니다.
'사랑은 허다한 죄를 덮느니라'(Above all, love each other deeply, because love covers over a multitude of sins) 하였습니다.
① 사랑은 가정에서부터 이루어져야 합니다.
믿는 성도들이 지켜야할 최우선 방어선은 가정의 천국화가 중요하기 때문입니다. 부모와 자식 간의 사랑, 부부간의 사랑, 형제간의 사랑, 고부간의 사랑 등이 분명해야 하고 그 속에서 성장한 아이들이 건강한 사회원이 되기 때문입니다. 나오미와 룻과의 사랑은 제일 좋은 예라고 할 것입니다(룻 1:16).
② 부부간의 사랑 역시 가정의 최후보루로서 중요한 방어선입니다.
이 사랑이 고갈될 때에 사회 문제가 되고 국가적으로 문제가 됩니다. 요즘 많은 젊은이들이 결혼 한 후 얼마 있다가 이혼하는 일이 통계적으로 많은데 상

대방을 생각하지 않고 자기만 생각하는 이기주의가 주류를 이루고 있기 때문입니다. 사랑을 회복해야 합니다.

2. 언제나 하나님께서 내 곁에 계심을 생각할 줄 알아야 합니다.

무슨 일이 있을 때에 먼저 주님이 내 곁에서 지켜보시고 계심을 생각한다면 쉽게 범죄 할 수가 없을 것입니다.

1) 하나님이 불꽃같은 눈으로 지켜보고 계십니다.

과학 장비로 만든 감시 카메라 정도가 문제가 아닙니다.

① 불꽃같은 눈으로 지켜보고 계십니다.

아버지와 아들이 시골길을 가다가 참외밭을 지나는데 아버지가 참외밭으로 들어가기 전 아들에게 누가 오거든 헛기침을 하라고 약속하고 밭으로 갔는데 아들의 헛기침소리 때문에 미수에 그친 이야기가 있습니다. 아버지가 참외를 따려고 할 때마다 아들이 헛기침을 하는데 아버지가 아들에게 물었습니다. '누가 오지도 않았는데 왜 헛기침을 하느냐? 아들이 대답하기를 '하나님이 지켜보십니다' 라고 했다는 이야기입니다.

성경이 해답입니다. '이는 우리가 믿음으로 행하고 보는 것으로 행하지 아니함이로라'(고후 5:7) 했습니다(We live by faith, not by sight).

② 성경인물에서 보겠습니다.

요셉은 하나님 앞에서 범죄치 않으려고 힘쓰다가 감옥에까지 내려가게 됐지만 승리의 길이 되었습니다(창 39:9).

다윗은 시편에서 고백하기를 하나님이 나를 감찰하고 아셨나이다(시 139:1). 라고 했습니다.

2) 성경은 언제나 우리에게 교훈적으로 교육하고 있습니다.

그래서 다른 것을 생각하다가도 하나님의 뜻대로 가게 만드십니다.

① 성경의 주요 인물들이 그랬습니다.

다니엘은 또한 그 중심인물 중에 하나로써 그 세 친구들로 더불어 언제나 생각 하나라도 하나님 중심적이었습니다. 먹는 문제도(단 1:8-10), 권력의 우상 앞에서도(단 3:14-24), 모함과 중상모략의 속임수 앞에서도(단 6:10-28) 당당하게 믿음을 지켜왔습니다.

② 이제 우리의 신앙생활 현장에서 말과 행동의 생각이 어떠한지 살필 때입니다.

입술에 파수꾼을 세우시고 생각이 함부로 입 밖에 나오지 않도록 기도해야 할 것입니다.

3. 생각을 바르게 하면 결과가 아름답게 됩니다.

어떤 일이나 언어까지도 깊은 생각(deep thinking)하고 바르게(Right)사랑으로(Love)생각의 모자(thinking cap)를 써야 하겠습니다.

1) 생각이 그릇되면 결과가 잘못됩니다.

그래서 사단이 주는 생각, 원망, 불평, 음란, 모욕, 불신앙적 소재는 버려야 합니다.

① 아간에서 배우게 됩니다(수 7:15-26).

자신은 물론이고 온 가족이 죽게 되었고 이스라엘 전체가 아이성에서 고통을 당했습니다. 깨달아야 하고 고훈 삼아야 합니다.

② 은평교회 성도들은 생각 하나까지라도 이 생각의 출처가 어디인지 분별해야 합니다.

성령께서 주시는 생각인지 마귀의 시험인지 판단해야 합니다.

2) 생각의 차이에서 행동이 나오고 그 행동에서 축복과 저주가 발생합니다.

① 축복을 계속 간직해 나아가야 하겠습니다.

계속하여 기도하고 심었으면 축복으로 나가야 합니다. 한 번 실수가 영원히 만인의 입에 오르는 인물인 가룟유다(요 13:2)나 에서같이 되면(창 25:24; 히 12:16) 곤란합니다.

② 한 번 말의 실수나 행동의 실수를 이기게 되면 영원히 복을 받고 사랑받는 인물이 됩니다. 하나님을 사랑하고, 이웃을 사랑하며, 사랑하는 생각이 주장 될 때에 축복받는 인물이 됩니다. 율법의 완성은 사랑인바 이 사랑의 생각으로 승리하시기를 주의 이름으로 축원합니다.

◆ 결론 : 늘 생각을 조심하여 생활해야 합니다. ◆

신앙생활

하나님이 기뻐하시는 일을 택한 사람들
(사 56:4-8)

　이 세상을 살아가면서 사람들은 제각기 각자의 형태의 따라서 각자의 길을 걷게 됩니다. 자기가 정한 길은 자기의 마음대로 걷게 되는데 분명한 사실은 그 걷는 길에 어떤 결과가 나타나든지 반드시 자기가 책임을 져야 한다는 사실입니다. 인생의 종말이 반드시 있으며(히 9:27), 예수그리스도의 심판적 재림 역시 다가오기 때문인바 '너희가 어떠한 사람이 되어야 마땅하뇨'(벧후 3:10-14)(what kind of people ought you to be?)라고 질문하고 있습니다. 하나님이 기뻐하시는 길을 분명히 하고 그 길로 걸어야 합니다(미 6:28; 시 37:4).
　본문에서 이사야 선지자는 하나님이 기뻐하시는 일이 무엇인지 보여 주고 있습니다. 하나님이 기뻐하시는 길이 어떤 길이며, 하나님이 기뻐하시는 사람은 어떤 사람인가를 보여 주면서 그 결과는 축복이요, 상급이 약속된바 우리는 이 길로 걸어야 하는데 본문에서 은혜를 받게 됩니다.

1. 하나님이 기뻐하시는 사람은 주일 성수를 잘해야 합니다.
　주일은 하나님과의 그의 백성의 관계성(Relationship)속에서 그 표징이 되기 때문입니다.
　"안식일을 지켜 더럽히지 아니하며 그 손을 금하여 모든 악을 행치 아니하여야 하나니 이같이 행하는 사람, 이같이 굳게 잡는 인생은 복이 있느니라"(2절)하였습니다.

1) 주일 성수의 성경적 근거를 반드시 바르게 보아야 합니다.

주일 성수는 얽매이게 하고 귀찮게 하는 짐이 아니라 복 받게 하고 나를 잘 되게 하는 날임을 확인해야 합니다.

① 구약의 근거에서 보겠습니다.

안식일 즉 주일 성수는 성경적 명령이요 축복의 통로가 됩니다(창 2:1-3). 창조론에서 보시기 바랍니다. 십계명(출 20:1-17)에서 보시기 바랍니다. 출 20:8에 '안식일을 기억하여 거룩하게 지키라'(Remember the Sabbath day by keeping it holy)하였습니다. 자기가 놀고, 먹고, 쉬는 것이 아니라 하나님의 안식일이라는 것입니다.

② 신약에서는 주일날입니다.

예수님이 부활하신 날이요(마 28:1-), 주일이 생기게 된 날로써 사도들은 이날에 모였으며, 사도 요한이 밧모섬에서 계시록을 받은 날이며(계 1:10), 사도 바울이 밤 예배까지 드린 날이며(행 20:7), 매 주일 모이는 날이며(고전 16:2), 초대교회에서부터 모였던 날입니다(요 20:19).

2) 이날은 누가 지키는 것인지 분명히 알아야 합니다.

주일 성수는 아무나 하는 것이 아니요, 하나님께 구별된 사람들이 지키는 날입니다.

① 예수 그리스도의 십자가의 대속적 죽으심과 부활을 믿는 사람들입니다.

나 때문에 죽으시고 부활하셨으며(롬 4:24), 이제는 옛사람이 죽었고(롬 6:4) 새 사람으로 살게 되는 바 예수님 다시 오실 때 부활의 소망이 반드시 있기 때문입니다(살전 4:13-17). 이 날에 성령께서 강림하셨고 초대교회의 모임이 주일이기 때문에 힘써 모여야 합니다(히 10:24-).

② 영원한 천국 안식을 누리는 것에 대한 예표요 그림자입니다.

주일날 모든 것을 쉬고 예배드리는 행위는 영원한 천국에 가서 쉬는 것의 모형입니다. 히브리서에서 자세히 언급하였습니다(히 4장). 따라서 천국의 안식을 바라보면서 믿음으로 살아가는 사람들이 지키는 날입니다.

③ 하나님과 나와의 관계성의 증표의 날입니다.
　하나님의 자녀가 되었고(요 1:12), 하나님을 아버지라 부르며(롬 8:15), 천국의 시민권자고(빌 3:20; 사 63:16), 하나님과의 관계됨의 표징이 주일입니다(겔 20:12, 20).
④ 주일성수는 축복을 약속한 날이기에 축복받는 사람들이 모여서 예배합니다.
　예배함으로 영적 축복을 받습니다(요 4:24; 요한3서 1-4). 창조 시에 약속한 축복의 날이요(창 2:3), 모세 율법에서의 축복을 약속하셨고(출 20:8), 이사야 선지자를 통해서 약속하셨으며(사 58:13-14; 창 31:1), 따라서 이 날은 축복 받은 날로써 낮 예배, 밤 예배 모두 중요한 시간입니다(출 29:38-39; 왕상 18:29, 36; 슥 9:4-5; 시 141:2; 단 9:21; 행 20:7). 한국 교회는 지금 밤 예배가 사라지는 위험에 빠져 있습니다.

2. 하나님을 기쁘시게 하며 하나님만 섬기고, 하나님 제일주의로 살아가는 사람들이 모입니다.

'나 여호와가 연합하여, 나의 종이 되며'(6절) 라고 하셨습니다.

1) 하나님을 기쁘시게 해야 합니다.

하나님과 연합하며 그 분의 종이 되는 일입니다.
① 예수님은 하나님과 동등 됨을 버리시고 종이 되셨습니다(빌 2:6-10).
　타락한 천사는 교만하다가 내침을 받았고 마귀가 되었습니다(벧후 2:4).
② 사도들과 선지자들도 자기를 종이라 하였습니다.
　귀 뚫린 종의 제도(출 21:1-6)에서 설명하였습니다. 바울이나 베드로도 종이라 하였습니다(롬 1:1; 벧후 1:1). 이제는 '불의의 병기'(as instruments of wickedness)가 아니라 '의의 병기'(as instruments of righteousness)가 되었습니다(롬 6:13).

2) 그리스도의 종이 된 유래를 반드시 알아야 합니다.
① 태어날 때부터 종이 되거나, 한 것이 아니라 그리스도의 피로 사신바 되었고 피 값으로 사신 교회가 된 것입니다(행 20:28).
② 종은 무조건 주인에게 충성해야 합니다.
충성 밖에는 다른 말이 필요 없기 때문에 주님께 충성은 당연한 처사입니다(계 2:10; 고전 4:1-2; 시 101:6; 잠 25:13; 마 25:21). 하나님만 언제나 으뜸으로 사랑해야 합니다.

3. 하나님을 기쁘시게 하는 사람은 하나님을 그 무엇보다 사랑합니다.
아브라함은 독자 이삭보다 하나님을 더 사랑하였습니다(창 22장).

1) 하나님은 사랑이시기 때문에 하나님을 사랑하는 사람을 기쁘게 보십니다.
① 하나님은 사랑이십니다(요일 4:8, 16).
그래서 하나님을 사랑하는 사람들이 하나님의 사랑을 입게 됩니다(잠 8:17-21).
② 예수님은 질문하셨습니다.
'요한의 아들 시몬아 네가 나를 사랑하느냐'(요 21:15-) 주일성수는 하나님을 사랑하는 사람들이 모이는 날입니다.
본문에도 '나 여호와의 이름을 사랑하며'(6절)라고 하였습니다.

2) 무엇으로 하나님을 기쁘시게 해드리겠습니까? 깊이 생각해야 합니다.
① 하나님 말씀으로 돌아갈 때입니다.
말씀을 들을 때에 잠자던 영혼이 깨어나고 살게 됩니다. '듣는 자는 살아나리라'(who hear will live)했습니다(요 5:25). 하나님을 기쁘시게 해 드리기 바랍니다.
② 결과적으로 하나님이 기뻐하시는 사람은 하나님의 성산으로 인도하십니다.

'나의 성산으로 인도할 것이며, 그들을 기쁘게 해 줄 것이며, 제사를 받을 것이라'(7절)고 하셨는데 축복의 대로요 큰 통로가 됩니다. 이 축복이 임하시기를 주님의 이름으로 축원합니다.

◆ 결론 : 하나님만 기쁘시게 해보세요. ◆

▌신앙생활

성도가 맺어야 할 열매들
(마 3:1-12)

모든 생명체들은 나름대로 그 종류대로 씨(seed)가 있어서 열매를 통하여 다음 세대를 계속하여 이어가게 됩니다. 그래서 열매는 매우 중요한 요소가 되는데 만약에 열매 맺는 나무가 열매가 없다면 결코 좋은 나무가 될 수 없을 것입니다. 신앙의 세계에도 영적인 차원에서 동일한 원리를 가지게 됩니다. 그래서 예수님께서는 열매에 관한 교훈을 크게 하셨고 중요하게 가르쳐 주셨습니다(마 7:16-20, 21:18-21; 눅 13:6-9).

본문은 예수님께서 본격적으로 사역하기 전에 요단강가에서 예수님이 오실 길을 예비하던 세례요한이 전한 말씀으로써 회개의 열매를 강조해 주신 말씀인바 여기에서 큰 은혜를 받게 됩니다. 세상 죄를 지고 가는 어린양 예수님을 증거 하는(요 1:29) 세례요한이 전하는 말씀입니다(Look, the Lamb of God, who takes away the sin of the world). 이 세대에 오늘 그리스도인들이 맺어야 할 영적 열매인바 은혜를 받게 됩니다.

1. 성도가 맺어야 할 열매가 있습니다.
모든 생명체들이 후손을 위하여 열매를 맺듯이 성도는 영적인 측면에서 영적 열매가 있어야 합니다.

1) 성경에 명하신 열매들을 보시기 바랍니다.
성경에서 우리에게 어떤 열매를 명하셨는지 알아야 합니다.

① 본문에서 이르신 대로 회개의 열매입니다.
　회개의 열매(Fruit of repent)를 맺어야 합니다. 여기에는 원죄와 자범죄 모두 해당하는 죄들이 있습니다. 왜냐하면 모든 사람이 죄인이며 죗값은 사망이기 때문입니다(롬 3:10, 23; 요일 1:8-9; 롬 6:23). 날마다 회개가 따라야 합니다.
② 입술의 열매가 맺혀야 합니다(히 13:15).
　입에서는 찬송과 함께 예수를 고백하는 열매가 중요합니다. 그래서 축복되고 아름다운 말과 함께 선한 열매가 열리도록 힘써야 합니다(히 13:15; 마 15:17, 12:34; 롬 8:15; 시 150:6; 대하 20:22; 행 16:25).
③ 전도의 열매가 풍성해야 합니다. 이는 주님의 지상명령이며(행 1:4-8; 마 28:18-20), 추수 때 맺어야 할 열매는 가을걷이와 같기 때문입니다(마 4:35-37; 딤후 4:1-3). 전도를 열심히 해서 많은 사람들을 돌아오게 해야 합니다(단 12:2).
④ 성령의 열매입니다.
　불신자들이 행하는 더러운 것들을 버리고(갈 5:21-22), 성령의 열매를 맺는 성도들이 되어야 합니다(갈 5:23). 이로써 예수님의 제자임이 증명됩니다. 주님의 제자의 표식은 열매이기 때문입니다.
⑤ 빛의 열매입니다.
　우리 모두는 믿기 전에는 어두움에 생활 하였고, 어두움의 세력을 따라서 살았지만 이제는 그 어두움을 벗어버리고 새로운 빛의 자녀가 되었기 때문에(롬 13:11-12; 엡 5:8) 이제는 빛의 열매를 맺어야 하고 세상에서 예수 그리스도의 빛이 되어야 합니다(마 5:14-16).

2) 이 열매들은 무엇을 뜻합니까? 열매 맺는 것은 다른 생활자임을 보여 줍니다.
① 예수 믿기 전의 어두움의 생활을 청산하였음을 보려주는 증표가 열매입니다.
② 이제는 예수 믿고 달라진 생활을 보여주는 것이 열매이기 때문에 중요한 일입니다.

그 결과는 영생입니다.

2. 열매 맺기 위해서는 해야 할 일들이 있습니다.

좋은 토양에 심겨진 나무로써 좋은 거름과 주인의 관심과 사랑 속에서 열매를 맺게 됩니다.

1) 예수 그리스도 안에서 영적인 원리도 같습니다.

중요한 영적 원리를 파악해야 하고 깨달아야 합니다.

① 예수 안에 있어야 합니다.

　모태에서 아기는 모든 것이 자동적입니다. 호흡, 영양, 운동 등이 자동적이듯 예수 안에 있으면 열매를 맺게 됩니다. 예수님의 말씀과 직결 되는 말씀을 보시기 바랍니다(요 15:4).

② 예수 안에 있다는 것은 말씀 안에 있음을 뜻합니다.

　예수님은 말씀이 육신이 되었기 때문입니다(요 1:14). 따라서 라오디아 교회에 주시는 말씀도 큰 교훈이 됩니다(계 3:18). 예수님을 밖에 두지 마시고 말씀 안에 있어야 합니다.

2) 열매가 많은 결과는 축복입니다.

성도에게 무엇이 축복인지 축복의 개념도 바르게 알아야 하겠습니다. 어떤 것이 복인지 파악해야 합니다.

① 영생의 복입니다(eternal life)

　영원한 생명을 얻게 됩니다. 이것이야 말로 예수 안에서 성도가 누리는 축복 중의 축복입니다(엡 1:3-10). 약속된 영생의 복을 확인하고 예수 안에서 열매가 풍성하게 맺게 되기를 바랍니다.

② 기도에 대한 빠른 응답입니다.

　성도는 반드시 기도해야 되고 반드시 여기에 대한 응답을 받아야 하는데 예수 그리스도의 약속입니다. 포도나무 열매에 대한 약속에서 주셨던 언약입니다(요 15:7, 14:13). 따라서 이 약속에 대한 응답이 언제나 풍성해야 합니다.

3. 기도 밖에 없습니다.

열매 맺기 위해서 기도해야 합니다. '이르시되 기도 외에 다른 것으로는 이런 유가 나갈 수 없느니라'(막 9:29)(He replied, "This kind can come out only by prayer") 하셨습니다.

1) 기도 생활 속에 모두 포함되어 있습니다. 열심히 기도에 힘써야 합니다.

① 기도는 종합적입니다.

식물에게 주는 비료에는 인산, 칼리, 질소, 요소 등이 있고 비타민에도 종합 비타민이 있고, 양양제도 종합 영양제가 있듯이 영적으로 기도와 말씀은 종합적 영양제입니다.

② 하나님과 통하는 유일한 길목입니다.

태속에서 탯줄만이 아이의 유일한 생명줄이듯이 기도는 세상에서 하나님과 통하는 길입니다. 따라서 언제나 기도가 살아 있는 심령이 되어야 합니다.

2) 열매가 풍성해지기 위해서 기도해 보셨는지요?

똑같은 신앙생활 같지만 열매가 있는 것과 없는 것은 다릅니다.

① 주님이 요구하시는 것은 열매였습니다(눅 13:6-9).

안타깝게도 유대인들은 열매가 없었기에 결국 주후 70년 로마에 의해서 국가가 망하였고 이천년간 국가 없이 살았습니다.

② 지금 우리는 열매를 맺어야 할 때입니다.

개인적으로, 가정적으로 교회적으로, 열매 맺어야 합니다. 열매 맺는 것은 계절에 따라서 시기가 있는데 그때를 놓치고 나면 열매를 맺을 수가 없듯이 영적 열매도 그러합니다.

은평교회 성도들은 언제나 주님이 원하시는 열매가 풍성하시기를 주님의 이름으로 축원합니다.

◆ 결론 : 무슨 열매를 맺었는지 확인하시기 바랍니다. ◆

> 신앙생활

사가랴와 엘리사벳은 견본입니다
(눅 1:18-25)

이 세상에는 어떤 일을 하든지 그 일에 대한 견본(Sample)이나 건축하고자 할 때에는 모델하우스(Model House)가 있게 됩니다. 구매자들은 그 견본을 보고 구매하게 됩니다. 물건이나 집 문제뿐만 아니라 사람도 역시 선악 간에 견본이 있어서 악한 사람은 배제하고 선한 견본을 따라가려고 힘쓰게 됩니다. 그리고 인생의 여러 가지 장단점에 대해서 이야기하게 되는 것을 봅니다. 물론 모든 인생들이 허물과 죄로 죽었고(엡 2:1) 의인은 하나도 없지만(롬 3:10) 예수그리스도 안에서는 새사람을 입었기 때문에 가능한 일입니다. 신앙생활 역시 본받지 말아야할 인물이 있고 본받아야할 사람이 분명히 있게 됩니다. 성탄절의 계절에 즈음해서 본문에 나오는 사가랴와 엘리사벳은 모든 신앙인들이 본받아야할 견본입니다. 제사장으로서 성전에 들어가서 분향하다가 이상을 보게 되었고 그를 통해서 예수님의 길을 예비하는 임무를 받은 세례요한이 태어나게 됩니다. 이제 두 번째 오실 예수님을 기다리는 교회와 모든 성도들은 세례요한의 부모인 사가랴와 엘리사벳의 신앙을 통해서 큰 은혜로써 준비된 성도가 되어야 하겠습니다.

1. 사가랴와 엘리사벳 부부는 하나님께 대한 신앙생활상이 모범적이었습니다.

제사장이기도 하지만 이들 부부는 하나님께 대한 신앙생활상이 좋았기 때문에 신앙의 모델이 됩니다.

1) 제사장으로서 충성을 다하는 사람이었습니다.

'이 두 사람이 하나님 앞에 의인이니 주의 모든 계명과 규례대로 흠이 없이 행하더라'(6절)고 하였는데 이 한 구절이 이들의 신앙을 대변합니다.

① 제사장으로서 하나님께 경건하게 충성하였습니다.

부부가 이렇게 충실하다는 것은 본받아야할 신앙의 견본이 됩니다. 하나님의 교회에서 주의 일군들은 가정생활에도 모범적이어야 합니다. 로마의 이달리야대라는 부대의 백부장 고넬료의 신앙에서도 배우게 되는 부분으로서 온 가정이 더불어서 경건하였고 기도에 힘쓰며 구제하는 일을 즐겨하였습니다(행 10:1-4). 은평교회 성도들이 사가랴부부와 고넬료의 가정과 같이 되어야 하겠습니다.

② 하나님 앞에서 경건하다는 것은 의인으로 살았다는 뜻입니다.

지금처럼 가정마다 개인마다 문제가 많은 때에 주목해야할 부분입니다. 그 뜻은 죄가 없다는 것이 아니라 '하나님께서 인정하신다'는 의미입니다. 6절 하반절 말씀과 같이 '주의 모든 계명과 규례대로 흠이 없이 행하더라' 하신 것입니다(observing all the Lord's commandments and regulations blamelessly). 이는 마치 방주를 지으라고 명령 받던 노아의 모습과 흡사합니다(창 6:7-9). 노아는 당대에 의인이요 하나님과 동행한자였듯이 우리 또한 그러해야 합니다.

2) 하나님께 의롭게 사는 사람은 세상적인 것과 차원이 다릅니다.

세상적인 것은 어떻게 하면 돈을 많이 모으고 출세하고 하는 일들이지만 의롭게 사는 것은 어떻게 하면 하나님의 뜻을 이룰까 하는 일에 힘쓰게 됩니다.

① 성경에서 멋지게 살았다고 역사에 남겨진 인물들에서 배우게 됩니다.

가정사적이요 신앙적인 면에서 볼 때에 교훈적으로 남는 사람입니다. 아브라함의 가정과(창 12:1) 이삭의 가정(창 24:67)들에서는 좋은 교훈이 되지만 제일로 배격해야 하는 가정은 아합 집이었습니다(왕상 17장). 신약에서는 아나니아와 삽비라의 가정입니다(행 5:1).

② 사가랴와 엘리사벳은 하나님 앞에 성실하였습니다.

'제사장의 직무를 하나님 앞에 행하였고'(8절) '주의 성소에 들어가 분향'하였고(9절) '직무를 다한 후에야 자기 집으로 돌아갔다'(23절)고 기록하였습니다. 자기 직무를 다하는 직분자가 되어야 합니다. 가룟유다는 이렇게 좋은 제자 직분을 버리고 제 길로 가게 된 불쌍한 인생이 되었고 맛디아가 그 자리를 차지하였습니다(행 1:18, 25-26). 자기 사명에 충실한 모델을 배워야 하겠습니다.

2. 이상적인 사명자인 사가랴부부는 기도의 사람이었습니다.
제사장으로서 사가랴는 기도의 사람이었습니다.

1) 사명자는 기도의 사람이어야 합니다.
'사가랴여 무서워말라 너의 간구함이 들린지라'(13절) 하였습니다.
① 기도 없이는 하나님께 인정받는 사명자의 길을 갈 수 없기에 기도는 매우 중요합니다.
사가랴가 성소에 들어가 분향하는 동안에 '모든 백성은 그 분향하는 시간에 밖에서 기도하더니'(10절) 라고 하였습니다. 영적 지도자인 사가랴와 백성이 호흡이 맞듯이 은평교회가 이렇게 되어야 합니다.
② 때때로 피곤하지만 사명자의 길을 바르게 갈 때에 인생길도 성공자(成功者)가 됩니다. 예배중심으로 살고 새벽기도 하려고 힘쓰고, 헌신과 헌금 생활에도 충실하고 타인에게 배려하는 생활을 하려고 힘써 보세요. 그러다보면 인생이 성공적으로 가게 됩니다. 인생뿐 아니라 영적으로도 성공한 사람들의 특징입니다.

2) 지금은 우리 모두가 영성을 살릴 때입니다.
예수님이 오실 때에는 다 졸며 자는 때입니다(마 25:1-).
① 사명자는 깨어 일어나야 합니다. 이것이 또한 예수님이 요청하신 바였습니

다(마 26:41). 그리고 말씀하십니다. '깨어있어 시험에 들지 않게 기도하라' (Watch and pray so that you will not fall into temptation). 그런데 제자들은 깨어있지 못하고 잠만 자다가 낭패를 보았습니다.

② 사명자는 영적으로 생수가 마르지 않게 해야 합니다.

예수그리스도만이 영원한 생수가 되시며(요 6:66) 예수님께 오는 자는 영원히 목마르지 않게 됩니다(요 4:14). 유대인들은 생수의 근원되시는 하나님을 떠났기에 문제였습니다(렘 2:13). 사가랴와 엘리사벳 가정은 언제나 생수가 흐르는 가정으로써 성공적으로 영성을 유지하며 사명자의 길을 걷게 되었습니다.

3. 사가랴와 엘리사벳은 하나님께 귀한 선물을 받게 되었는데 세례요한이라는 아들을 낳게 되었습니다.

늙어서 아이를 가질 수 없는 형편이었습니다.(1:18) 이 아들로 인해서 모두에게 기쁨이 오는 일들이었습니다(1:13-15, 25).

1) 하나님의 축복으로 자녀를 선물로 받은 사람입니다.

성경에서 몇 사람이 있습니다. 기도응답이기도 합니다.

① 아브라함은 100세에 이삭을 얻게 되었습니다.

약속의 성취이며(창 17:15-18) 그의 믿음의 증표이기도 합니다(롬 4:18-).

② 한나의 기도는 사무엘을 얻을 뿐만 아니라 세 아들과 두 딸을 낳게 됩니다(삼상 2:21).

이 모든 일들은 하나님의 주권 하에서 이루어지는 일입니다(삼상 2:7). 자식은 여호와의 주신 기업이요 태의 열매는 그의 상급입니다(시 127:3). 잉태치 못했고 자식이 없던 마노아의 가정에도 삼손을 주셨습니다(삿 13:2).

2) 여기에는 분명히 하나님의 축복된 뜻이 있습니다.

인생사 모두가 하나님의 섭리 가운데 이루어지기 때문입니다.
① 주께서 나를 돌아보셨다는 뜻입니다.
　힘들고 어려울 때마다 주님을 바라보시기 바랍니다. 주님은 지금도 나를 향해서 위로와 사랑과 긍휼의 팔로 붙드십니다. 사가랴와 엘리사벳의 하나님은 지금도 나의 하나님이 되십니다. 힘들어도 끝까지 주의 이름을 부르면 살게 됩니다(롬 10:10-11).
② 주님이 나를 돌아보시면 영원히 부끄러움을 당치않게 됩니다.
　벗은 몸도 가죽옷을 지어 입히시는 하나님의 손길입니다(창 3:21). 모든 인생이 끝까지 믿고 부를 이름은 오직 예수그리스도의 이름인바 성탄절에 임마누엘로 오신 예수의 이름을 붙잡고 승리케 되시기를 주의 이름으로 축원합니다.

◆ 결론 : 이 세대의 신앙적 모델은 우리들입니다. ◆

▪신앙생활

요셉이 가졌던 성공적 꿈과 그 전략
(창 49:22-26)

　인간이 다른 동물들과 다른 것 가운데 하나가 영혼이 있고 생각과 계획이 있기에 어떤 것에 대한 계획을 세워서 발전시키며 살아간다는 것입니다. 한국학생들은 공부에 대해서 시간과 노력을 많이 할애하게 되는데 왜 그럴까요? 여기에 인생의 미래가 달려 있기 때문입니다. 그래서 잿더미에서 여기까지 세계적인 발전국가로 성장시켜 왔습니다.

　그러나 짐승들의 세계에는 이런 일이 있을 수 없는 것은 하나님께서 그렇게 창조하셨기 때문입니다. 인간을 하나님의 형상대로 지으심을 입게 되었습니다. 성경에 "존귀에 처하나 깨닫지 못하면 멸망하는 짐승과 같도다"(시 49:20)고 하였습니다. 일년에도 사업을 시작했다가 끝까지 가지 못하는 사람들이 있거니와 올림픽이라든지 여러 가지 경기에 출전해 보지만 모두 메달리스트가 되는 것은 아니듯이 인생도 그러합니다.

　본문의 주인공이 되는 요셉에 관한 기사를 많이 읽고 들었지만 새해를 출발하는 시점에서 다시한번 은혜의 말씀이 되는 것은 그가 걸었던 인생사가 우리에게 큰 교훈이 되기 때문입니다. 어떤 전략과 지략에 따라서 경기가 달라지는 것은 2002년 한일 월드컵에서 히딩크 축구 감독에 의해 한국축구를 통해서 보았습니다. 원리적으로 신앙적이고 영적인 면에서도 배우게 되는데 지금 우리는 영적전쟁 중에 있기 때문입니다(엡 6:10-17). 2012년에도 영적인 성공의 길을 걷기 위해서 본문에서 은혜 나누겠습니다.

1. 요셉의 신앙적 전략은 매사에 긍정적 생각이었습니다.

어떤 일에 있어서 두 가지 생각이 있습니다. '할 수 없다'(impossible)와 '할 수 있다'(possible)는 부정과 긍정의 생각입니다.

1) 내가 하는 이 일과 이 길이 축복의 길이며, 일이라고 생각한다면 긍정적인 사고가 무엇보다도 전략 중에 전략입니다.

요셉의 일대기에서 많은 일들이 일어나게 되었던 것을 생각해 보세요. 매사에 긍정적이었습니다.

① 그가 가진 꿈이 긍정적인 사고의 꿈이었습니다(창 37장).

물론 꿈이 마음대로 꾸어지는 것이 아니기에 더욱 하나님께서 주신 것으로 보았습니다. 이 일 때문에 형들의 마음이 시기하게 되고(창 37:8) 어려움이 발생하지만 그래도 그 아비는 마음에 두기도 하였습니다(창 37:11).

② 요셉의 이 꿈은 요셉의 앞날의 비전이기도 하였지만 성공전략이기도 하였습니다.

그래서 요셉은 그 꿈을 마음에 안고서 흔들림 없이 전진하여 나가게 되었습니다. 사람들은 대개가 내 것이 아니라고 해서 상대방을 비방하고 좋지 않게 보지만 이런 행태는 버리고 개선해 나가야 합니다. 교회에서나 이 나라 곳곳에서도 벌어지고 있는 그릇된 관행들을 시정해 나가야 할 것입니다.

2) 나도 축복이요 상대방도 축복의 길을 모색해야 합니다.

이른바 상생(相生 - win - win)전략이 중요하다는 이야기입니다. 내게도 은혜요 축복이지만 상대방에게도 축복이 되게 하는 일입니다. 여기에는 상대방을 배려하는 배려심이 중요한 것입니다.

① 요셉은 어디에 있든지 배려하는 사람이었습니다.

형들에게도 배려의 사람이었고, 보디발의 집에서도 배려하는 사람이었고 옥중에서도, 총리의 자리에 올라가서도 배려하는 사람이었습니다. 나밖에 모르는 극단적인 이기주의가 판을 치는 세대에서 우리는 영적이고 신앙생활에서 그 전략적으로라도 배려를 배워야 합니다. 성경은 우리에게 나그네를 위해서라도 배려를 명령했습니다(레 22:23).

② 교회생활에서도 나아닌 다른 사람에게 배려하는 것이 성공전략입니다.

내가 은혜와 축복을 받기 위해서는 타인도 그 은혜와 축복을 받도록 돕고 상부상조하는 마음이 중요합니다. 그런데 지금은 교회들까지라도 너무나 이기적 사고로 가득 차있기 때문에 역사가 일어나지 않고 세상에 문제로 남게 되었다고 생각합니다. 2012년에는 요셉을 배워야 합니다.

2. 요셉의 신앙전략은 끝까지 참는 인내력이었습니다.

사람이 세상에서 내 마음대로 되지 않을지라도 참는 것이 중요합니다.

1) 요셉의 긍정적인 꿈이 있었어도 쉽게 이루어진 것이 아니었습니다.

연속적인 어려움 앞에서 끝까지 참고 인내해야 했습니다. 이것이 성공의 전략이 되었습니다.

① 요셉의 인내의 현장을 보시기 바랍니다.

형들에게도(창 37:8), 죽이려 팔려가는 현장에서도(창 37:18-20) '그 꿈이 어떻게 되는 것을 우리가 볼 것이라 하는 지라'(Then we'll see what comes of his dreams)하면서 죽이려 했습니다. 보디발 집에서도(창 39:14), 유혹을 받을 때에도(창 39:9-10), 누명을 쓰고 내려간 감옥에서도(창 39:19-20), 언제나 인내의 사람이었는데 이것이 요셉의 성공전략입니다.

② 신약시대의 성도들의 인내는 더욱 중요한 영적 요소입니다.

그래서 여러 곳에 인내를 강조해 주었습니다. 교회적 관점에서도(롬 5:3), 삶의 현장에서도 인내요(약 5:10-11), 마지막 시대의 믿음 지키는데도 인내입니다(계 14:12).

2) 요셉은 참을 수 없는 중에 참았기 때문에 중요한 일입니다.

애굽에 팔려갈 때에 생각하면 어릴 때의 꿈이 산산조각이 나는 듯 하였습니다. 그러나 낙심치 않고 인내로 승리하였습니다.

① 인내하며 기다리는 참음이 성공전략이 되었습니다.

현대를 사는 특히 젊은이들에게 큰 교훈이 되는 부분입니다. 요즘에는 목표와 꿈이 있지만 기다림의 인내가 약한 시대이기 때문입니다.

② 사업가들의 사업현장에도 인내가 중요합니다.

한 기업이 시작되어서 중소기업으로 성장할 때까지는 산전수전을 다 겪어야 되는 길이지만 인내하며 꾸준한 창업주는 기필코 일으켜 세우게 되는 원리와 같다 할 것입니다.

다윗은 이렇게 전하였습니다(시 40:1) '내가 여호와를 기다리고 기다렸더니 귀를 기울이사 나의 부르짖음을 들으셨도다'(I waited patiently for the LORD; he turned to me and heard my cry).

3. 요셉의 신앙성공전략은 철저하게 하나님 중심이었습니다.

언제 어디서 무엇을 하든지 상황이 어떠하든지 하나님 중심입니다. 신앙인은 언제나 신앙적이어야 합니다.

1) 신앙에 위배 되는 것은 과감하게 버릴 줄 아는 용기도 중요합니다.

왜냐하면 소망은 오직 하나님께 있기 때문입니다.

① 보디발 아내의 유혹에서도 이길 수 있었던 것이 여기에 있습니다.

'내가 어찌 이 큰 악을 행하여 하나님께 득죄 하리이까(창 39:9).' 이는 철저하게 하나님 신앙의 모습이기도 합니다.

② 마귀가 주는 시험이나 유혹은 무조건 과감하게 버리고 이겨야 합니다.

이것이 성도의 신앙적으로 최선의 전략이기도 합니다. 마귀는 예수님에게까지 와서 시험 하였지만 이기셨습니다(마 4:1-11).

'우리를 시험에 들지 말게 하옵시고(마 6:13)'(And lead us not into temptation) 하였습니다.

2) 문제는 철저하게 하나님께 대한 신앙이었습니다.

신뢰(Trust)가 중요합니다. 내가 하나님을 신뢰하게 될 때에 신뢰가 지켜집니다.

① 요셉이 하나님을 신뢰하였기에 요셉에게는 하나님이 함께 하심이 전략이 되었습니다.

변화가 많은 상황에서도 그때마다 하나님의 함께하심을 확실히 보여주셨습니다(39:2, 3, 5, 9, 21, 23). 하나님이 함께하시면 문제가 문제될 수 없이 풀려지게 됩니다.

② 결과적으로 요셉은 축복받는 인물의 대명사가 되었습니다.

두고두고 축복받은 인물이 되었고 예수님의 그림자 격이 되었습니다. 수많은 난관에서도 양떼같이 인도하셨기 때문입니다(시 80:1). 그 꿈이 드디어 이루어지는 현장에 요셉이 있듯이 성도들에게 2012년에 이렇게 역사되시기를 주의 이름으로 축원합니다.

하나님의 생각과 내 생각은 다르기 때문입니다(사 55:8-9).

◆ 결론 : 우리는 성공자입니다. ◆

■신앙생활

이스라엘아 기쁘게 찬송할지어다
(습 3:14-20)

세상에는 노래들(songs)이 많습니다. 한국에서는 새들이 운다고 하며, 서양에서는 새들이 노래한다고 하는데 그 차이는 신앙과 문화의 차이라고 할 것입니다. 성경에서는 슬퍼 할 때에는 기도하지만 즐거울 때에는 찬송하라고 하였습니다(약 5:13-15). 성도들이 세상을 살면서 매일 같이 하는 것은 기도와 찬송입니다. 이 찬송과 기도는 감사가 깃들인 신앙의 종합적 표현입니다. 기분 좋은 일들이 있을 때만이 아니고 좋지 않은 일이 있을 때에도 찬송과 기도는 계속 되는 것이 성경적 신앙입니다(행 16:25; 빌 4:4).

스바냐 선지자는 요시야왕시대의 선지자로서(왕하 22:1-, 대하 34:1-) 하나님 보시기에 으뜸으로 일했던 요시야왕과 더불어 일했던 선지자입니다. 우상을 타파하고 오직 하나님 제일주의로 일관하였던 요시야왕 시대를 배경으로 3장 밖에 되지 않는 짧은 책이지만 대선지 못지않은 충실한 내용으로 우리에게 큰 교훈을 주고 있습니다. 유다의 우상을 지적하고 유다를 괴롭힌 나라들을 징벌하실 것과 아브라함의 자손에게 구원의 축복을 재차 약속해 주셨습니다. 책망도 있지만 용서하시고 축복을 약속하시는 하나님께 찬송과 영광으로 가득한 말씀으로써 우리에게 큰 교훈이 됩니다.

1. 책망을 받게 되고 진노하심으로 매가 오는 원인을 아는 것이 중요합니다.

그래서 성경은 우리에게 깨달아야 할 것을 강조하였고 깨달은 것이 은혜가 된다고 하였습니다. 존귀에 처하나 깨닫지 못하면 멸망하는 짐승과 같기 때문입니다

(시 49:20).

1) 왜 화가 임하게 되고 책벌이 오는지를 깨달아야 합니다.
'패역하고 더러운 곳, 포학한 그 성읍이 화있을진저'(1절)라고 하였습니다.
① '그 성읍'인데 패역하고 더러운 곳이요 포악한 성읍이라는 것입니다.
　'그 성읍'은 어디를 말하는 것일까요, 예루살렘이요, 성지요, 택한 성읍입니다. 하나님께서 언제나 끊임없이 관심을 두시는 곳이요 축복받은 곳입니다. 성전이 있어서 예배가 있고 왕이 언제나 거하는 성읍이 이렇게 되었습니다. 죄악이 가득 채워지게 되면 결국은 심판이 오는 것 밖에 없습니다(창 6:5-6).
② 역대적으로 왕들과 온 백성이 타락했습니다.
　그래서 요시야왕이 일어나서 영적 개혁을 하게 되었고 정화작업을 하게 되는데 그들의 죄를 지적하게 됩니다(3-4).
　'그들이 부지런히 그 모든 행위를 더럽게 하였느니라'(7절)했습니다. 마침 전염병이 온 성읍을 전염해서 사람들이 죽는 것과 같은 형상입니다. 종말 때에도 세상은 심판받는 노아의 때와 같고 소돔과 고모라의 때와 같다고 하였는데(마 24:37) 주의 백성들이 바르게 서야 합니다.

2) 그들의 죄악상을 구체적으로 지적해 주었습니다.
마지막시대의 교회들이 깨닫고 바르게 서야 할 지침과 같습니다.
① 하나님의 거룩하신 말씀을 듣지 아니하고 불순종하였습니다.
　'그가 명령을 듣지 아니하며 교훈을 받지 아니하며 여호와를 의뢰하지 아니하며 자기 하나님에게 가까이 나아가지 아니하였도다'(2절) 하였습니다. 그래서 하나님은 선지자들을 수없이 보내셨고 말씀하셨습니다(렘 25:1-). 선지자들을 통해서 부를수록 멀리 가게 되었습니다(호 12:2). 그러나 가까이 계실 때에 찾아야 합니다(사 55:6-7). 하나님 말씀에 귀를 기울이고 순종해야 합니다(신 28:1-14).

② 하나님은 약속을 지키시는 하나님이십니다.

왜냐하면 거짓말을 못하시는 하나님이시기 때문입니다(히 6:18). 생명과 저주의 길이 분명히 제시되었습니다(신 30:15). 애굽에 있을 때에도, 출애굽 후에 광야생활에서도, 가나안에 들어온 이후에도, 하나님의 약속은 변하지 않고 그대로 이십니다. 그러나 그들이 타락하게 될 때에 하나님은 통탄해하십니다(사 1:2-4).

2. 택하심을 받은 이스라엘이라면 기뻐하고 즐거워하며 찬송하는 길로 가야 합니다.

왜냐하면 선민이요 택함 받는 백성들이기 때문입니다. '너는 내것이라'(사 43:1) (you are mine)하였습니다

1) 따라서 이스라엘은 찬송하는 길로 가야 됩니다.

'시온의 딸아 노래할찌어다'(14절)라고 거듭 말씀하십니다.

① 하나님께 돌아와서 형벌이나 체벌이 제해질 것을 바라봄입니다.

이 축복을 바라보면서 즐거운 노래 소리가 예시 되었습니다(15절). 한사람이 돌아오면 하나님은 제일 기뻐하십니다(눅 15:7). 사울이 돌아와서 바울이 되었을 때에도 하나님은 기뻐하시면서 '택한 그릇'(my chosen instrument)이라 하시면서 기뻐하셨습니다.

② 집을 나간 백성들이 돌아오면 하나님이 함께 하시기 때문에 그로 인하여 기쁨과 즐거움이 찬송으로 넘치게 됩니다.

'이스라엘왕 여호와가 너희 중에 있으니 네가 다시는 화를 당할까 두려워하지 아니할찌라' 하였고,(15절) '너희 하나님 여호와가 너희 가운데 계시니 그는 구원을 베푸실 전능자시라'(17절)고 하였습니다. 범죄 했어도 회개하고 돌아오게 될 때에 용서와 함께 큰 기쁨의 찬송이 넘치게 하시는 약속입니다.

2) 하나님이 나의 하나님 되심을 믿어야 합니다.

세상 열방 중에서도 이스라엘 편에 계신 하나님이시듯이 수없는 인생들 사이에서 나의 하나님이 되심을 믿어야 합니다.

① 이런 신앙적 간증들을 성경에서 보게 됩니다.

다윗의 간증을 성경에서 보게 됩니다. 하나님이 내편이시기 때문에 두려워하지 않는 신앙의 대담성을 배워야 합니다(시 18:1, 27:1, 46:1, 56:11, 16) 그래서 다윗은 골리앗에게서도(삼상 17:45), 사울에게서도(삼상 18:10-11), 심지어 자식 된 압살롬의 반란에서도(삼하 15:12), 승리의 노래를 부르게 됩니다.

② 이 세대에 우리는 이 신앙적 사명이 요청되는 때입니다.

국가적 측면이나 개인적 측면에서 우리는 하나님 편에 서서 노래를 불러야 할 때입니다. 하나님을 의지하고 믿을 때에 가능한 일입니다. 그런 사람은 두려워함하지 않습니다(사 41:10; 마 28:20).

3. 우리의 현재 상황에 관계없이 전능하신 하나님이 함께 계심을 믿어야 합니다.

'너희 하나님 여호와가 너의 거운데 계시니 그는 구원을 베푸실 전능자시라 그가 너로 인하여 기쁨을 이기지 못하여 하시며 너를 잠잠히 사랑하시며 너로 인하여 즐거이 부르며 기뻐하시리라'(17절) 하였습니다.

1) 현재 내가 처한 입장이나 상황에 관계없이 함께 하십니다.

부모의 사랑보다 더한 하나님의 사랑이요 그래서 그의 손바닥에 이름을 기록했습니다(사 49:16)

① 하나님의 그 크신 사랑과 관심으로 인하여 찬송하며 즐거워해야 합니다.

나를 인하여 하나님이 기뻐하시듯이 나도 하나님을 인하여 찬송해야 합니다. 죄악으로 얼룩진 과거는 뒤돌아볼 필요가 없이 찬송해야 합니다.

② 이제 우리 자신을 살펴보아야 합니다.

세상적으로 뛰어난 경제력이나 명예나 유명세가 없어도 하나님의 기쁨이 내 안에 있어야 합니다. 이스라엘은 큰 민족이 아니었지만 하나님의 사랑을 받았듯이(신 7:6-7) 나의 존재 역시 마찬가지입니다.

2) 하나님과의 관계가 분명하면 이 기쁨과 찬송이 있게 됩니다.
'노래할지어다 기쁘게 부를지어다 전심으로 기뻐하며 즐거워할지어다'(14절) 하였습니다.
① 하나님과의 분명한 관계성입니다.
우리는 다시 한번 스바냐가 전하는 말씀에 기울이며 축복받은 백성의 자리에 서야 합니다.
② 우리는 분명 하나님의 자녀가 되었기 때문입니다.
누구의 백성이라구요? 하나님의 백성입니다. 믿습니까? 이제는 외도하지 말고 예루살렘 사람으로 찬송과 기쁨이 충만한 생활이 되시기를 주의 이름으로 축원합니다.

◆ 결론 : 이제 찬송만 합시다. ◆

신앙생활

구원의 확신 중에 하나님을 믿는 사람들
(롬 12:9-13)

신구약성경에서 66권은 어느 것 하나 귀하지 않을 수 없는 것은 모두가 하나님의 말씀이기 때문입니다. 하나님께서 우리에게 주신 축복 중에 하나가 하나님의 말씀을 인간의 언어로 읽을 수 있게 성문화시켜 주신 것입니다(M. Luther, 스폴전). 그중에서도 로마서는 신약교회의 중추적 역할인 교리서이기 때문에 더욱더 귀하게 받아들여지게 됩니다. 바울이 고린도교회의 문제가 해결된 이후에 고린도교회에 방문하여 겨울 3개월을 지나면서 로마에 가기 전에 먼저 기록하여 보낸 복음서 중에 복음서라고 일컫게 되는데 로마서를 크게 두 부분으로 나누어 보면 1-11장까지는 죄인 된 인간이 구원받는 길은 예수그리스도를 믿는 길밖에 없음을 기록하고, 이제 구원받은 사람들이 세상에서 어떻게 살아야 하는 가의 그리스도인들의 생활론이 12-16장까지의 내용으로 구성되어 있습니다. 여기에는 그리스도인들의 예배론, 교회론, 국가관, 대인관계 등 수많은 지침서들이 제시되었는데 지금과 같이 혼란과 혼돈의 시대에 다시한번 성경으로 돌아가서 구원받은 그리스도인들이 어떻게 생활할지의 대인관계를 배우게 됩니다.

1. 그리스도인이기 때문에 대인관계를 바르게 해야 합니다.

구원받아 하나님의 자녀가 되었어도 아직 세상에 머물고 있기 때문에 세상에는 천차만별의 사람들이 존재하기 때문입니다.

1) 그리스도인이기 때문에 사람과의 관계가 매우 중요합니다.

"형제를 사랑하여 서로 우애하고 존경하기를 서로 먼저 하며(10절)"라고 하였는데 우리는 세상에서 이런 인격적 존재로 살아야 합니다.

① 본문에서 그 해답을 자세히 제시하였습니다. 중요한 것은 그리스도인들이라는 사실입니다. 그래서 '사랑', '우애', '존경', 이라는 용어들이 중요합니다. 지금 세상은 학문이나, 과학적 발달이나 다른 일들이 덜 발달 된 것이 아니라 우리에게 필요한 용어는 사랑, 우애, 존경이라는 생활관이 필요한 시대입니다. 은평교회는 모두가 이와 같은 믿음위에 생활관이 바르게 세워져야 하겠습니다.

② 은평교회 성도들의 삶의 터전이 영적으로 가꾸어져야 합니다.

아무리 좋은 정원(Garden)이라도 매일 물주며 가꾸지 아니하면 결국 그 정원에는 잡풀들로 가득하게 될 것이고 결국은 정원이 자동적으로 망가지게 될 것입니다. 따라서 우리의 마음의 정원을 올바르게 가꾸어서 사랑, 우애, 존경이 자라나게 해야 합니다. 마찬가지로 우리 안에서 하나님의 말씀이 자라게 해야 합니다(호크마주석 p.407). 이 길만이 대인관계가 살아나는 길이 되기 때문에 서로 먼저 이렇게 하기를 연습해야 합니다(롬 12:10).

2) 서로 나누는 생활이 중요합니다. 지금은 서로 나누는 생활이 부족한 시대입니다. 그래서 자기 밖에 모르는 이기주의 시대가 되었습니다.

① 서로 대접해주고 살아가는 일입니다.

초대교회는 핍박을 받아 잡혀가고 사자굴에서 죽어가면서도 서로 위로, 격려하며 순교해가는 교회사였습니다. "성도들의 쓸 것을 공급하며 손 대접하기를 힘쓰라"(13절 - Share with God's people who are in need. Practice hospitality)하였습니다. 믿음의 조상이 그랬고(창 18:1) 히브리서에서도 다시 한번 강조하였습니다(히 13:1). 은평교회가 이런 교회로 성장해 나가야 하겠습니다.

② 함께 나누는 생활이 중요합니다. 여기에서 생활의 용기와 힘을 얻게 되기 때문입니다.

사랑은 나누면 커지게 되고 고통은 나누면 작아지게 됩니다. "즐거워하는 자들로 함께 즐거워하고 우는 자들로 함께 울라(15절)"하였습니다. 교회 안에서 슬픈 자, 즐거워하는 사람, 좋은 일, 나쁜 일, 만날 때마다 서로 나누는 생활이 힘이 있게 해야 합니다. 우리의 최종적인 목적은 천국이지만 세상의 교회에서 작은 천국생활을 연습하는 것이 중요합니다.

2. 그리스도인들은 언제나 열심히 주님을 섬겨야 합니다.

세상 모든 일에는 '열심'이 중요합니다. 공부, 사업을 비롯해서 특히 청년들은 결혼을 위한 일에도 열심히 해서 결혼해야 합니다. 결혼관이 깨어지는 시대이기 때문입니다. 주님을 섬기는 일에 더욱 힘써야 합니다.

1) 열심으로 주님을 섬겨야 합니다.

(11절)"부지런하여 게으르지 말고 열심을 품고 주를 섬기라"했습니다.

① 신앙생활의 열심이 필요합니다. '열심을 품고'라는 말은 헬라어로 토 프뉴마티 제오데스(τῷ πνεύματι ζέοντες)인데 '영이 뜨거워지고' 라는 말로 해석됩니다.

교부 중에 크리소스톰(Chrysostom)은 '성령과 사랑이 양편에서 너를 뜨겁게 하는 동안에 모든 일이 쉬워질 것이다'라고 했는데 내 힘으로 하는 것이 아니라 성령께서 내게 오시면 뜨겁게 변하게 됩니다. 그래서 교회는 성령충만해야 합니다.

② 성령으로 뜨거워지는 지속적인 열심이 필요합니다.

작심삼일이거나 잠시 일회성이 아니라 지속적인 열심입니다. 신앙생활에서 게으른 병은 추방시켜야 합니다. 우리 생활 모두가 열심히 있어야 하겠으나 더욱 영적인 일에 열심이 중요합니다. 이것은 성령 받을 때 가능합니다.

2) 열심은 모두를 위해서 중요한 일입니다.

주님을 위해서도 '열심'이 필요하게 되고 복음을 위해서도, 자기 자신과 교회를 위해서도 모두가 필요한 용어가 열심입니다.

① 여기에서 '열심'은 부지런함이라는 말과도 통합니다. 속담에 '일찍 일어나는 새가 벌레를 잡는다'. 하였는데 모든 일에 부지런해야 성공적인 확률이 높게 됩니다. 그래서인지 사고현장에는 레카차가 부지런히 달려갑니다.

사도바울은 복음전하기 위해서 부지런했고 열심히 하였으며 서바나까지 가겠다는 계획까지 세우게 되었는데 당시에 서바나는 세상 끝으로 알았을 때였습니다. 부지런해야 예배시간 하나까지도 늦지 않게 됩니다. 습관적으로 늦으시는 분들은 신앙적 정신문제에 달려있습니다.

② 신앙생활은 핑계가 통하지 않습니다. 아담과 하와가 핑계 하였듯이(창3:12-13) 핑계하게 되면 곤란합니다. 우리는 부지런하고 뜨겁게 주님을 섬기는 자세를 연습해야 합니다. 구원받아 그리스도인이 되었기 때문입니다.

3. 초대교회는 부지런하여 주님을 섬기는 교회였습니다.

성경에서도, 교회사에서도, 볼 수 있는 현상들입니다.

1) 일반적인 일에도 부지런한 사람과 게으른 사람의 생활적 차이는 크게 나타나게 됩니다.

① 직장에서도 사업현장에서도 성공자들은 모두가 부지런한 사람들이었습니다. 그래서 부지런함과 근면은 반드시 성공적 자세의 필수요인이 됩니다. 성공한 사람들 중에 게으른 사람은 없습니다. 신앙생활 역시 성공적 자세는 부지런함과 근면입니다.

② 성경에서 교훈을 얻게 됩니다. 아브라함은 자기 자식을 제물로 죽이는 일에도 아침 일찍 일어나서 행동하게 되었습니다(창 22:3). 성경은 부지런할 것을 강조하며 교훈하였습니다(잠 13:4, 18:9).

2) 교회도 열심히 전도하며 심방하며 일하는 교회가 구령의 열매가 풍성합니다.

특히 중직자들이나 교회 일꾼들의 열심이 그 교회의 그림을 바꾸게 됩니다.

① 교회가 부지런해야 부흥하게 됩니다. 남달리 부지런한 교회가 사명을 다하게 되고 사명을 다할 때에 주님의 뜻은 이루어지게 됩니다(계 2:3).

에베소교회의 장점은 주님을 위해서 참고 게으르지 아니한 것이었습니다.(You have persevered and have endured hardships for my name, and have not grown weary)

② 신속히 일해야 할 때에 게으르면 일에 성공이 없습니다.

사도바울은 디모데에게 편지하면서 속히 오라고 하였습니다(딤후 4:9, 21). 겨울이 오기 때문이었습니다. 일설에 의하면 디모데는 겨울에 막혀 제 시간에 가지 못하였고 바울은 디모데를 보지 못한 채로 순교하였습니다. 성도는 어디에서나 부지런해야 합니다. 이런 성도들이 되시기를 주님의 이름으로 축원합니다.

◆ 결론 : 하나님의 자녀이기 때문입니다. ◆

하나님/성령

하나님의 뜻과 계획은 반드시 이루어집니다
(사 14:24-27)

　우리가 세상을 살아가면서 많은 일들과 문제를 만나게 되는데 그중에 우리가 원하는 것도 있지만 때로는 전혀 원치 않은 것들도 많습니다.
　그러나 그리스도인들은 염려할 일들이 아니라는 것입니다. 사도바울은 모든 것이 선을 이루게 된다고 전하였습니다(롬 8:28, 29). 예컨대 요셉의 일대기는 요셉의 이야기로 시작되어서 끝나는 것이 아니라 창세전부터 일이요, 아브라함에게 명하신 거대한 하나님의 섭리 가운데 있었습니다. 후에 요셉도 이를 말합니다(창 45:5, 50:17, 21). 이런 신앙적 사상은 신 구약성경에서 동일하게 보여주고 있습니다.
　본문의 배경은 열왕기하 18장-20장까지 기록된 남쪽 유다왕 히스기야 시대의 배경입니다. 당시 활동했던 이사야선지자를 통하여 말씀해 주셨습니다. 당시에 앗수르에 의해서 이스라엘이 망하고 그 앗수르는 신흥국가와 바벨론에 의해서 망하게 될 것인데 미래의 일이지만 남쪽 유다는 바벨론을 두려워하고 떨게 될 때에 현재로써는 앗수르왕이 처들어 와서 진을 치고 협박하므로 여기에 대응할만한 능력이 없기 때문에 예루살렘이 포위당한 채 공포에 떨고 있을 때에 이사야는 '염려하지 말라 내 뜻을 이루는데 다 이루게 할 것이라'신 하나님 말씀을 전하면서 힘을 북돋아 주게 되고 여기에 힘입어 결과적으로 히스기야는 기도로 승리케 된 배경인 바 여기에서 큰 은혜를 받게 됩니다.

1. 하나님은 말씀하시기를 '나의 생각, 나의 경영이 반드시 이루리라' 하셨습니다.

이스라엘 유다를 생각하시는 하나님의 영구하신 계획인데 어떤 계획이겠습니까? 하나님은 우리 모두의 하나하나의 계획을 종합적으로 세우시고(Master Plan) 이끌어 가시게 됩니다.

일컬어 하나님의 말씀이 그대로 이루게 하십니다(사 55:10-11).

1) 이스라엘을 향하신 하나님의 경영을 보시기 바랍니다.

'너희 경영하는 것이 반드시 이루리라'(24절)하셨습니다. 이 일은 택하신 이스라엘백성을 향하신 일들이요 계획입니다.

① 지금은 이스라엘이나 유다나 앗수르와 장차 일어나 강대국이 될 바벨론에 의해서 괴롭힘을 받겠으나 하나님은 그 손에서 구원해 주실 것을 약속하시는 말씀입니다(사 49:14-17참조).

하나님은 그의 백성들을 이끌어 주시고 구원하여 주십니다.

② 왜 국가나 사회뿐이겠습니까? 하나님 백성인 개인 속에서도 역사하십니다. 성경에서 힘을 얻고 용기를 얻게 되는데 그 주권이 하나님께서 있기 때문입니다(시 127:1; 잠 16:9, 16:3). 그러므로 국가적 차원인 대한민국의 미래도, 세계적 차원인 세계역사의 미래도, 개인의 앞길까지 하나님의 주권에 있습니다.

2) 후에 앗수르나 바벨론은 망하게 되는데 왜 강대국이 망하게 됩니까? 강한 제국도 모두 망했습니다.

① 그들의 죄 값으로 망하게 됩니다.

그래서 고대의 찬란한 문명을 꽃피우던 애굽, 앗수르, 바벨론, 후에 파사, 헬라, 로마, 모든 제국들이 망했습니다. 이는 장차 나타날 과학으로 발전되어진 세계문명이 망하게 된다는 계시록의 예언의 모형이기도 합니다(계 18:2).

② 우리는 기도 할 때마다 개인을 위해서도 하지만 대한민국의 미래를 위해 기도해야 합니다.

축복받은 나라, 선교를 위해서 하나님이 사용하시는 국가가 되기 위해서 기도해야 합니다.

화석류가 질려를 대신하는 국가가 되기 위해서 기도해야 합니다. 예루살렘 거리에는 의인 한 사람이 없어서 망했습니다(렘 5:1).

2. 이스라엘의 어깨에서 짐을 벗겨 주실 것이라고 하셨습니다.

'그들의 어깨에서 벗어질 것이라'(25절) 하였습니다.

1) 이스라엘이나 유다는 어깨에 큰 짐이 있었는데 현재는 앗수르요 미래에는 장차 나타날 바벨론이었습니다.

① 그 앗수르의 멍에서 벗겨지게 하시겠다고 약속하셨습니다.

결과적으로 앗수로의 산헤립이 185,000명을 이끌고 오지만 기도하는 히스기야 왕에게 대패하게 됩니다(왕하 19장).

② 이렇게 짐이 무겁고 어려운 때에 히스기야는 기도했습니다.

무시당하고 멸시받으며 국가가 풍전등화의 위태로운 길목에 있을 때 기도했습니다(왕하 18:22, 23, 19:15). 옷을 찢고 굵은 베옷을 입고 기도하는 히스기야의 모습입니다(왕하 19:1).

2) 하나님은 약속하신대로 산헤립의 손에서 구원하셨습니다.

하나님의 약속은 반드시 이루어지게 됩니다.

① 산헤립의 계획은 무너지게 되었습니다.

화살 한 번 제대로 날리지 못하고 박살났습니다. '이는 여호와의 말씀이니라'(왕하 19:32) 하였습니다. 그러므로 믿는 성도는 언제나 하나님의 섭리의 손길을 믿고 기도해야 합니다.

② 결국 여호와의 말씀대로 되었습니다.

'내가 나와 나의 백성 중 다윗을 위하여 이 성을 위하여 구원하리라'(왕하

19:34) 하였고 185,000명은 하루 밤에 모두 송장이 되었는데 그 밤에 천사가 그들을 모두 쳤습니다.

역사가인 헤로도투스(Herodotus)는 그 때의 일을 말하여 앗수르 군대가 역청 구덩이에 모두 빠져 죽었다고 했습니다.

일설에 의하면 1985년 8.15해방이 되기 직전에 일본은 한국의 모든 목사들을 금강산 어느 곳에 집결 시키고 죽이려는 음모를 세웠었는데 그 날이 오기 전에 자기들 나라에 원자탄이 떨어져 망했다고 합니다.

3. 하나님의 경영은 온 세상을 향하신 경영입니다.

좁은 지구촌 뿐 아니라 우주 모든 세계를 다스리시며 섭리하십니다. 눈을 크게 뜨고 믿음의 시야를 크게 뜨고 멀리 보아야 하겠습니다.

1) 더욱이 지금과 같은 글로벌시대에는 눈을 크게 뜨고 멀리 보아야 합니다.
영적이고 신령한 시야가 중요합니다.
① 하나님께서 우리에게 향하신 뜻이 분명히 큰 것으로 믿어야 합니다.
   옛날 성경시대의 이스라엘, 유대만이 아니고 대한민국교회와 성도를 향하신 뜻이 매우 크다는 사실입니다. 대한민국을 사용하실 때에 은평교회와 바로 내가 쓰임 받도록 기도해야 합니다.
② 믿음을 키워 나가시기 바랍니다. 축복을 키워 나가시기 바랍니다.
   현재에는 어렵고 힘이 들지만 오직 하나님께 그 소망(hope)을 두시기 바랍니다(롬 15:13). 소망의 하나님이십니다.

2) 도도히 흐르는 하나님의 섭리 속에 하나님의 역사(役事)하심의 강물을 누구도 막을 수가 없습니다.
① 하나님의 역사하심을 그 큰 강에서 보아야 합니다.
   '만군의 여호와께서 경영하셨은즉 누가 능히 그것을 돌이키랴'(27절) 했는데

느부갓네살왕이 보았던 신상에서도 나타나게 됩니다(단 2장).
② 우리(나)는 그 하나님만 믿고 의지해야 합니다.
따라서 해봅시다. 주여! 내가 주님 안에 있고, 대한민국이 주님 안에 있고, 대한민국의 모든 교회가 주님 손에 있습니다. 믿습니까? 아멘! 변하지 않는 말씀 안에서 소망이 흔들리지 않고 축복되시기를 주의 이름으로 축원합니다.

◆ 결론 : 우리 모두는 하나님의 뜻 안에 있습니다. ◆

하나님/성령

오직 유일하신 하나님뿐입니다
(미 7:7-8)

　세상을 살아가면서 "대체"라는 용어를 사용할 때가 많습니다. 속담에도 '이' 없으면 '잇몸'으로 라든지 '꿩 대신에 닭'이라든지 화석연료가 고갈되면 대체 에너지를 사용하기 위하여 연구한다든지, 약국에 처방약이 없을 때에는 동급의 유사약을 조제한다든지, 세상에서는 유사하게 대체할 수 있는 것들이 있습니다. 그러나 절대적으로 대체가 될 수 없는 일이 있는데 내 생명, 내 인생은 무엇으로 대체하거나 재생할 수 없고 세상의 종교도 신(神)이라는 것들이 많이 있는 것 같이 보이지만 하나님을 대체하거나 다른 것을 하나님 자리에 있게 할 수는 절대적으로 없습니다. 열방의 우상은 은과 금이요 사람의 수공물에 불과합니다(시 115:4).

　미가서를 기록한 미가 선지자는 B.C(주전)757-698년까지 60여 년간 남쪽 유다를 중심으로 활동했던 선지자로써 이사야와 같은 시대 선지자입니다. 미가선지자는 소박한 농촌 출신으로 하나님의 정의를 외친 선지자로써 크게 세 가지를 외치고 있습니다.

　하나는 하나님의 심판이요, 둘째는 메시야의 약속이요, 또 하나는 결과적으로 회개하고 돌아올 때에 회복시켜 주시겠다는 약속입니다. 본문 역시 유다백성들에게 회개적인 차원에서 돌아오라는 것입니다. 유일하신 하나님 외에 다른 것으로는 대체할 수 있는 것이 전혀 없기 때문입니다. 사회적으로 종교다원적인 사고방식이 우리의 신앙을 어지럽게 만드는 때에 우리는 구원문제에 있어서 다른 길이 없음을 알고 바른 믿음 위에 서야 하겠습니다(요 14:6; 행 4:12; 딤전 2:5).

1. 하나님 대신에 대체로 믿을 만한 어떤 것도 없습니다.

함께 살아가는 이웃이라도 하나님 자리를 대신 할 수 없기 때문에 오직 하나님만 믿고 신뢰해야 하기 때문에 이웃과 친구, 품에 있는 여인에게 까지도 네 입을 지켜야 한다고 하였습니다(5절).

1) 세상에 그 누구도 하나님 자리를 대체해서 믿을 만한 대상이 없습니다.

오직 하나님 자리는 유일무이하게 하나님 뿐이십니다.

① 어느 이웃이나 가까운 친구 일지라도 하나님 자리를 대체할 수 없습니다.

이것은 내 개인 인생이나, 가정에서나, 국가적 차원에서도 오직 하나님을 하나님으로 믿고 의지해야 하는 원리입니다. 세상에는 믿을 수 있는 존재가 없다는 뜻입니다. 로마의 '시저'는 친구인 '부루터스'에게 칼을 맞고 죽으면서 한 말이 있습니다. '오, 그대가 나를!' 하며 죽었고 이조역사 중에 조카를 죽이고 왕위에 오른 수양대군(세조)도 있지만 아버지에게 칼을 겨누고 반란을 하다 죽은 압살롬도 있습니다.(삼하 15-18장)

② 때로는 품에 누운 여인에게라도 비밀을 지켜야 합니다.

때로는 여인 때문에 왕 자리를 빼앗긴 기사들이 많이 등장함을 보게 됩니다. 아담은 하와에게서(창 3장), 이스라엘의 나실인이요 사사였던 삼손은 블레셋 여인 때문에(삿 13장) 낭패를 당하게 되었습니다. 우리는 오직 하나님만 신뢰해야 합니다.

2) 현재 내 삶에서 하나님은 어디에 계십니까?

집안 살림이나 우리의 생활 속에서 모든 것들은 제자리에 놓였는데 문제는 내 인생의 제일 중요한 하나님이 내 인생 자리에서 어디에 계신지를 확인해야 합니다 (고후 13:5).

① 우상이나 세상 그 어떤 것도 하나님 자리를 대신 할 수는 없음을 알아야 합니다. 하나님 대신에 다른 우상으로 가다가 망한 예들은 많습니다. 아합왕이 그

랬고(왕상 12-18장) 남쪽의 므낫세왕이 또한 그 대표적일 것입니다(왕하 21:1-28). 우상의 길은 망하게 됩니다(출 20:5-6). 다른 신이 없게 해야 합니다.(you shall have no other gods before me)

② 우리 생애 가운데 제일 중요한 일은 하나님을 내 생애 중에 하나님 자리에 모시고 있어야 한다는 사실입니다.

이 세대 가운데 그 어느 것도 대체할 수도 없고 하려고 해서도 아니됩니다. 돈, 황금 등 세상 그 어느 것도 하나님 자리에 앉히게 되면 곤란합니다. 그런 자세로 예배를 드려보았자 하나님이 또한 열납 하실 수 없습니다(사 1:11-13).

2. 우리가 믿고 의지하는 분은 오직 하나님뿐이십니다.

'오직 나는 여호와를 두려워하며 나를 구원하시는 하나님을 바라보나니 나의 하나님이 나를 들으시리로다'(7절) 하였습니다.(I wait for God my savior; my God will hear me)

1) 나를 들어주시는 하나님이시라고 하였습니다.

하나님은 나의 어떤 것도 다 들어주시는 하나님이십니다.

① 나를 들어주시는 하나님이십니다. 내가 드리는 예배, 찬송, 기도, 내 사정을 아뢰는 부르짖음을 모두 들어주십니다.

아벨의 예배를 받으셨고(창 4:), 엘리야의 기도를(왕상 18:36; 약 5:17), 예레미야의 기도를(렘 33:1-3), 히스기야의 기도를(왕하 20:5) 들으신 하나님은 내 기도를 들으십니다.

② 나에게 하나님은 이 어두운 세상에서 환하게 비추시는 등불이라고 하십니다. 여호와는 빛이 되십니다(8절). 시편에서 다윗도 그랬습니다(시 27:1). 예수님은 생명의 빛으로 약속해 주셨습니다(요 9:5). 이스라엘을 구름기둥과 불기둥으로 인도하여 주셨습니다(출 40:36-38).

③ 내게 하나님은 늘 흡족하게 먹이시며 마시우는 분이십니다(민 11:23, 민

20:11, 14)
주님은 벳새다들에서 오병이어의 기적도 보이셨습니다(마14:13).
④ 하나님은 내가 범죄했어도 회개케 하시고 용서해 주시는 분이십니다. 용서하시는 하나님이십니다(18-19절, 사 1:18). 탕자까지도 돌아올 때에 용서하십니다(눅 15장).

2) 그 하나님만이 우리의 하나님이십니다.
① 절대(Never) 다른 신(god)이 없습니다.
② 생명이 제일 중요시하며 교훈해 주시는 진리 중에 진리입니다.
개인도 국가도 이런 사실을 깨달아야 합니다.

3. 그 하나님이 나의 하나님이 되심을 확인하시기 바랍니다.
내가 믿는 하나님은 열방들이 만들어 놓고 믿는 신(god)이 절대 아닙니다.

1) 하나님이 나에게 있어서 하나님 위치에 계시도록 해야 합니다.
왜냐하면 이것은 다른 어떤 것 가지고는 대체가 불가능하기 때문입니다.
① 내가 스스로 하나님 앞에 바로 서게 해야 합니다.
가인같이 말아야 하고(창 4:1-), 이사야 시대의 유대백성이나(사 1:13-14), 말라기 시대의 백성같이 되면 곤란합니다(말 3:6). 하나님을 올바로 믿고 신뢰하고 섬겨야 합니다.
② 지금 우리는 우리 자신들을 보아야 할 때입니다.
너무나 형식화된 불신앙과 하나님을 사랑하는 중심이 약한 삶의 행위에 빠져 있는지 살펴야 합니다. 오늘 미가선지자를 통해서 주시는 음성을 들어야 하겠습니다.

2) 내가 믿는 하나님은 나에게 궁극적으로 축복의 하나님이십니다.

언제나 축복의 통로가 막히지 않게 해야 합니다

① 그러기 위해서는 하나님을 올바르게 섬기며 하나님과 통(通)해야 합니다. 미가서 기자는 지금 하나님과 막히지 않고 통해야 축복을 받고 살 수 있다고 전하고 있습니다. 귀담아 들어야 합니다(마 13:9; 계 2:7; 미 11:15)

② 내 인생의 왕좌 위에 만왕의 왕이신 하나님이 계시게 해야 합니다.

나는 다만 그분의 백성입니다(시 100편). 언제나 이 하나님 앞에서 축복받고 승리의 인생을 살게 되기를 주의 이름으로 축복합니다.

◆ 결론 : 하나님 자리는 무엇으로도 채울 수가 없습니다. ◆

`하나님/성령`

성령 하나님의 역사
(행 2:1-4)

하나님께 대하여 말할 때에 주의 교회는 삼위일체 하나님으로 말합니다. 그 삼위일체 하나님은 창조의 역사에서부터 우리 구원을 위하여 십자가에 죽으심과 부활하심과 성령께서 우리에게 믿음으로 구원받도록 접목하신 모든 일까지 구속사에 이르기까지 모두 하나님의 역사입니다. 따라서 성령론을 말하게 될 때에 신약에서만이 아니고 성령의 역사는 구약에서도 얼마든지 볼 수 있는 일들임을 읽게 됩니다. 또한 예수 그리스도는 창조주 되심과 같은 뜻입니다(요1:1-3; 히1-4). 예수 그리스도는 하나님의 본체가 되시는 성령과도 같은 뜻입니다(빌2:6-7). 성부, 성자, 성령의 삼위일체 되시는 하나님은 한분이십니다.

오늘은 교회력에 따라서 성령강림주일입니다. 십자가 죽으심과 부활하신 이후에 40일간 함께 계셨다가 승천 하시고 예수님이 가신 후에 10일이요, 부활하신 후 50일째 되는 때에(Pentecost)약속 하신 대로 성령께서 임재 하셨고 그 놀라운 역사들이 나타나게 되어 지금까지 그리스도의 복음이 전파되어 왔습니다. 오신 성령에 의해서 복음이 전파되어지고 교회가 세워지는 일 대신에 온갖 사람의 술수와 속임수가 난무 하는 때에 다시 한번 성령감림주일을 맞이하여 은혜 나누고 성령 충만한 그리스도인들이 되고 교회가 되어야 합니다. 본문에서 은혜를 나누게 됩니다.

1. 성령께서는 구약에도 역사하셨습니다.

신약에 와서 성령이 강조되고 성령에 의한 복음전파가 강조되다보니 마치 성령은 신약에만 오신 분으로 오해하기 쉬운데 그렇지 않습니다.

1) 구약에서 중요하게 역사하셨던 흔적을 보게 됩니다.

짧은 시간에 모두 이야기 하거나 읽게 할 수 없지만 간략하게 은혜를 나누어 봅니다.

① 창조 때에 역사 하셨음을 보여 주십니다.

창조역사가 자칫 오해하면 성부 하나님의 일로만 생각되기 쉬운데 여기에는 성자, 성령하나님 모두의 일이 됩니다. 성경을 바르게 읽고 배워야 하겠습니다(요1:1-3,14; 히1:2 하반절; 고전 8:6; 골 1:16). 창조의 역사 역시 예수 그리스도의 역사하심이었고 성령하나님의 역사였습니다. 삼위하나님의 동시적 역사입니다.

② 구약에 나타나신 성령하나님의 실제적 역사들을 보시기 바랍니다.

신약에 와서 성령을 하나님의 영(the Spirit of God) 롬 8:9,14; 고전 2:12), 주의 영(the Spirit of the Lord 행 8:39), 예수의 영(the Spirit of Jesus 행 16:7)등으로 표기하였습니다. 그런데 그 영이 구약에도 똑같이 역사하시는 흔적으로 기록하였습니다. 삼손의 이야기에서 "여호와의 신이 비로소 그에게 감동하시니라"(the Spirit of the Lord - 삿 13:24-25, 15:14, 16:20), 다윗에게 기름 부으실 때에도 같은 역사가 나타나게 되었습니다. "다윗이 여호와의 신에게 크게 감동되니라"(the Spirit of the Lord -삼상 16:13), 에스겔에게도 "말씀하실 때에 그 신이 내게 임하사"(the Spirit come in to -겔 2:2). 하였지만 사울에게는 악신이 임하였습니다(삼상 16:14).

2) 창조역사에도, 미래사건의 예언에도 성령께서 역사하셨습니다.

따라서 구약이나 신약의 모든 일에 성령께서 역사하셨습니다.

① '사람을 만드시고 그 코에 생기를 불어 넣으시니 사람이 생령이 된지라'고 하셨습니다(창 2:7). '생기'는 영어로(breath of life)인데 바람 같은 성령으로써 초

대교회 오순절 때에 임하신 성령과 일치합니다(행 2:1). 그리고 그 성령은 이스라엘을 통해서 죽은 자의 뼈들이 살아나서 큰 군대가 될 때에도 역사 하셨습니다(겔 37:9).
② 선지자들에게서 두드러지게 역사가 나타나게 되었습니다.
성령께서 어떻게 역사하셨는지 구약선지자에게서도 보여주십니다. (사 6:5-7)이사야의 입술을 정결케 하시고 성령을 부어주셨습니다. (욜 2:28-30)신약 오순절 때에 역사하신 성령의 임재하실 것에 대한 분명한 예언으로 부어주셨는데 그대로 되었습니다(행 2:17-21). 성전 짓는 일에도 하나님의 신으로 된다고 약속하셨습니다(슥 4:6 - by my Spirit).

2. 하나님의 성령의 역사는 신약에 더불어 역사하셨습니다.

구약에는 특정 인물들에게 역사하시는 모습이었으나 신약에는 다른 양상으로서 복음이 전파되고 믿는 모든 만민에게 입니다.

1) 오순절날에 약속의 성령이 오셨습니다. 부활하신 후 50일째 되는 날에 오셨습니다.

① 기도하는 곳에 오셨습니다.
약속을 믿고 보혜사가 오실 것을 믿고 전혀 기도에 힘쓰던 무리들에게 임하셨습니다(1:14). 구약 요엘서의 약속(욜 2:28-30)의 예언이 그대로 이루어지는 순간입니다. "남종과 여종들에게 부어 주리니"(행 2:17-18) 하였는데 은평교회 모든 성도들에게 이 역사가 충만하시기를 바랍니다. 그래서 기도가 중요합니다.
② 예수님이 약속하셨던 '보혜사 성령'이십니다(요 14:16, 18:26).
'보혜사'를 헬라어로 (파라클레토스 -παράκλητος)라 하는데 한 마디로 '돕는 자'라는 뜻입니다. 병자에게는 의사나 간호사가 필요하고, 학생에게는 좋은 선생님이 필요하고, 운동선수에게는 명 코치가 요구되듯이 우리 신앙생활은

전적으로 하나님의 성령이 도와주셔야 됩니다. 그래서 성령 받아야 합니다.

2) 성령께서 오셔서 하시는 일이 있습니다.
왜 성령을 받아야 하느냐에 대한 혹자들의 질문에 대한 답변이기도 합니다.
① 영혼구원의 실제적 일은 성령께서 하십니다.

죄에 빠진 인간이 죄를 깨닫고 복음을 받아 회개의 역사와 함께 구원의 역사는 성령이 하십니다. "그가 와서 죄에 대하여, 의에 대하여, 심판에 대하여 세상을 책망하시리라(요 16:8-9)", 진리의 말씀을 생각나게 하고 깨닫게 하십니다(요 14:26).

② 따라서 복음 전도하는 일도 성령께서 하시는 실제적 일입니다. 성령을 통하지 않고는 전도할 수 없고, 사명 감당이 불확실하기 때문에 성령이 오실 때까지 기다리라고 하셨습니다(행 1:4). 이는 베드로와 요한의 흔적에서도 볼 수 있는 일입니다(행 4:19). 성령이 임하게 될 때에 초대 교회에 큰 부흥이 일어났습니다[120명(행 1:15), 3,000명(행 2:41), 5,000명(행 4:4)]. 영혼구원과 교회 부흥은 성령의 역사입니다.

구세군의 창시자 윌리암부드(William Booth)는 '나의 야망은 사람 영혼에 달려있습니다'(my ambition is the souls of men). 영국왕실에 초청되었을 때 한 말입니다. 영혼구원 하는 절대적 사건은 성령이 임하실 때에 가능합니다.

3. 성령 받은 사람만이 하나님의 백성입니다. 천국백성은 아무나 되는 것이 아닙니다.

1) 그리스도의 영이 계시지 아니하면 그리스도의 사람이 아니라고 하였습니다.
① 사도바울은 이점에 대해서 강조하고 전하였습니다.

또한 여기에 각종 기적이 일어납니다. (롬 8:9) "만일 너희 속에 하나님의 영이 거하시면 너희가 육신에 있지 아니하고 영에 있나니 누구든지 그리스도의 영이 없으면 그리스도의 사람이 아니라"하였습니다.
② 무엇으로 내게 성령이 임하셨는가를 알 수 있는지는 성경이 그 해답입니다. 예수 그리스도가 내 구주이심을 믿는 사람이라면 성령의 역사입니다. 사도바울은 고린도교회에 전하는 말씀에서 분명히 보여주셨습니다. (고전 12:3) '성령으로 하지 아니하고는 누구든지 예수를 주시라 할 수 없느니라'(and no one can say, "Jesus is Lord," except by the Holy Spirit)하였습니다.

2) 성령 받아야 합니다.

그리고 충만하게 받아야 합니다. 지금도 역사하십니다.
① 회개할 때에 성령이 임하십니다(마 4:17; 행 2:38).
　회개 역사 역시 성령이 감동하실 때에 가능한 영적 역사입니다.
② 안수할 때에 임하였습니다(행 19:6; 8:17).
　초대교회에 있었던 성령의 임재의 방편으로서 유명합니다.
③ 기도해야 합니다.
　성령 임하시기를 사모하며 기다리고 기도해야 합니다. 초대교회의 120문도는 전혀 기도에 힘썼습니다(행 1:14). 성령강림주일을 즈음해서 은평교회 모든 분들에게 성령 충만하시기를 주의 이름으로 축원합니다.

◆ 결론 : 성령 받아야 합니다. ◆

▎영적전쟁/승리

영적싸움에서 반드시 승리 한다
(요일 3:8, 4:4)

　이 세상을 살아가는 모든 인간은 싸움의 연속선상에서 살아갑니다. 싸움의 대상만 다를 뿐 언제나 전투하며 살아가는 모습들입니다. 사업가는 사업의 현장에서, 직장인은 주어진 일과, 경찰관은 사회정의를 위해 범죄와, 군인은 국가의 안보를 위해 바다에서 육지에서 공중에서, 학생은 공부와 싸우는데 새벽별을 보며 집을 나가서 저녁 늦게 귀가합니다.
　전쟁(war)은 반드시 이겨야 한다는 속성이 있습니다.
　왜 육적인 일들뿐이겠습니까? 싸움에는 보이지 않는 영적 싸움이 또 존재합니다. 하나님의 형상대로 지음 받은 인간이 하나님을 떠나서 마귀의 말에 속아서 살아가는데 결국은 마귀를 따라서 영원한 불 못인 지옥에 가게 되어 있습니다(마 25:41).
　본문에서 사도 요한은 예수님께서 이 세상에 오신 목적이 그와 같은 마귀의 사슬에서 인간을 해방 시키시고 마귀의 하는 사악한 일을 괴멸시키시며 인간을 구원하시며 자유를 주시기 위해(요 8:31) 오셨는데 여기에는 치열한 영적 싸움이 벌어지게 됩니다. 사도 베드로도 마귀를 대적하라고 전했습니다(벧전 5:8).
　영적 싸움에서 이기기 위해서 본문을 통해서 은혜를 나누게 됩니다.

1. 사탄 마귀를 두려워하지 말아야 합니다.
　결론부터 말하면 우리는 이미 이긴 싸움을 싸우는 중에 있습니다. 예수님이 십자가 위에서 죽으시고 무덤에서 3일 만에 부활하시므로 마귀는 완패하게 되었습니다.

1) 예수님은 십자가로 이기셨고 마귀는 패하게 되었습니다(골 2:15).
여자의 후손이신 예수 그리스도는 뱀의 머리를 상하게 했습니다(창 3:15).
① 우리의 신앙의 대상은 하나님이십니다.

성부, 성자, 성령 삼위일체 하나님을 믿는 것이 우리의 신앙입니다. 따라서 다른 신이 우리에게 있을 수 없습니다. 하나님은 모세를 통하여 십계명을 주셨는데, 십계명의 1-2계명을 보면 우리에게 다른 신이 있을 수 없습니다(you shall have no other gods before me). 이는 하나님의 명령입니다. 따라서 다른 신이 있을 수 없습니다.

② 하나님을 버리고 마귀, 귀신을 쫓는 것은 하나님 앞에서 가증스러운 일입니다.

마귀는 천사가 타락된 존재로서 섬김의 대상이 아니라 추방해야 할 대상입니다. 일찍이 하나님께서는 모세를 통하여 이스라엘 백성에게 강조하신 바입니다(신 13:6-9).

2) 우상숭배는 하나님께서 경멸이 여기십니다.
오직 우리의 믿음은 하나님만이 신앙의 대상이 되십니다.
① 따라서 하나님의 말씀을 바르게 보아야 합니다.

본문에서도 사도 요한은 예수님이 이 땅에 오신 것은 그와 같은 마귀의 모든 일을 멸하시려고 오셨다고 강조하였습니다. 따라서 마귀와 그에게 속한 모든 것은 멀리하고 멸해야 합니다(신 13:1-3, 18:10-12).

② 그리스도인들은 미신이나 그 밖에 유사한 일들을 버려야 하겠습니다. 예컨대 점보는 것, 토정비결, 관상, 손금 등이 있으며 간음, 음행, 도적질 등 수 많은 귀신에게 속한 것들을 버려야 합니다. 하나님은 질투하시는 하나님이시기 때문에 복 주실 자에게는 천대까지 복을 주시지만 망할 자에게는 3-4대의 저주

가 임하게 됩니다(출 26: 5-6).

마귀는 멸해야 하는 대상이지 섬김의 대상이 아닙니다.

2. 인간에게 생사화복의 권세는 하나님께 있음을 분명히 믿어야 합니다.

하나님을 섬기게 될 때에 축복이 옵니다.

1) 우리는 가족사에서 축복의 사람이 될지언정 저주와 불신앙의 대상이 되면 곤란합니다.

① 예수그리스도 안에서 하나님을 섬기는 가정에 축복이 있습니다.

이는 일찍이 아브라함을 부르실 때에 약속하셨고(창 12:1-4), 모세를 통해서도 재 확인하셨고(출 20:5-6), 욥기를 통해서도 말씀하셨습니다(욥 21:19). 이방인의 제사는 귀신에게 하는 것이기 때문에 배격해야 합니다(고전 10:20).

② 하나님을 믿는 가정과 개인에게는 축복이 약속 되었습니다.

마귀는 저주와 멸망의 상징이지만 하나님은 그를 믿는 자에게 소망의 하나님이십니다(롬 15:13). 따라서 마귀를 버리고 예수그리스도 안에서 본인과 자손이 복을 받는 가정이 되게 해야 합니다.

2) 후손에게 하나님 믿는 신앙을 물려주어야 합니다.

이는 축복의 가족이 되게 하는 일입니다.

① 축복의 대가 이어지는 조상이 되게 해야 합니다.

귀신들린 아들을 데려온 어떤 아버지의 모습에서 큰 교훈을 얻게 됩니다(마 17:14; 막 9:7-29; 눅 9:37-).

아놀드 클린턴 교수는(Arnold Clinton) '이런 영향은 유전적 환경적으로 발생할 수 있을 뿐 아니라 영적뿌리(Spiritual root)에서 근원을 찾을 수 있다'고 했습니다.

② 예수 믿는 내 대에서 불신앙과 저주의 마귀의 고리가 끊어지게 해야 합니다.

예수님이 십자가 위에서 죽으시고 부활하심으로 모든 일이 가능케 되었습니다. 대대로 내려오던 불신앙의 가족사가 바뀌게 해야 합니다. 이스라엘도 대대로 회개할 때가 온다고 했습니다(슥 12:10-11; 렘 5:7; 단 9:11; 느 1:6). 마귀를 버리고 예수 믿고 가풍이 축복으로 바뀌어야 합니다.

3. 사탄 마귀의 세력은 이미 예수님께 패했기 때문에 성도가 반드시 이기게 됩니다 (계 5:5-, 17:14, 계 2:7, 11, 17, 26, 3:5, 12, 21).

1) 생활이 하나님께 깨끗한 생활이 되도록 힘써야 합니다.
병균은 더러운 환경에서 숙주가 되듯이 마귀역시 생활이 더러우면 들끓게 됩니다.
① 더러운 곳에 더러운 것이 꼬이게 됩니다.
　모기, 파리 등을 보세요. 성도들의 생활이 청결해야 합니다(술, 담배 등).
　죄를 멀리 하되 해가 지기 전에 청산해야 합니다(엡 4:26-27).
② 남을 용서하는 것도 축복이지만 용서치 못하는 것은 마귀의 길목입니다.
　욥의 경우에 그 친구들 위해서 기도했을 때에 복이 왔습니다(욥 42:10).

2) 마귀 사단의 권세를 이기는 방법을 숙지해야 합니다.
방법이 있습니다.
① 하나님의 자녀임을 확인해야 합니다(요 1:12).
　마귀를 이기는 권세를 이미 주셨음을 믿어야 합니다(눅 10:19).
② 주님이 나와 함께 계심을 믿어야 합니다.
　세상 끝날까지 함께 하십니다(마 28:20).
　예수님 증거를 인하여 이미 이기게 하셨습니다(계 12:11).
　딕 힐스(Dick Hills)는 '찬송과 기도를 가지고도 마귀를 이기게 된다. 그러나 그 마귀에게 명령해야 한다'고 했습니다.

하나님을 의지하시고 믿음 가운데 마귀에게 이기는 성도들이 모두 되시기를 주의 이름으로 축원합니다.

◆ 결론 : 우리는 이 싸움에서 영원히 이긴 자들입니다. ◆

■ 영적전쟁/승리

두 마음의 전쟁에서의 승리
(약 4:6-10)

　이 세상을 살아가면서 보이게, 보이지 않게 전쟁을 치르는 일이 많은데, 언제나 그 전쟁에서 승리하는 것만은 아닙니다. 프랑스의 작가 빅톨위고는 '제일 어려운 싸움은 자연과의 전쟁이나 국가 간의 전쟁이 아니라 자기 자신과의 싸움이다' 하였습니다. 신앙생활의 영적전쟁도 마찬가지여서 사도바울 같은 사람도 영적 고뇌의 실토함을 전하기를 로마서7장 21-25절에서 '오호라 나는 곤고한 사람이로다'(What a wretched man I am!)라고 전하였습니다. 거대한 항공모함도, 공중을 날아가는 비행기도 조종실에서 움직이듯이 우리 인간의 생각이나 마음가짐은 영적 전쟁의 성패가 달린 문제입니다. 그래서 보이는 육체적 현상보다 보이지 않은 마음의 실존이 더 중요한 일인 것은 하나님께서 인간을 창조하셨기 때문인 바, 흙으로 빚어낸 육체의 코에 생기를 불어 넣어 창조하셨습니다(창2:7). 타락된 인간은 하나님의 뜻대로 살지 아니하고 죄악의 욕구에 따라서 살게 되는데(롬1:21), 마음이 헤이해지기 쉬운 하절기에 우리는 다시 한번 영적싸움에서 이기는 자가 되어야 하겠기에 본문에서 은혜를 나누게 됩니다.

1. 하나님의 은혜와 축복을 받지 못하도록 방해하는 것은 교만한 마음입니다.
　그래서 자신과의 싸움 중에 싸워야 할 대상은 교만케 하는 마귀입니다.

1) 성도들은 성경으로 돌아가서 자세히 보아야 합니다.
　'그러나 더욱 큰 은혜를 주시나니 그러므로 일렀으되 하나님이 교만한 자를 물리치시고 겸손한 자에게 은혜를 주신다 하였느니라(6절)'하였습니다.
  ① 하나님은 더욱 큰 은혜와 축복을 주시는 분이십니다.
    지금까지 각자가 받은 은혜와 축복도 크지만 더욱 은혜와 축복을 받게 되는데 여기에서 교만은 금물입니다. 독생자를 아낌없이 주시는 하나님은 더욱 은혜를 주시는데 기도하는 바를 이루어 주시고 응답해 주시지만(요 14:13-14; 요 15:7, 16:23-24)), 교만은 절대 금물입니다.
    지금까지 받은바 은혜와 축복이 많은데 그 은혜와 축복을 바르게 유지하기 위해서라도 겸손은 신앙의 절대적인 미덕이 됩니다(Augustine).
  ② 문제는 큰 은혜와 축복이 오는 통로를 가로 막는 문제가 있는데 제거해야 합니다.
    하나님과 자신 사이에 가로막는 일이 있다면 그것은 곧 죄가 됩니다. 죄가 곧 가로막는 큰 장벽이 됩니다. 빨리 회개하므로 없이 해야 합니다. 이사야도 이스라엘 백성들에게 이런 사실을 크게 외쳤습니다. '여호와의 손이 짧아 구원치 못하심도 아니요 귀가 둔하여 듣지 못하심도 아니라 오직 너희 죄악이 너희와 너희 하나님 사이를 내었고 너희 죄가 그 얼굴을 가리워서 너희를 듣지 않으시게 함이니 이는 너희 손이 피에, 너희 손가락이 죄악에 더러웠으며'(사 59:1-3)하였습니다. 그래서 회개가 촉구되었고(사 1:18), 세례요한도(마 3:8-11) 예수님의 공생애의 첫 음성이 '회개하라 천국이 가까이 왔느니라'(마 4:17)고 하셨습니다.

2) 하나님께서 제일 싫어하시는 죄가 있습니다. 죄 중에 죄는 교만한 입니다.
  ① 교만은 큰 죄가 됩니다.
    하나님께서 싫어하실 뿐 아니라 대적하신다고 하셨습니다. 교만하기 때문에 타인을 비웃게 되고 우월감 속에서 자기 자신을 뽐내는 인생입니다. 공부 많이 했다고, 돈이 많다고, 지위가 좀 높다고 그렇지 못한 사람을 깔본다든지 한다면 교만한 마음이 지배하기 때문입니다. 그럴수록 겸손해야 더 큰 축복이

됩니다.
② 교만해서 망한 사람들이 있습니다.
하나님의 백성들은 죄의 소원을 다스릴 줄 알아야 합니다(창 4:9). 초대 왕 사울은 교만하다가 망하게 된 첫 번째 떠오르는 사람입니다(삼상 9:1,8,10:1, 11:22, 15:16-17 등)교만하기 때문에 불순종하게 되었고 추락하게 되었던 원인입니다(삼상 13:12-14). 겸손의 미덕이 축복과 은혜의 사람입니다.

2. 하나님의 은혜와 축복을 받는 길은 하나님께 순복하는 길입니다.
인간은 하나님께 축복을 받고 살게 지으심을 받았습니다(창 1:28).

1) 창조 때에 부여받은 축복을 모두 상실하게 되었습니다.
왜 잃어버렸는지를 반드시 알아야 하겠습니다.
① 하나님 말씀에 순종치 아니하였기 때문입니다.
이는 선악과의 문제가 그 첫 번째 불순종입니다. '정녕 죽으리라'(창 2:17)하신 대로 정녕 죽게 되었고 망하게 되었습니다. 따라서 지금도 믿음 안에서 하나님 말씀 안에서 순복하며 사는 것이 은혜와 축복의 지름길입니다. 하나님 말씀은 어제나 오늘이나 동일하며 역사하시기 때문입니다(히 13:7).
② 마귀는 선악과를 따먹고 불순종하게 만들었습니다.
따라서 마귀에 속삭임은 하나님께는 불복이 되었고 마귀의 말에는 순복이 되는 결과를 나왔습니다. 에덴동산에서 추방되었고 모두 죄인이며(롬 3:10-23), 죄로 죽게 되었고(엡 2:1) 그 죄 값은 사망입니다(롬 6:23). 그러나 이제는 예수 그리스도 안에서는 하나님과 평화가 주어지게 되었고(엡 2:9-14) 하나님 말씀을 듣게 될 때에 살게 되었습니다. 이제는 하나님께만 순복해야 합니다(겔 37:1-; 요 5:25). 여기에 소망이 있습니다.

2) 이제는 구원받아 살게 되었으면 하나님께 순복해야 합니다.

'너희는 하나님께 순복할지어다 마귀를 대적하라 그리하면 너희를 피하리라'(7절)하였습니다.

① 하나님께 철저하게 순복해야 합니다.

여기에 축복이 약속되었고 신앙의 열조들의 모습이기도 합니다. 아브라함의 예에서(창 12:1-4, 21:21-, 22:1-14) 모세를 통해서 주신 축복의 약속에서도 분명히 명하셨습니다(신 28:1-14). 우리는 하나님이 창조하신바 된 사람들이기 때문입니다(사 45:9-12).

② 마귀의 말은 무조건 물리치고 대적해야 합니다.

'마귀를 대적하라'(Resist the devil)하셨습니다. 그런데 마귀는 간교한 존재이기 때문에 조심해야 합니다(창 3:1; 계 12:9). 마귀의 말은 무조건 대적해야 하는데 예수님도 물리치셨습니다(마 4:1-11).

3. 그릇된 두 마음에서 자신을 성결케 해야 합니다.

죄악의 세상이기 때문에 문제가 많이 발생하게 되고 어렵게 됩니다.

1) 하나님께만 마음을 모두 드려야 합니다(신 6:5). 마음, 성품, 힘을 다해서 사랑해야 하는 것이 하나님 사랑입니다.

① 세상적인 것으로 쏠리는 것이 있다면 빨리 정리해서 하나님께로 향해야 합니다.

이는 마치 아합왕 시대의 이스라엘 백성과 같은 길이기 때문에 위험합니다(왕상 18:21).

② 두 마음은 본질적으로 하나님께서 주신 마음이 아닙니다.

마귀가 뿌린 가라지와 같은 존재입니다(마 13:25). 성령께서는 우리에게 순복케 하시지만 마귀는 불만을 품어 의심케 합니다(약 1:8). 조심해야 합니다.

2) 우리 마음이 언제나 하나님께만 향하게 해야 합니다. 두 주인을 섬길 수 없습니

다.
① 두 마음을 품으면 하나님께서 원하시지 않습니다.

죄악의 마음 역시 하나님이 싫어하십니다(시 66:18; 잠 4:23). 오직 하나님 제일 중심으로 살아야 함이 여기에 있습니다.

② 하나님의 뜻을 행하는 길은 오직 우리 마음에 예수님을 닮아 가면 됩니다.

'너희는 이 마음을 품으라 곧 그리스도의 예수의 마음이니'(빌 2:5)했습니다. 죄악이 심각해질수록 세상은 하나님을 멀리하지만 우리는 더욱 하나님 편에서 승리하게 되시기를 주의 이름으로 축원합니다.

◆ 결론 : 영적 전쟁에서 이기기 위해서 성령과 말씀으로 충만해야 합니다. ◆

> 사랑/치료

그리스도를 변함없이 사랑하는 사람
(엡 6:24)

　세상의 모든 일들은 계속 변화되고 달라지는데 옛날에는 10년이면 강산이 변한다고 하였지만 요즈음은 하루 밤 사이에도 세상이 변해갑니다. 민심이 변하고 산천초목이 변하고 사람들이 살아가는 환경이 변하게 됩니다.
　요즘에 와서 지구촌에는 자연재해로 인한 변화무쌍한 사건들이 어느 때보다 많은바 성경이 이루어지는 때에 살고 있습니다(벧후 3:10). 분명한 사실은 이렇게 모두가 변하는 시대에 살고 있지만 끝까지 변치 말아야 할 것이 있습니다. 하나님께서 나를 사랑하심과 같이 하나님께 대한 우리의 사랑이 변치 말아야 합니다.
　교회론을 주축으로 해서 주신 에베소서신에서 우리에게 주시는 메시지의 선포입니다. 에베소교회는 처음 사랑을 잃어서 책망을 받았기 때문입니다(계 2:4). 본문에서 '변함없이 주님을 사랑하는 자에게 은혜가 있을찌어다' 했는데(Grace to all who love our Lord Jesus Christ with an undying love) 본문에서 은혜를 받게 됩니다.

1. 쉽게 변질되거나 영적인 일에 중단치 말아야 합니다.
　지금 시대는 많은 사람들이 어떤 일에 대하여 집착력이 약하고 쉽게 포기해서 변하는 일들이 많은 때입니다.

1) 중간에 진로를 쉽게 변경하거나 쉽게 되므로 어렵게 된 일들을 성경에서 제시하면서 경고해 주고 있습니다.
　① 본래 초심(初心)에서 주시는 길을 끝까지 잘 가야 합니다.

쉽게 변질되거나 쉽게 되면 문제가 생기게 되기 때문입니다. 예컨대 북쪽 여로보암왕에게 하나님 말씀을 전하고 유다로 다시 가던 남쪽에서 올라온 선지자에게서 교훈을 크게 받게 됩니다(왕상 13:1-31). 쉬었다 가는 것은 변질되거나 사고가 나게 되기 때문에 조심해야 합니다. 신앙생활에서 어떤 일에 쉬거나 변질되면 큰 일이 납니다.

② 별만 따라 왔던 동방박사들에게서(마 2:1) 교훈을 얻습니다.

페르시아 지역에서 예루살렘까지는 지시하는 별을 따라서 예수님께 가야되는데 그들은 중도에 예루살렘 근처에서 별을 놓치고 말았을 때에 모든 큰 이별과 소동은 너무나 큰 문제를 야기 시키게 되었습니다. 본이 아니게 문제가 되었던 사건인바 내 상식이나 사사로운 생각에서 벗어나 말씀을 따라가는 신앙이 중요합니다. 심지가 견고해야 합니다(사 26:3).

심지가 견고한 자를(mind is steadfast) 주께서 평강에 평강으로 지키십니다. 아나니아 삽비라(행 5:1-)처럼 하거나 공산주의의 앞잡이가 된 강양욱목사처럼 되면 곤란합니다(히 10:38). mind is steadfast

2) 하나님 아버지는 어제나 오늘이나 변함이 없으신 분이십니다.

하나님의 약속이나 사랑은 영원히 변치 않으십니다.

① 변치 않으시고 영원히 지켜주시는 하나님이십니다.

'예수그리스도는 어제나 오늘이나 영원히 동일하시니라'(히 13:8)고 하였습니다(Jesus Christ is the same yesterday and today and forever).

변치 않으시는 주님을 영원히 본받아서 곁길로 가지 말아야 하겠습니다. 은평교회 성도들은 사랑도, 신앙도 변치 말아야 합니다.

② 내 아버지 하나님께서 변치 않으시기 때문입니다.

만약에 하나님께서 변하신다면 우리는 한 사람도 그 앞에서 살아남을 자가 없습니다. 사람은 변하지만(마 24:13; 눅 18:8) '우리 하나님은 변함이 없으시고 회전하는 그림자도 없으시니라'(약 1:17, 말 3:6) 하였습니다.

2. 끝까지 변치 않기 위해서는 십자가의 고난도 감수하고 이겨야 합니다.

일컬어서 일사각오의 신앙입니다. 1938년 9월 9일 총회 시에 신사참배는 우상이 아니라 국민의례라고 선포하는 변질 될 때에도 주기철목사님 등이 끝까지 변치 않는 모습에서 보게 됩니다.

1) 변치 않는 신앙 때문에 십자가의 고난이 올 수도 있습니다.
이 십자가를 지고 가야 되는데 신앙의 승리자들이 그랬습니다.
① 십자가를 지고 가는 것은 주님을 사랑하고 믿기 때문에 지고 가게 됩니다.
  이는 일찍이 주님이 명하신 말씀입니다(마 16:24). 일편단심 이도령을 보던 춘향이처럼 주님만 보아야 합니다. 장작더미 불구덩이에서 순교하던 폴리캅이 그렇습니다.
② 우리가 십자가를 지고 가야되는 것은 주님을 사랑하기 때문입니다.
  여기에서 또한 충성이 증명됩니다.

2) 이렇게 주님을 향하여 충성을 하고 변치 않을 때에 주님은 상급을 예비해 놓으셨습니다.
① 주님의 약속들을 보시기 바랍니다.
  욕 먹을 때에 상급이 크게 되고(마 5: 9-12), 생명의 면류관(계 2:10), 의의 면류관(딤후 4:7)이 준비되었습니다. 환란과 시련 가운데도 변치 않으며 주님 사랑하고 일하는 사람에게 주어지는 상급입니다(계 22:12; 마 16:27).
② 예수님의 입장을 바꿔놓고 생각하며 신앙을 지켜야 하겠습니다.
  예수님이 나 때문에 십자가에 못 박히셨는데 주님의 고난을 생각해야 합니다. 그래서 옛날 로마의 카타콤에서는 400만 명이 순교하였고 중세 때에 그릇된 신앙에 저항하다가 5,000만 명이 순교하였다는 보고도 읽을 수 있습니다. 요즈음 변심하기 쉬운 때에 주님의 사랑의 표식(標識)을 확인해야 합니다.

3. 사랑이 변치 않은 사람은 곧 교회를 사랑하는 사람입니다.

교회는 주님의 몸이요(골 1:24) 교회의 머리는 주님(골 1:18)이기 때문입니다.

1) 언제나 교회를 사랑하는 성도가 되어야 합니다. 신앙의 중심을 교회에 두어야 합니다.

① 중심에서부터 견고하고 흔들리지 말아야 하겠습니다.

교회 중심적인 신앙에서 살아갈 때에 흔들리지 않게 됩니다. 여기에서 환경과 배경을 이기며 승리하게 됩니다.

② 성경인물들을 보시기 바랍니다.

베드로와 요한이 그랬고(행 4:19), 바울이 그랬으며(행 20:24), 다니엘과 그 세 친구들의 신앙이 성공적이었습니다(단 3:10, 17-18).

2) 우리의 신앙은 현재 어떻습니까? 언제나 신앙은 현재가 중요합니다.

① 과거에 사랑하고 믿음이 있던 사람도 지금은 변한 사람을 종종 보게 됩니다.

메뚜기 떼가 이동하듯이 이동해 나가는 신앙은 좋지 못합니다. 주님 사랑! 교회 사랑! 이 사랑을 변치 마십시오.

② 변치 않기 위해서는 영적인 무장이 중요합니다.

하나님의 전신갑주를 입어야 하고(엡 6:10-17) 늘 말씀과 성령 충만을 위해서 기도가 뜨거워져야 합니다. 변치 말고 주님 사랑, 교회 사랑, 천국의 목적이 흔들리지 않고 승리케 되시기를 주님의 이름으로 축원합니다.

◆ 결론 : 우리는 주님 사랑에 불변해야 합니다. ◆

사랑/치료

강도 만난 사람의 참 이웃
(눅 10:30-37)

세상 살아가는 인생들은 그 종류가 많이 있습니다. 외모나 피부색에 따른 분류도 있지만 내면적인 인생의 종류가 참으로 다양합니다. 프랜시스 베이컨(Francis Bacon)은 인생을 곤충으로 비유해서 설명하기를 거미, 개미, 꿀벌로 말하기도 했습니다. 뉴스를 듣거나 신문을 읽다보면 세상에 그런 뉴스들을 심심치 않게 접하게 되는데 보험금을 타기 위해서 가족을 죽이고 모른척하는 가인의 후예(창 4:9)들로 가득한 세상이 되어버린 현실입니다. 본문에서 예수님께서는 강도 만난 사람의 이야기를 통해서 선한 이웃들을 비롯해서 여러 가지 인생관을 가진 사람들에 대해서 교훈하여 주셨는데 여기에서 우리는 그리스도인들이 나아가야 되는 삶의 방향을 배우게 되는데 본문에서 은혜를 나누게 됩니다.

1. 시대적으로 지금은 강도를 조심해야 할 때입니다.
어느 시대나 거미와 같이 으슥한 곳에 숨어 있다가 강도행각을 벌이는 일이 많은데 비단 육적인 것뿐 아니라 영적이고 신령한 측면에서도 강도는 많이 있기에 조심해야 합니다.

1) 인생 살면서 제일 기분 나쁘고 만나지 말아야 할 사람이 강도라는 사실입니다. 이들은 다 빼앗고 죽게 만들기 때문입니다.
① 강도를 만나면 무서운 일이 벌어지게 됩니다.
옷을 벗기고 악한 행위를 자행하게 됩니다. 요즈음은 골목마다 거리마다 감

시 장치인 CCTV를 설치했는데도 범죄율이 줄어들지 않는 세상입니다. 인격을 모독하고 과학적 이기인 이동통신을 통하여 그릇된 행위를 해서 사람을 죽음으로까지 몰고 가는 시대입니다. 그릇된 댓글, 악플들로 사람을 괴롭게 하는 행위입니다.

② 빼앗고, 벗기고, 때리고 죽어가는 사람을 그냥 두고 갔습니다.

강도요, 폭력이요, 살인도 서슴지 않는 악당들입니다. 외형만 사람이지 사실상 내면은 사람이기를 포기하는 짐승과 같은 사람입니다. 과학이 최첨단으로 발달된 시대지만 이런 악한 세상에서 청소년들은 특히 조심해야 할 때입니다.

2) 육적 강도만이 아닙니다.

시대적으로 육적인 강도들도 경계해야 되고 무서운 존재들이지만 영적인 강도들은 더 무서운 것이 세상에서 뿐 아니라 영원한 지옥으로 멸망시키려하기 때문에 조심하고 경계해야 할 존재들입니다.

① 영적인 강도를 만나게 되면 영적 문제가 생기게 됩니다.

예컨대 소아시아 일곱 교회 중에 마지막 교회인 라오디게아교회를 보면(계 3:14-21) 육적 부요함이나 육적 건강이나 호화로운 옷이 문제가 아니라 영적으로 죽게 만드는 일들을 까마득하게 잊고 살았기에 책망을 받게 되었습니다. 아간과(수 7:19-22) 게하시를 조심해야 합니다(왕하 5:23). 가룟유다(행 1:18-20), 아나니아와 삽비라(행 5:5)도 조심해야 하는 것은 라오디게아교회 사람들은 영적으로 벗고 있었습니다(계 3:28). 우리는 예수그리스도의 의의 옷을 입어야 합니다(창 3:21; 롬 13:12).

② 예수님은 이 땅을 회복해 주시려고 오셨습니다.

왜냐하면 그 결국은 멸망이기 때문입니다(빌 3:19). 강도인 마귀에게 모든 영적 일들을 빼앗겼기 때문입니다. 예수님은 세상을 이기셨고(요 16:33; 골 2:15) 우리를 회복시키시는 예수님이시기 때문에 예수님을 만나고 회복되는 인생이 되어야 합니다.

2. 강도 만난 사람에게서 얻는 교훈이 있습니다.

강도를 만나게 되는 데는 그 이유가 있고 원인이 있기 마련입니다. 이 사람은 예루살렘을 떠나서 여리고로 내려가다가 그랬습니다. 지금은 영적으로 근신할 때요, 깨어야 할 때이지 내려가는 곳에 있으면 곤란합니다(벧전 5:8).

1) 내려가지 말라는 곳에 내려가게 되었는데 결국 강도를 만났습니다.
① 예루살렘과 여리고는 큰 격차가 있습니다.
예루살렘은 해발 762m 지점이요 여리고는 해저 250m 지점이기 때문에 급격한 차이가 있고 계곡과 굴곡이 심한 곳입니다. 이곳을 내려가면 틀림없이 위험한 일을 만나게 됩니다.
② 예루살렘은 성전이 있는 곳이요 성지의 중심지가 되기 때문에 큰 의미가 있습니다. 무슨 이유이든지 간에 예루살렘을 떠나지 말아야 하고 더욱이 내려가지 말아야 할 곳입니다. 교회를 떠나고 말씀을 떠나면 강도를 만나게 됩니다.
③ 이 사람은 혼자였다는데 큰 문제가 있습니다.
그 위험한 길을 혼자 가게 되었다는 것은 큰 문제가 됩니다. 독처하는 것은 좋지 않고(창 2:18) 다니엘은 사자 굴에서도 천사들이 다니엘을 보호했으며 예수님은 언제나 함께 하실 것을 약속하셨습니다(마28:20).

2) 예루살렘은 저주받은 곳의 상징입니다.
여호수아 이후에 저주의 곳이 되었습니다.
① 저주 받은 곳의 상징인 그곳으로 왜 내려가야 합니까?
어떤 이유에서든지 가지 말아야 할 곳입니다(수 6:26; 왕상 16:34).
② 강도가 나오는 곳에는 언제나 조심해야 합니다.

성경이 이를 경고해 주고 있습니다(살전 5:22). '악은 모든 모양이라도 버리라'고 했습니다(Avoid every kind of evil). 은평교회 성도들이 경청하시기 바랍니다.

3. 강도 만난 사람의 이웃이 있습니다.
예수님이 우리 인생의 이웃인 동시에 우리 자신이 이웃이 되기 위해서 힘써야 합니다.

1) 그냥 지나간 사람들도 교훈 삼아야 합니다.
하나님을 제일 잘 믿는다는 사람들이었다는데 문제가 있습니다.
① 레위인입니다. 12지파 중에서 뽑아서 하나님의 성전에서 일하는 지파였습니다. 자기만 살자고 그냥 지나친 이기주의자의 모습입니다.
② 제사장입니다. 하나님께 드리는 예배를 총책임진 사람으로서 종교의 최고 어른이었는데 그냥 지나갔습니다. 목회자나 성도들이 편리주의나 안일주의에 빠지면 곤란합니다.
③ 선한 사마리아 사람입니다.
모든 것을 희생하면서 구제하게 되었습니다. 예수님의 모습이요 믿는 성도가 이렇게 되어야 합니다.

2) 예수님이 질문하십니다. 강도 만난 사람이 누구냐?
① 강도만난 사람은 지금도 많이 있어서 영육 간에 구조를 기다리고 있습니다.
② '가서 너도 이와 같이 하라'고 명하십니다(Jesus told him, "Go and do likewise"). 신앙은 이름만이 아니라 행동이 중요한바 모두가 선한 사마리아사람이 되시기를 축원합니다.

◆ 결론 : 이웃이 누구일까요? ◆

사랑/치료

예수님이 고치셨습니다
(막 9:25-29)

　이 세상을 살아가면서 기성세대가 느끼는 문제점들의 우선순위가 사람마다 다르겠지만 재물, 건강, 자녀교육 문제들이 대개 주류를 이루는 문제일 것입니다. 그 중에 또 문제를 안고 있는 것이 자녀교육에 대한 문제가 큰 비중을 차지하게 됩니다. 요즘처럼 저녁뉴스나, 신문지상에서 주 메뉴가 된 아이들의 학교폭력이니 컴퓨터 게임중독이니 하면서 아이들 세계에서 스스로 왕따가 되고 그 왕따가 성인이 된 후에도 따라오는 세대라면 큰 문제가 아닐 수 없습니다. 이런 문제는 어느 사회나 국가가 해결할 수 있는 일의 한계를 벗어나서 국가와 사회의 큰 짐이요, 문제이기 때문입니다. 차라리 뼈가 부러지면 어느 기간 동안 감싸서 치료하면 되지만 지금 당하는 문제는 그것과는 차원이 다릅니다.
　1961년 이후에 미국 사회에서 학교에서 채플이 사라지고 예배가 사라진 뒤에 아이들이 거리로 뛰쳐나와 히피가 되고 방황하는 일들이 사회와 국가의 큰 문제였던 역사가 있습니다.
　본문에 보면 예수님 당시에 어느 아버지가 귀신들려 물에도 불에도 뛰어드는 아이를 데려오게 되었고 예수님이 고쳐주신 사건이 기록되었습니다. 마귀 사탄은 꾀는 자요, 거짓영이요, 사람을 파멸로 이끌고 가는 더러운 영인바 이 악한영이 에덴동산에서 쫓겨나게 하였고, 죄를 짓게 합니다. 지금 세상은 공부만능주의로 나아가서 1등하는 아이들도 불안에 떨다가 스스로 죽는 일들이 벌어지는 것은 모두 사탄의 역사라고 생각하면서 본문에서 치료와 은혜의 시간이 되기 바랍니다. 신앙밖에는 없기에 본문에서 해답을 찾습니다.

1. 귀신에 잡혀서 세상이 멀리하는 아이라도 예수님께 데려왔습니다.

귀신에 잡혀서 아무런 소망이 없는 아이라도 한 가지 소망이 있었습니다.

1) 아직 실망할 단계가 아닙니다. 이제 예수님께 데려와서 예수님을 만나게 되었기 때문입니다. 절망하고 낙심하는 자체도 멀리해야 합니다.

① 제일 요긴한 일은 예수님께 데려와서 예수님을 만나게 해야 합니다.

"벙어리 귀신들린 내 아들을 선생님께 데려왔나이다(17절)" 할 때에 "언제부터 이렇게 되었느냐(21절)"라고 말씀하셨습니다. 어릴 때부터 이렇게 되었다고 하였습니다. 내 아이는 괜찮아하는 부모들도 다시한번 영적인 검점을 해야 합니다. 귀신은 아이 때부터 역사합니다.

요즈음 농사짓는 곳 이야기를 들어보면 새싹 때부터 뿐 아니라 씨에서부터 감염된다고 합니다. 그냥 놓아두면 농사를 지을 수 없는 것처럼 내 아이를 세대 탓이려니 하면서 그대로 두면 안되는 이유가 여기에 있습니다.

② 중요한 사건은 아이를 예수님께 데려왔다는 일입니다.

귀신들려 병든 아이를 예수님께 데려왔습니다. 불행 중 다행으로 이제는 소망이 생기게 되었습니다. 유명인들이 여러 가지 방안을 내놓지만 그것이 치료할 수가 없습니다. 근본 대책이 아니기 때문입니다. 예수님께 데려와야 합니다(Teacher, I brought you my son) 억지로라도 예수께 데려와야 합니다. 여기에는 부모의 결단이 중요합니다.

2) 예수님께 데려오면 문제가 해결됩니다. 귀신에 잡힌 아이들 버릴 수는 없습니다.

① 영적인 것은 영적으로 분별하기 때문입니다.

이 세대에서 영적인 일을 육적인 방법으로 해결하려고 하면 문제만 더욱 어렵게 됩니다. 세상 사람들은 영적세계, 신앙적 세계를 모르기 때문입니다(고전 2:13-14). 제일 중요한 일은 아이에게 문제가 있을 때에 예수님께 데려오는 일입니다. 이것은 영적이고 신앙적인 문제만 해결되면 자동적으로 해결됩니다.

크로스비(J. J. Crosby, 1820-1915)는 예수님께 데려오면 기쁘다고 찬송하였습니다(통합 찬송가 300장).
② 이 세대의 고민은 예수님께 데려오지 않는데 있습니다.
근처까지는 오는데 예수님을 만나지 않는다는데 큰 문제가 있습니다. 우리 아이들이 주일학교에서 예수님을 만나게 해야 합니다. 예수님을 만난 아이들은 모두가 승리하였고 성공적인 인생을 살게 되었습니다. '어린 사무엘은 여호와 앞에서 자라니라(삼상 2:21)'(the boy Samuel grew up in the presence of the LORD)하였습니다. 다윗은 하나님 보시기에 합한 자였습니다(행 13:22). 디모데는 어릴 때부터 예수님을 만나고 자라났습니다(딤후 1:3-). 이들 모두는 부모의 책임과 역할이 지대하게 크게 작용했습니다.

2. 예수님께 데리고 왔으면 믿고 기도해야 합니다.
이제는 그 아이의 상태의 문제가 아닙니다. 미래를 보고 기도해야 합니다.

1) 처음부터 좋았던 것은 아닙니다. 처음에는 문제가 있었는데 제자들에게 갔지만 허사였습니다. 사람은 실망을 줄 수 있습니다.
① '주여 내 아이를 불쌍히 여겨주옵소서'라고 예수님께 말했습니다.
'무엇을 하실 수 있거든 우리를 불쌍히 여기사 도와주옵소서(22절)'(but if you can do anything, take pity on us and help us)했습니다. '내 아이'라고 하지 않고 '우리'(us)라고 한 것은 큰 의미가 있는바 아이의 고통과 문제는 곧 부모의 고통이요 문제임을 암시합니다. 영육 간에 문제가 있기에 예수님께 데려온 것입니다. 병든 자에게 의원이 쓸데 있기 때문입니다(마 9:12-13).
② 예수님 외에 다른 길이 있다고 착각하지 말아야 합니다.
영적인 문제는 다른 학문이나 다른 것으로 치료할 수 없습니다. 오직 예수로만 치료할 수 있게 됩니다. 치료의 하나님이신(출 15:12하; 말 4:2; 막 16:16; 약 5:15) 예수님께 희망을 걸어야 합니다. 이 세대의 모든 아이들의 문제 역시

예수님께 데려와야 합니다.

2) 데려왔으면 믿음과 기도가 중요합니다.

같은 사건인데 마태는 믿음을(마 17:20-), 마가는 기도를 강조하였습니다(막 9:29).

① 마태는 믿음에 강조점을 두었습니다.

'너희 믿음이 적은 연고니라'하였고 '할 수 있거든이 무슨 말이냐 믿는 자에게는 능치 못함이 없느니라'(Nothing will be impossible for you)하였습니다. 천문학적 헌금이 아니라 예수님을 믿으라는 말씀입니다. 이 믿음이 있어야 하겠습니다.

② 기도입니다. '기도 외에 다른 것으로는 이런 유가 나갈 수가 없느니라(막 9:29)'하셨습니다. 따라서 기도한 것은 믿어야 합니다(요 14:13, 15:7, 16:24). 믿음과 기도는 떼려야 뗄 수 없는 역사하는 통로가 되기 때문에 중요합니다 (요 11:40).

3. 예수님께서 낫게 해 주셨습니다.

본질적인 문제인 귀신이 나가게 되었습니다. 괴롭게 하는 귀신이 나가게 되었으니 치료 되었습니다. 예수님이 하셨습니다(약 5:15).

1) 믿음의 기도가 중요합니다. 믿음의 기도가 있을 때에 주님께서 치료하십니다.

① 내 아이들을 놓고 믿고 기도하세요. 믿음이 없으면 소용이 없습니다.

이때에 이 아버지의 고백을 보십시오. '내가 믿나이다(24절)'(I do believe)할 때에 문제는 해결 되었습니다. 신뢰(Trust)가 중요합니다. 하나님이 하신다는 하나님께 대한 신뢰가 큰 믿음입니다.

② 알고 기도할 때에 예수님이 행동하셨습니다.

예수님이 귀신에게 명령했습니다. '귀신아 내가 네게 명하노니 그 아이에게서 나오고 다시는 들어가지 말라(25절)'하시므로 재발 방지까지 해주셨습니다.

③ 일으켜 세워주셨습니다. 소리 지르고 거품을 내뿜으면서 쓰러진 아이였습니다. 아이의 손을 잡아 일으켜 세우셨습니다. 예수님의 손에 잡히면 문제는 해결됩니다(26절). 죽은 나인성 과부의 아들도 살리셨습니다(눅 7:14).

2) 예수님은 하나님이시기 때문입니다. 어떻게 이런 일이 있느냐고요? 예수님은 창조주이시기 때문입니다(요 1:3).'그가 없이는 된 것이 없느니라(히 1:2)'하셨습니다.

① 창조주 하나님은 능치 못함이 없습니다.

자동차가 기술자가 차를 고치는 것은 어려운 일이 아니듯이 고장 난 인생을 고치는 일은 창조주 하나님은 어려운 일이 아니기 때문입니다. 따라서 심각한 아이들을 놓고 이 세대의 부모들은 기도해야 합니다.

② 믿고 기도하면 영광이 나타나게 됩니다(요 11:40).

'내 말이 네가 믿으면 하나님의 영광을 보리라'하시고 죽은 나사로까지 무덤에서 일으켜 세우셨습니다. 믿던 자도 의심하게 되면 물에 빠지게 되지만(마 14:31) 문제 앞에 있을 때에 믿음의 기도는 하나님의 영광이 나타나게 됩니다. 은평교회 성도들의 자녀문제와 가정사에 이런 능력이 나타나게 되시기를 주의 이름으로 축원합니다.

◆ 결론 : 예수님은 고치십니다. ◆

▮ 교회

전도자 바울의 교회를 향한 열정과 술회
(행 20:27-28)

사람은 누구나 자기가 심혈을 기울여서 일해 온 발자취를 뒤돌아보며 관심을 기울이기 마련입니다. 퇴직할 때에 평생직장을 뒤돌아보게 되고, 졸업할 때에 학교 교실을 뒤돌아보고, 운동선수는 운동장을 바라보면서 생각에 잠기게 되고, 평생 목회하던 목사님은 강단을 물끄러미 바라보게 됩니다. 그래서 사람들은 자서전이다, 회고록이다 하면서 책들을 출간하게 됩니다.

대사도바울은 에베소교회에서 3년간 머무르면서 최선을 다하여 교회를 세웠습니다. 바울이 '밀레도'라는 섬 지역을 방문 했을 때 45km 쯤 떨어진 에베소교회 장로들과 지도자들이 바울에게 왔고 그들에게 설교하게 되었는데 여기에서 교회를 향한 바울의 심경이 모두 재현되어 있습니다. 바울이 교회를 어떻게 섬겨왔으며, 어떻게 가르쳤고, 교회를 향한 뜨거운 사랑과 열정이 모두 포함되어 있는바 지금처럼 교회의 중요성에 대한 인식부족과 열정과 사랑이 식어지고 사명감이 약화되어지는 시대에 우리 모두가 다시 한번 깨달아야 하는 말씀이기에 우리에게 주시는 교훈이 크다고 할 것입니다.

1. 바울은 지금까지 거리낌 없이 복음을 전하였고 앞으로도 죽을 각오하고 전도할 것을 표명하였습니다.

영어단어 중에 'passion'이 있는데 그 뜻은 '고난'이라는 뜻이 있는 동시에 '열정'이란 뜻도 있습니다(passion of Christ에서 예수님의 고난, 예수님의 열정도 배우게 됩니다).

1) 바울은 열정적으로 복음 전하였고 그러다가 죽을 각오까지 한다고 술회 하였습니다.

거리낌 없이 전하였고(27절) 죽을 것도 각오한다고 하였습니다(23-24절). 우리의 신앙결단이 중요합니다.

① 신앙과 윤리적으로, 신앙 양심적으로 켕기거나 뒤에 앙금이 남지 않게 해야 합니다.

오늘날 우리의 신앙과 헌신생활 속에서 이런 자세가 매우 필요하고 요망됩니다. 거리낌 없게 일하고 충성을 다하는 생활이 요구되는 때입니다.

② 히브리서에서도 이점을 강조한 히브리서의 기록자를 발견합니다.

'구름같이 둘러싼 허다한 증인들이 있으니 모든 무거운 것과 얽매이기 쉬운 죄를 벗어 버리고'(히 12:1)라고 하였습니다.

운동선수들을 보세요. 운동장에서 뛸 때 날씨나 환경에 관계없이 최소한의 옷만 입고 뛰게 됩니다. 우리의 영적인 경기에서도 마찬가지 원리를 가집니다.

2) 이런 영적 자질은 어느 시대든지 마찬가지입니다.

왜냐하면 우리는 영적인 경주자이기 때문입니다.

① 바울은 복음 전파하는 일에 꺼리지 않고 일하였다고 하였습니다.

뒤돌아 보건대 무엇인가 켕기게 되고 후회하면서 그것이 달려온 길에 대해서 발목을 잡거나 한다면 고통스러운 일이 됩니다.

어떤 청년이 예수님을 따르겠다고 할 때에 예수님이 주시는 교훈에서 배우게 됩니다(마 19:16-24). 재물에 발이 묶인 채로는 천국에 갈수 없다는 말씀입니다.

② 사도들의 일대기에서 배우게 됩니다.

사도들의 으뜸 되는 베드로, 요한, 야고보는 모든 것을 버리고 예수님을 따르게 될 때에 후회가 없었습니다(마 4:18-23). 사도바울은 모든 것을 배설물로 여기고 예수님을 따르게 되었습니다(빌 3:7-8). 전적으로 따르는 자세가 우리에게 필요한 때입니다. 왜냐하면 자칫 그릇되면 달려온 것이 헛수고가 될 수 있기 때문입니다.

2. 바울은 삼가 할 것을 삼가고 조심하라고 하였습니다.
달려가는 길에는 언제나 대적이 많이 있기 때문입니다.

1) 매사에 스스로 조심해야 합니다.
영적으로 당부하는 바울의 심정을 읽게 됩니다.
① 악한 자가 늘 도사리고 있기 때문입니다.
그래서 베드로는 근신할 것을 강조 하였고(벧전 5:8), 야고보도 하나님께는 '순복'이요, 마귀에게는 '대적'하라고 했습니다(약 4:7 - Submit yourselves, then, to God. Resist the devil, and he will flee from you).
② 왜 조심해야 하는지의 이유까지 설명 했습니다.
하나님이 지켜보시고 계시기 때문입니다. 우리의 모든 생애가 하나님의 장중에 있음을 명심해야 할 일입니다. 육안으로 보이지 않는 것도 현미경으로 보면 보이는데 하나님의 눈은 더 밝게 보시고 계십니다.
③ 사람들도 모두 지켜보고 있습니다.
사람들에게도 인정받도록 힘써야 합니다. '눈 가리고 아웅'하는 식이 되면 곤란합니다. 사람에게도 거리낌이 없도록 힘써 스스로 조심하고 최선을 다해 달려가는 모습이 필요합니다.
바울은 최선을 다했다고 술회했습니다.

2) 흉학한 이리 같은 마귀가 주님의 양 무리를 해치게 됩니다.
말세 때에는 더욱 그러하리라고 하였습니다(마 24:4-11).
① 마귀는 주의 양을 해치기 위해서 온다고 하였습니다.

도적이 오는 것은 도적질 하고 죽이고 멸망시키는 것입니다(요 10:10).
바울은 이 점을 주의시키고 있습니다. 흉악한 이리가 와서 피 값으로 사신 교회를 어지럽게 합니다(행 20:29). 대 사도 바울이 지금 이 점을 유의하라고 경고하였듯이 이 세대에도 교회들이 정신을 차려야 할 때입니다.

② 지금 세대는 사탄이 마지막으로 발악하는 때입니다.
이 점을 성경에서도 경고하였습니다(계 12:12). 지금 세상은 온통 교회를 어지럽게 하고 예수님을 향해 반기를 드는 자들이 가득한 때입니다. 학교에서, 세상 곳곳에서도, 복음을 전하지 못하게 방해합니다. 그러나 예수님이 이기셨으니 염려 없습니다(요 16:33; 계 5:5).

3. 바울을 비롯한 우리는 주님이 피 값으로 사신 존재들입니다.

세상의 모든 일들이 액수에 따라서 가치가 달라집니다. 예수님의 피 값은 세상 무엇으로도 비교 할 수 없거니와 바꿀 수도 없습니다.

1) 우리를 세상의 그 무엇과도 바꾸거나 비교할 수 없는 예수님의 피 값으로 구속하여 주셨습니다.

① 예수님의 피가 우리를 구원해 주셨습니다.
'하나님이 자기 피로 사신 교회'(28절)라 하였습니다(which he bought with his own blood). 따라서 주의 몸 된 공동체라는 귀한 존재입니다. 이 교회는 주님이 세우셨습니다(마 16:18).

② 교회는 주님의 것입니다. 누가 개척하였든, 누가 헌금하였든, 누가 헌신하였든 간에 사람의 것이 아니라 하나님의 교회라는 사실입니다. 다만 우리는 심부름꾼이요 사역자들입니다. 이런 자세가 중요합니다.

2) 교회의 원리를 바르게 알아야 합니다.

교회에 수많은 기관과 개인이 있어도 모두들 그리스도의 지체 일뿐입니다.

① 고린도교회에서 밝히 보여주고 있습니다(고전 12:17-).

'너희는 그리스도의 몸이요 지체의 각 부분이라'(고전 12:27)(Now you are the body of Christ, and each one of you is a part of it)하였습니다. 따라서 지체는 하나입니다.

② 은혜로운 교회는 은혜의 말씀 안에 있어야 합니다.

현대의 많은 구조물들이 모두가 시멘트인데 이것은 시멘트, 자갈, 물, 철근, 모래, 등이 혼합된 하나의 구조를 이루게 됩니다. 이런 원리는 교회에도 동일합니다. 하나님의 말씀에 부탁한다고 하였습니다(행 20:32). 사도바울의 교회를 향한 이 깊은 술회 속에서 우리의 신앙을 다시 한 번 회복해야 할 때인바 은평교회가 모두 이런 사명자들이 되시기를 주님의 이름으로 축원합니다.

◆ 결론 : 우리는 주님의 몸입니다. ◆

교회

행복한 축복 속에 부흥하는 교회
(행 2:42-47)

　세상에는 크고 작은 단체들이 있습니다. 거대한 국가 조직에서부터 작은 사적인 모임까지 존재하는데 공통적인 관심사는 그 속에서 인생의 행복과 축복이 보장되는 일입니다. 그 단체가 부흥하고 잘 되는 일은 여기에 목적이 있습니다. 그래서 소속원들이 기쁘고 행복을 느껴야 되는 것이지 행복을 느끼지 못한다면 문제가 됩니다. 그래서 한때 조국을 떠나서 다른 나라로 이민 간 사람들이 많습니다. 지상교회 역시 마찬가지로 영적 행복이 있는 교회가 되어야 합니다. 그래서 은평교회는 은혜와 평강(Grace and peace)의 약자입니다. 교회설립 32주년 즈음해서 주변 환경과 함께 세상이 많이 변화되어 가면서 여기까지 성장하였습니다. 은평교회는 더욱 부흥해 갈 것입니다. '뇌 내 혁명'이라는 글을 쓴 일본의 '히루야마 시게오' 박사가 쓴 글에 남에게 어떤 말을 듣고 기분 나쁘다고 생각하면 체내에서는 노화를 촉진하게 되고 암을 유발하는 물질이 생성되지만, 반대로 고맙게 생각하는 때에는 젊음을 유지하고 몸을 건강하게 만드는 물질이 만들어 진다고 했습니다. 따라서 긍정적 발상(플러스 발상)을 하는 사람은 면역성이 강하여 좀처럼 병에 걸리지 않는다는 것입니다. '긍정의 힘'을 쓴 조엘 오스틴은 긍정적인 생각을 가져야 한다고 하였습니다. '낙심', '실망', '조급함' 비교하는 패배의식을 버리라는 것입니다. 은평교회는 대형교회는 아니지만 행복이 있고, 기쁨이 있는 교회가 되어야 합니다. 본문을 통한 사도행전에서 사도행전의 교회를 배우게 됩니다.

1. 사도행전의 교회는 성령 충만한 교회였습니다.

그 당시에는 요즘과 같이 신앙의 자유가 보장된 때는 아니었지만 교회가 행복한 이유는 분명했습니다.

1) 성령 충만한 좋은 교회였습니다. 현대식 건물로 잘 지어진 교회생활이라도 성령이 역사하시지 않는 곳이라면 행복해 질 수 없습니다.

① 초대교회의 특징은 성령 충만 그 자체였습니다. 32주년의 은평교회가 성령 충만해야 합니다. 개울에는 물이 흐르고 호수에는 물이 가득해야 하듯이 교회는 성령이 충만해야 합니다.

성령 충만을 강조하였고 그렇지 못했을 때에는 죽은 교회요, 입에서 내치는 교회로 책망 받게 됩니다(행 19:1-; 계 3:1, 3:14). 이 세대는 과학만능, 물질만능 속에서 생명을 소외시키는 개인과 교회들이 많음을 안타깝게 보게 됩니다.

② 성령이 임하실 때에의 사건들을 사도행전에서 보여주고 있습니다.

성령 충만할 때 어떻게 임하게 됩니까? 이 세대에 배워야할 숙제입니다. 기도에 전혀 힘쓰게 되었고(행 1:14, 2:1) 회개하여 세례 받게 되며(행 2:38), 말씀을 전하고 안수기도 하게 되는데(행 19:4-5) 이때에 성령이 임하셨습니다. 죄악이 관영할 때에 은평교회는 더욱 성령으로 충만한 교회가 되도록 힘써야 합니다.

2) 성령 충만한 초대교회에서 배우게 됩니다.

'저희가 다 성령의 충만함을 받고(행 2:4)'(All of them were filled with the Holy Spirit)했습니다. '성령을 선물로 받으니(2:38)' 했습니다.

① 나약했던 사람들이 새 힘을 얻게 되었습니다. 십자가와 부활 그리고 예수님의 승천사건으로 인해서 사실상 제자들은 힘이 없었습니다. 500명의 무리였으나(고전 15:6), 120문도만 기도에 참석한 것을 보아도 짐작이 가게 됩니다

(행 1:15). 그러나 성령이 임하실 때에 공포가 용기로, 낙심이 소망으로 바꾸어지게 되었습니다. 부정적인 생각이 아니라 이제 긍정적 생각으로 초대교회 전체에 번져가게 되었습니다.

② 초대교회 성도들은 분명히 변화되었습니다. 박해가 유대인들뿐만 아니라 이방인들까지도 이중 삼중으로 겹겹이 몰려왔지만 찬송하며 순교했고 새 술에 취했다고 비아냥거리는(행 2:13) 속에서도 기쁨으로 이겼습니다.(Some, however, made fun of them and said, They have had too much wine) 현대교회가 약해진 이유는 삼손이 머리를 깎이고 힘이 사라지듯(삿 16:20) 성령의 역사를 믿지 않기 때문입니다. 돌에 맞아 순교하면서도 천사의 얼굴을 가진 스데반집사님의 성령 충만한 사역이 필요합니다(행 6:15).

2. 사도행전 교회는 성도들의 마음들이 늘 통(通)하였고 영적교제가 늘 있는 교회였습니다.

지금은 벽 하나를 사이에 두고도 생사를 모르는 아파트 시대에 살다보니 교회까지도 아파트 화 되어갑니다.

1) 은평교회는 마음이 통하는 교회가 되어야 합니다.
수 만 명의 교인이 운집하지 않아도 작은 개척교회 수준이라도 교회에서 마음이 통해야 합니다.

① 초대교회를 거울 삼아야 하겠습니다.

사도들의 가르침 속에서 서로 떡을 떼며 교제가 이루어지는 초대교회의 모습을 마치 그림 속에 보이는 유토피아가 되면 곤란합니다. 성경으로 돌아가야 하겠습니다(행 2:42, 44, 45, 46). 떡을 떼며 교제와 마음이 사랑으로 통하는 교회의 모습이 은평교회가 되어야 합니다.

② 은평교회가 이런 좋은 교회로 목표를 삼아야 합니다.

교회 안에서 통하는 것은 마치 몸 안에 혈관이 통하는 것과 같아서 몸속에 약

11만Km의 핏줄이 1분에 한 바퀴 순환되는데 어느 곳 하나 막히면 곤란하듯이 교회 안에서도 예수그리스도의 이름으로 서로 통하는 신앙생활이 되어야 합니다. 수도관이 막힌다든지 전기선에 이상이 생기면 물이 나오지 않고 전기가 들어오지 않는 원리와 같습니다.

2) 초대교회는 이 일로 인해서 비약적으로 부흥케 되었고 양적 질적인 부흥이 되었습니다.

① 사도행전 교회는 모든 시대 교회들의 견본입니다.

예수님이 부르신 12명이 하나 탈락한 자리에 맛디아가 들어가게 되었고(행 1:26), 12명이 120명(행 1:15), 3,000명(2:41), 5,000명(4:4)으로 그 믿는 자가 늘어나게 되었는데 성령의 강한 역사로 된 것입니다. 그 뒤로는 숫자가 나오지 않는 것은 별 의미가 없었기 때문이라고 봅니다. 부흥하는 교회는 이런 교회입니다.

② 교회생활, 신앙생활의 행복지수가 중요합니다.

같은 교회에서 같이 신앙생활 하면서 어떤 이는 불행하다하고, 어떤 이는 행복하면 문제가 어디에 있는지 살펴야 합니다. 물론 타인의 문제에 의해서도 영향이 있겠으나 문제는 언제나 자기 자신에게 있음을 보아야 합니다. 은평교회는 막힌 것이 없이 서로 통하는 교회가 되시기 바랍니다.

3. 사도행전의 교회는 날마다 더불어 기뻐하면서 찬양했습니다.

병원이나 장례식에는 슬픔이 있지만 교회 안에는 기쁨이 충만해야 합니다. 은평교회는 행복한 잔칫집과 같은 교회가 되게 해야 합니다.

1) 초대교회는 잔칫집을 방불케 하는 교회였습니다. 핍박과 환란 중에 언제 잡혀서 고문을 당할지 모르는 시대였는데도 교회가 기쁨이 있었습니다.

① 성경에서 읽어보시기 바랍니다. '떡을 떼며 교제(42절)'했습니다. '떡을 떼며

기뻐하며 음식을 나누게(46절)' 되었는데 이것이 잔치분위기였습니다. '하나님을 찬미(47절)'하였습니다. 여기에 기쁨이 충만했습니다. 초막이나 궁궐이나 내 주 예수 모신 곳, 이런 교회가 되게 해야 합니다.

② 초대교회는 예수그리스도 안에서 차별이 없었습니다. 바울이 옥에서 구원한 오네시모를 형제라고 하였듯이(골 4:9) 학력과 재산과 사회적 지위의 차이와 같은 담이 없는 교회가 초대교회라면 예수그리스도 안에서 교회는 차별이 없어야 합니다. 같은 예수그리스도 안에서 구원받은 천국 가족일 뿐입니다. 천국에 가서도 당신은 어느 대학, 무슨 과를 전공했느냐고 질문하겠습니까? 천국은 그런 곳이 아닙니다.

2) 모이면 기도하게 되고 흩어지면 전도하였습니다. 그리고 핍박을 견디며 교회는 부흥케 되었습니다(They devoted themselves to the apostles' teaching and to the fellowship, to the breaking of bread and to prayer, 행 2:42).

① 사도들을 비롯해서 모든 성도들에게 기쁨이 있었는데 환경이 좋아서가 아닙니다. 핍박 중에도 기뻐하였습니다(행 16:25; 빌 4:4). 목표는 천국입니다. 이것이 우리의 신앙입니다.

② 은평교회는 초대교회와 같이 환경과 상황을 벗어나서 기뻐하는 신앙생활이 되게 해야 합니다.

성령 안에서는 가능합니다. 예수님 안에 약속된 평안이 있기 때문입니다(요 14:27). 악한 세대 가운데 은평교회가 이렇게 성장해 나가게 되는데 이 땅뿐 아니라 세계선교의 지평선에서 우뚝 서게 되시기를 주의 이름으로 축원합니다.

◆ 결론 : 32년 된 은평교회가 튼튼히 세워져가고 있습니다. ◆

국가/전도

대한민국을 위해 기도합시다
(렘 33:1-3)

지구상에 살아가는 사람들은 자기가 태어난 조국이 있고 자기 나라가 있어서 조상부터 살아 왔습니다. 생태학적으로 볼 때에 모든 동식물들이 태어나서 죽고 종족이 번식해 나가듯이 인간 역시 살아가는 생태환경이 중요합니다. 자연재해로 인해서든지, 전쟁으로 황폐해지든지 환경이 무너지면 인간도 살아가는 조건이 어렵기 때문입니다. 그래서 국가의 정치, 경제, 사회, 모든 영역의 안정을 위해서 교회는 기도할 수밖에 없는 것은 교회는 기도해야 할 사명이 있기 때문입니다.

본문에서 예레미야는 조국 유다가 바벨론에 망하는 것을 예언해야 하는 뼈아픈 선지자로서 눈물의 선지자였습니다. 그 예레미야가 옥에 갇혀 있을 때에 하나님께서 예레미야에게 기도하라고 말씀해주십니다. 6. 25 전쟁이 난지 61주년에 서 있는 우리는 현재 당면한 국가의 문제를 놓고 기도해야 할 사명을 띠고 있는데 본문을 중심으로 은혜를 나누게 됩니다.

1. 하나님께서는 재앙이 내리지 않도록 기도로 막아서는 기도의 사람들을 찾고 게십니다.

한 나라의 흥망성쇠가 그 주권이 하나님께 있기 때문입니다(시 127:1).

1) 국가를 위해 기도하되 국가에 재앙이 내리지 않게 하기 위해서 기도로 막는 역사가 필요합니다. 기도가 힘입니다. 에스겔이 전한 말씀을 보시기 바랍니다(겔 22:30-31).

① 하나님의 진노를 살 수밖에 없는 죄악이 관영할 때에 국가의 죄를 회개하며 기도하는 사람이 요구됩니다.

우리 그리스도인들은 여기에 서있어야 합니다. 니느웨로 보내심을 받은 요나와 같이(욘 3장) 소돔성이 멸망당하는 현실 앞에서 기도했던 아브라함과 같이(창 18장, 19:29) 할 때에 최소한 롯을 구원했던 아브라함의 기도가 요청됩니다. 우리 그리스도인들은 지금 국가를 위해서 구국기도시간을 가져야 할 때입니다.

② 이것은 예레미야를 통해서도 언급해 주셨습니다.

그래서 때때로 한 사람이 중요합니다. 바벨론에 포로 되어가는 심판의 때에 국가 위해서 의를 행하여 회개하는 한 사람이 없었기에 바벨론으로 포로 되어갔습니다(렘 5:1).

지금 우리 모든 그리스도인들은 이 한 사람의 입장에서 기도 할 때입니다.

2) 한 사람이 중요합니다.

긍정적인 입장에서도 한 사람이 중요하지만 부정적인 입장에서도 한 사람이 큰 결정적 요인이 될 때가 있습니다.

① 바벨론에 망하게 될 때에 그 원인을 말씀했습니다.

물론 그 전부터 쌓이고 쌓인 죄의 누적이 결과이겠지만 한 사람의 요인이 결정적이었습니다.

히스기야왕의 아들인 므낫세 때문이었습니다(렘 15:4). 그의 그릇된 행위를 보시기 바랍니다(왕하 21:1-2).

② 첫 사람 아담 때문에 죄가 들어오게 되었습니다.

그러나 둘째 아담이신 예수 그리스도 한 분으로 인하여 구원에 길이 열리게 되었습니다(롬 5:19-). 한 사람 예수그리스도, 한 사람 기도하는 모세(출 32:32), 한 사람 사무엘(삼상 12:23), 한 사람 히스기야(왕하 14:19-20), 한 사람 에스더나 모르드개(에 4:16), 지금 대한민국은 이런 기도의 용사들이 필요한 때입니다.

2. 교회사는 하나님의 손을 움직이게 하는 기도의 사람들에 의해서 부흥되어 왔습니다. 그래서 기독교 역사는 기도의 역사라고 부르게 됩니다.

1) 성경의 신약교회도 기도해서 시작되었습니다.
예수님 승천 이후에 교회는 기도로 모였습니다.
① 초대교회의 기도의 역사를 보시기 바랍니다.
'여자들과 예수의 모친 마리아와 예수의 아우들도 더불어 마음을 같이 하여 전혀 기도에 힘쓰니라'(행 1:14) 하였습니다.(They all joined together constantly in prayer)사도의 가르침과 기도에 힘쓰게 됩니다(행 2:42).
② 여기에서 역사가 나타내게 되었는데 예수님은 이미 기도를 강조하신 상태였습니다(행 1;4; 마 7:7; 요 14:13, 15:7, 16:23-24). 기도가 능력입니다(막 9:29).

2) 교회사 중에 기도의 사람들은 큰 교훈이 됩니다.
기도는 개인도, 교회도, 국가도 변화하게 합니다.
① 무디(D. L. Moody)는 기도로 교회를 부흥시켰습니다.
② 루터(M. Luther)는 매일 2-3시간 기도하였고 종교개혁을 승리하였습니다.
③ 스펄전은 '기도만이 은혜를 끼치는 설교와 선교다' 했습니다.
④ 루터포드(Samuel Rutherford) 목사님은 매일 3시간씩 기도해서 영력을 잃지 아니했다고 했습니다.
⑤ 로버트 매케인(Robert Mccheyne)은 '기도는 하나님과 교제하는 가장 귀한 것이다' 라고 하였습니다.
한국교회는 다시 기도의 불을 붙여야 할 때입니다.

3. 하나님께서는 예레미야에게 부르짖으라고 명령했습니다.

쉽고 편할 때가 아니라 어렵고 힘들 때일수록 기도해야 합니다.

1) 개인적으로도 기도해서 이겨왔습니다.
예레미야는 하나님의 말씀을 전한다고 옥에서 매를 맞았습니다.
① 옥에서도 이길 수 있다는 것은 기도의 힘이었습니다.
예레미야는 하나님 말씀 때문에 옥에 있습니다(렘 20:7-9). 여기에서도 이기게 되는 힘은 기도(Pray)였습니다.
② 본문에서도 옥에 있던 예레미야에게 말씀해 주셨습니다.
유일한 대책은 기도하라는 것이었습니다. 예레미야는 옥에서 하나님께 부르짖게 되었습니다.

2) 유다가 국가적으로 위기요 어려울 때었습니다.
국가적 난세에 기도하라는 명령입니다.
① 우리는 과거 일본에 36년이나 6. 25때 공산주의자들의 침략 앞에서 교회는 기도로 이 나라를 지켜 왔습니다.
기도할 때에 기도하지 않으면 슬픔이 찾아옵니다(렘애 1:1).
② 대한민국교회들은 다시 기도를 시작해야 합니다.
잿더미에서 여기까지 축복받았는데 영적으로 약화된 시대에 살고 있습니다. 다시 기도로 일어나서 모든 불신앙을 이기고 국가를 반석위에 세우는 6. 25 전쟁 61주년이 되게 하는 작업이 교회로부터 일어나게 되기를 주의 이름으로 축원합니다.

◆ 결론 : 우리 은평교회여 일어나서 기도합시다. ◆

국가/전도

잃은 아들을 찾은 잔치 집
(눅 15:17-24)

사람들이 살아가면서 한번쯤은 무엇인가를 잃어버리고 찾느라고 애를 쓴 기억들이 있을 것입니다. 그것도 있어도 그만 없어도 그만 인 것이 아니라 귀하고 귀한 것 이라면 잃어버리게 되면 곤란한데 더욱이 그것이 영원한 생명이요, 영생에 관한 문제라면 잃었으면 반드시 다시 찾아야 하겠습니다. 육신적으로도 잃어버린 가족을 찾는 방송을 보게 되면 눈물겨운 장면들이 많이 있는데 하물며 영원한 영생에 관한 것을 상실한다면 영원한 불행이기 때문에 반드시 찾아야 할 일입니다.

본문에서 예수님은 잃은 영혼이 하나님께 돌아올 때에 천국에는 더 없는 기쁨이라고 말씀하시면서 탕자에 관한 이야기를 해주셨습니다. 인생은 1회용이 아니라 영원히 천국에서 영생을 누려야 하는 존재인바 그래서 예수님은 십자가에 못 박히셨고 부활하시어 그 생명을 우리에게 주셨는데 아직도 이 복음을 받지 아니하고 멸망으로 가는 심령들이 이번 새생명축제를 하는 기회에 돌아와서 구원에 동참하기를 바랍니다.

1. 모든 사람은 하나님을 떠나서 집을 나간 것과 같습니다.

옛 속담에도 집을 나가면 고생이라고 하였듯이 아버지 집을 떠나면 인생이 영원한 고생이 기다리게 됩니다. 위로 받을 수 없는 슬픔이 찾아오게 됩니다(렘애 1:1-3).

1) 하나님을 떠난 인생은 영원한 고생이요 지옥형벌입니다.

인생은 아버지 집에 살아야 합니다.

① 인생은 하나님께서 지으신 하나님의 자녀들이기 때문입니다.

하나님을 떠난 인생들을 위하여 하나님께서 사랑으로 독생자 예수님을 보내시고 십자가에 희생 시키셨고 인생이 사는 길을 열어주셨습니다(요 1:12, 3:14-16, 롬 4:25).

반대로 믿지 아니할 때에는 오히려 진노가 기다리고 있게 됩니다(요 3:16).

② 인간은 하나님께서 하나님의 형상으로 지으시고 하나님의 영광을 위하여 살게 하셨습니다.

그래서 인간은 무슨 일을 하든지 간에 모두 하나님의 영광을 위하여 살게 되어 있습니다(고전 10:31). 그래서 하나님은 죽을 것밖에 소망이 없는 인생에게 다시 한번 기회를 주시며 하나님께 돌아오게 하시고 부르시게 됩니다. 사람들은 이 기회를 상실하면 곤란합니다.

'세월을 아끼라 때가 악하니라'(엡 5:16)고 하셨습니다(making the most of every opportunity, because the days are evil). 기회를 사야 합니다.

2) 집을 나간 사람들이 돌아오는 것도 기회가 있습니다.

집에 돌아가는 기회를 잃어버려서 계속하여 노숙자로 지내는 사람들이 어느 나라를 가든지 간에 많이 있습니다.

① 기회가 주어질 때에 그 기회를 잃지 말고 빨리 돌아와야 합니다.

본문에서 둘째 아들은 기회를 잘 사게 되었고 아버지께로 돌아오게 될 때에 옛 영광과 자리를 회복하게 되었습니다. 흉년들어서 돼지 을 속에 사는 것이 그에게는 기회였습니다.

신학자 어거스틴(Augustine)은 '인생이 하나님께 돌아올 때만이 사는 길이 열이고 만족이 있다'고 하였습니다.

② 돼지우리 속에 있는 위치가 곧 하나님께 돌아오는 기회요, 때(Time)였습니다.

인생은 목마른 때에 곧 하나님께 돌아오는 기회가 되기 때문에 지금도 계속하여 부르시고 계십니다(사 55:1-4).

2. 아버지께로 돌아가기 위해서는 용기가 필요합니다.
생각과 마음이 실행되기 위한 용기가 있어야 합니다.

1) 자기가 처한 입장을 깨달았습니다.
깨닫는 것이 중요합니다.
① 자기의 현실과 아버지에 대해서 깨달았습니다.
  먹을 것이 풍족한 아버지 집에 있는 일꾼과 굶주림 속에 처해있는 자기 본인의 처지를 깨닫게 되었습니다.
② 후회하면서 생각을 행동으로 옮겼습니다.
  아들이 아니라 이제는 종의 한 사람으로 받아 주실 것을 생각하며 아버지께 나아가게 되었는데 대단한 용기입니다. 새생명축제를 맞이하여 여러분은 이제 하나님께 용기를 내어 나오는 기회가 되어야 합니다.

2) 용기를 내어 돌아올 때에 좋은 것으로 채워지게 됩니다.
사람이 떡으로만 사는 존재가 아니기 때문입니다(마 4:4).
① 하나님께서 기회를 주시고 용기를 주실 때에 나아와야 합니다.
  '그리하면 좋은 것을 먹을 것이며 너희 마음이 기름진 것으로 즐거움을 얻으리라' 하였습니다(사 55:2).
② 아버지는 아들이 나간 이후부터 계속하여 기다리셨습니다.
  자식을 잃고 다리 펴고 사는 부모 없듯이 하나님아버지도 지금까지 애타게 기다리시고 계십니다. 이제 더 이상 망설이거나 지체 하지 말고 곧바로 하나님께 돌아올 때입니다.

3. 아버지는 아들이 돌아올 때에 기뻐하며 큰 잔치를 벌였습니다.

이것이 몇 년 만이냐, 살았는지 죽었는지 생사가 불분명하던 자식이 돌아왔기 때문입니다.

1) 대단히 큰 잔치가 벌어졌습니다. 한 사람이 돌아오게 되면 천국에서는 이런 기쁨이 넘치게 됩니다.
① 송아지를 잡고 동네사람들이 모여서 큰 잔치가 벌어지게 됩니다.
　돼지 새끼가 아니라 큰 소를 잡고 잔치가 벌어지게 되었습니다.
　아직도 예수를 믿지 않으시나요? 빨리 돌아와서 이 잔치에 참석하시기를 바랍니다.
② 하나님께서는 여러분을 창조하시고 창세전부터 예정해 놓으시고 기다리고 계십니다(엡 1:3-9). 여러분은 축복받은 천국백성으로 살아갈 사람들입니다.

2) 집에 돌아올 때에 최상급의 자리에 앉게 되었습니다.
돼지가 사는 막사에서 아버지 집, 최상급의 자리에 앉게 되었습니다.
① 하나님께 돌아오면 하나님은 모든 죄를 용서해 주십니다.
　이것이 하나님의 사랑입니다(요 3:16; 롬 5:8; 요일 4:8).
② 최고 최대의 환영행사가 벌어지게 되었습니다.
　최고 좋은 옷을 갈아입히고, 목욕을 시키고, 가락지를 끼우고, 새신을 신겼습니다. 풍악을 울리면서 최고의 잔치가 되었습니다.
　하나님께서 우리에게 베푸신 사랑이요 축복인바 여러분 모두가 이 잔치에 참여하시게 되기를 주의 이름으로 축원합니다.

◆ 결론 : 지금이 곧 아버지께로 돌아올 때입니다. ◆

국가/전도

공산주의를 막고 하나님 중심적이게 하라
(계 12:1-6)

이 세상은 제각기 이념과 사상과 생각이 다른 사람들이 섞여 살고 있습니다. 특히 미국에 가보면 다민족국가이기 때문에 육체적 겉모양에서도 다국적이지만 사상이나 생활, 종교까지 모두 다민족적이고 다양합니다.

자유(Free)가 보장된 나라이기 때문에 언어, 사상, 종교 등 수많은 자유를 누리지만 엄격하게 폴리스 라인(Police Line)을 지키기 때문에 그 거대한 초대형 국가를 지탱하게 됩니다. 그러나 지구상에는 아직도 한 가지 생각, 한 가지 이념만 따르도록 강요하고 그렇지 않으면 곤욕을 치루거나 죽음도 각오해야 하는 곳이 있는데 바로 북한입니다. 그들은 북한 동포를 수없이 기아선상에서 죽였고 학대하다 못해 잘살고 있는 대한민국(남한)까지 적화통일을 시키려고 혈안이 되어 있고 대한민국(남한)의 각계각층에다 그 씨를 뿌려놓고 근간을 흐려지게 하고 있는 현실입니다.

미국같이 다국적, 다민족이 사는 나라도 간첩행위는 용서가 없는데 사소한 일을 범하였던 한국계 로버트 김(Robert Kim)은 9년 형을 받았습니다. 지금도 대한민국은 언제 남침할지 모르는 위험 가운데 위태롭게 대치상태에 있으며 용공분자, 종북세력들이 거리를 활보하고 국가를 위태롭게 하는데도 어찌 할 바를 모르는 상태에 있을 때, 다시 한번 우리의 위치를 정리할 때가 되었다고 보면서 하나님 말씀으로 돌아가게 됩니다. 공산화가 된다면 이렇게 됩니다.

1. 하나님의 참 교회는 모두 파괴되고 신앙생활은 사라지게 됩니다.
이것이 무신론주의자인 유물사관을 가진 공산주의의 정체이기 때문입니다.

1) 공산주의자들이 제일 무서워하는 것이 또한 기독교요, 하나님입니다.
왜냐하면 다른 사람이나 집단은 모두 세뇌되는데 참 기독교인은 사탄마귀의 사상인 공산주의나 주체사상을 받아들이지 않고 세뇌(wash brain)되지 않고 대적하기 때문입니다.

① 하나님이 없는 공산주의는 유물론자들입니다.

칼막스(Karl Marx)를 이어서 공산주의를 발전시킨 엥겔스(Friedrich Engels)는 "정신은 물질의 생물학적 부산물일 뿐이다" 했는데 따라서 저들은 영혼의 존재도 가치도 모두 부인하게 됩니다. 그래서 사람 목숨을 파리 목숨 죽이듯 하고 파괴를 하는데 교회를 잔인하게 파괴하고 핍박합니다.

이것이 성경이 말하는 용의 세력이요 마귀의 역사입니다.

② 마귀 사탄은 교회를 핍박합니다.

본문에서 보면 열두 별은 선민 이스라엘의 열두지파요, 열두 별의 면류관을 쓰고 해를 입은 한 여자는 예수그리스도의 십자가의 교회를 뜻하는데 이 교회를 용이 삼키려고 합니다. 역사적으로 사탄은 교회를 핍박하였고 죽이려고 힘썼습니다. 그래서 마귀는 대적해야 되고 물리쳐야 하는 것이 지상교회의 싸움입니다.

이 마귀는 예수님까지 시험하였기에(마 4:1-11) 마귀를 대적해야 합니다(약 4:7). 그리고 이 마귀가 틈타지 못하게 해야 합니다(엡 4:27 - and do not give the devil a foothold). 조금이라도 틈만 보이면 틈타는 것이 마귀의 속성이기 때문입니다.

2) 공산주의 사상은 마귀사상과 일치하기 때문에 교회를 핍박하게 됩니다.
유물론이요, 무신론자들이기 때문입니다. 바벨론이 유대인을, 로마가 교회를 핍박하듯이 공산주의 사상은 교회를 핍박합니다.
① 지금 북한에는 가시적 교회가 없다고 보아야 합니다.
봉수교회나 칠곡교회는 서방사회에 보여주기 위한 전시용으로써 실제 성도가 아니라 공산 당원들로 이루어진 모임일 뿐입니다. 서방세계에 선전하여 달러를 벌어드리기 위한 어용교회일 뿐입니다. 북한에 신이 있다면 김일성, 김정일이 신인데 거기에다가 김정은을 또 살아있는 우상 신으로 만들려 하고 있습니다.
② 역사적으로 남한보다 북한에 교회가 많았습니다.
1907년 최초로 성령운동한 곳이 평양이요, 회개운동이 전국적으로 퍼지게 한 곳도 평양입니다. 그런 곳에 공산주의 소련을 등에 업은 김일성이 북한 모두를 공산주의화 시켰고 인민을 학살하였으며 교회를 모두 문 닫게 하였습니다. 공산화 되면 교회 말살과 함께 목사나 장로, 경찰, 군인, 공무원은 모두 1차 죽임의 대상입니다. 그러므로 우리는 이 나라의 복음화를 위해서 기도해야하고 공산주의 사상이 활개를 치지 못하도록 해야 하는 것이 교회의 사명입니다.

2. 공산주의자들은 인명을 귀하게 여기지 않고 살인을 쉽게 하는 집단입니다.
공산주의는 하나님이 없고 인간의 기본적인 양심도 없기 때문입니다.

1) 공산주의 치하에서는 언제나 대 학살이 자행되었습니다.
칼막스와 엥겔스를 잇는 소련연방에서 수천만 명이 죽임을 당했습니다.
① 공산주의는 공산주의에 거슬리는 것이 있으면 파리 목숨보다 쉽게 사람을 죽이게 됩니다. 월남이 망한 뒤에 수백 만 명이 죽어갔고 캄보디아 폴포트 공산 정권에 의해서 수백만 명이 죽었는데 유명한 '킬링필드'로 잘 알려져 있습니다. 안경 낀 사람은 지식층이기에 죽였고, 아스팔트는 자본주의 산물이기에 모두 파헤쳤습니다. 그래서 공산주의는 폭력주의(Terrorism)입니다.

② 마귀 사탄은 거짓말쟁이요 살인자라고 하였습니다(요 8:44).

예수님이 마귀에 대해서 말씀하셨습니다. 처음부터 살인자요, 거짓말쟁이인데 마귀의 속성입니다. 공산주의는 사탄의 사상을 그대로 닮았고 사탄의 화신이라고 할 만합니다. 따라서 예수그리스도의 복음과는 원수가 됩니다.

2) 인간이 얼마나 많이 죽느냐는 관심 밖의 일입니다.

북한 공산세계에서 볼 수 있는데 백성들이 굶어 죽는 것은 큰 관심이 없습니다. 체제유지를 위해서라면 인명은 무관심한 실정입니다.

① 사람 생명의 가치를 유물에 두기 때문입니다.

그래서 철저한 계급투쟁을 위해서는 사람이 무수히 죽어도 무관한 처사로 여기는 것이 공산주의입니다. 통계 보고에 의하면 소련 비밀경찰 두목인 에조프가 스탈린에게 바친 살인자 명단이 383권의 책에 4,500만 명이고 중국 공산당 때에 모택동은 6,400만 명이나 되고 북한에서는 300만 명이 굶어서 죽게 되었다고 합니다.

② 공산주의는 선동정책의 원조입니다.

힘없고 철없는 백성들을 선동해서 사회를 어지럽게 하고 파동을 일삼는 것입니다. 칼막스는 공산당선언에서 "전 세계 노동자들이여 공장과 기업의 재산을 빼앗고 공동소유를 만들자" 하면서 그 과정에서 살인, 거짓말, 암살, 등이 허용되는데 무차별적입니다. 이것이 무신론자 공산주의의 정체입니다.

3. 공산주의는 절대로 행복하게 잘 살 수 없는 집단입니다.

겉치레의 이론(理論)은 그럴싸하지만 사실은 거짓말입니다.

1) 공산주의 이론은 똑같이 일하고 똑같이 먹는다는 식이지만 거짓입니다.

그 밑그림 자체가 거짓으로 완전히 포장해서 속입니다.

① 평등하게 일하고 균등하게 먹는다는 것은 함정입니다.

지금까지 공산주의에서 그렇게 한 나라가 없습니다. 북한을 보시기 바랍니다. 김일성과 그 일가들이며 서열이 높은 사람들은 사치에 쌓여있습니다. 인민들은 굶어죽어 가는데 자기들끼리의 지상낙원을 꾸미는 곳입니다.
② 분배정책은 조심해야 하는 정책입니다.
의도가 좋다고 해도 자칫 잘못하면 공산주의 이론에 말려드는 꼴이 되기 쉬운 것이 분배정책입니다. 여기에는 속임수가 있을 수 있습니다.

2) 성경은 하나님의 사람들이 축복받고 잘 사는 것이 하나님의 뜻입니다.

하나님을 잘 믿는 개인, 가정, 국가가 부유해지게 되고 축복받았습니다.
① 성경에서 예로써 보여 주었습니다.
아브라함, 이삭, 야곱, 요셉 등이 예표입니다(갈 3: 9; 고후 8:9). 실업가들이 부유해지고 사업이 잘되고 직장이 잘되는 축복입니다.
② 왜냐하면 하나님이 우리나라를 선교의 주체 국가로 사용하시기 때문입니다.
과거에도 선교에 앞장선 나라들이 축복 받았고 잘 되었듯이 마지막 때에도 선교에 쓰이기 위해서 나라를 부유케 하십니다. 우리 자녀들이 잘 사는 나라가 되고 마귀사탄적인 공산주의가 틈타지 않도록 기도하게 되기를 주의 이름으로 축원합니다.

◆ 결론 : 우리는 하나님 중심적인 사고 속에 살아야 합니다. ◆

> 고난/염려/시험

환난 가운데서 평안한 사람들
(요 16:31-33)

이 세상을 살아가는 모든 사람들은 정도의 차이나 내용은 다를지라도 나름대로 고난 가운데 태어나서 환난을 거슬리며 살아가게 됩니다.

학력, 생활정도, 사회의 위치 등이 모두 다르겠지만 경제문제, 건강문제, 자녀문제 등이 제각기 마다 두 어깨에 짊어진 문제들일 것입니다.

그러나 그 보다도 더 중요한 문제는 성도들에게 있어서는 영적이고 신령한 문제가 더 심각한 문제라는 사실입니다. 영원한 천국 시민권자로서 승리해 나가느냐, 아니면 영원한 지옥 백성으로 살아가느냐는 현재의 상태에 달려있다는 것입니다.

미국의 뇌졸중(중풍) 예방 협회를 이끄는 전문가들이 자신이 자가 진단하는 간단한 방법을 몇 가지 제시하였는데, 첫째, 마음 놓고 크게 웃어보라. 둘째, 간단한 문장을 외워보라. 셋째, 두 팔을 크게 벌려서 위로 올려 보라는 것이었습니다. 이 때에 문제가 없으면 아직은 뇌졸중 환자가 아니라는 것입니다. 성도들은 늘 찬송하고 기도하는 영적인 능력이 있기 때문에 걱정이 없습니다.

예수님은 본문에서 '너희가 세상에서 환난을 당하지만 담대하라 내가 세상을 이기었노라' 하셨는데 여기에서 은혜를 나누게 됩니다.

1. 세상에서는 언제, 어디서, 누구에게든지 환란이 있지만 이겨야 한다는 말씀입니다.

누구에게든지 크고 작은 일들이 늘 있게 됩니다. 홍수 후에 인간들에게는 '심음,

거둠, 추위, 더위, 여름, 겨울, 낮, 밤이 쉬지 않을 것이다'(창 8:22)하였습니다.

1) 환란과 시련의 문제는 모든 인류가 당면한 짊어져야할 일입니다.

어느 시대, 어느 지역, 누구에게나 다가오는 문제입니다. 문제는 그 환난이 제아무리 끈질겨도 끝이 있습니다. '서머나 교회는 십일 동안 환난을 받으리라' 하셨습니다(계 2:8-10).

① 성도들은 특히 십자가를 져야할 숙제로 알아야 합니다(마 16:24).

그리고 분문에서와 같이 담대해야 합니다(요 16:33 - In this word you will have trouble. But take heart!). 마음이 약해지면 곤란합니다. 성경에는 성도에게 담대하라고 하였습니다(수 1:5-9). 주님이 함께 하시며(마 28:20), 하나님이 내 편이시기 때문입니다(시 118:6-).

② 이 환난은 나만이 당하는 일이 아닙니다.

모든 인생들이 고난 중에 있고(시 90:9-10), 더욱 성도들은 나름대로 십자가를 져야 하기 때문입니다.

복음성가 중에 '왜 나만 겪는 고난이냐고 불평하지 마세요. 고난의 뒤편에 있는 주님이 주실 축복 미리 보면서 감사하세요. 너무 견디기 힘든 지금 이 순간에도 주님이 일하고 계시잖아요. 남들은 지쳐 앉아 있을지라도 당신만은 일어서세요. (후렴) 힘을 내세요 힘을 내세요 주님이 손잡고 계시잖아요 주님이 나와 함께 함을 믿는다면 어떤 역경도 이길 수 있잖아요' 했습니다.

2) 성경에서 보시기 바랍니다.

환난, 질병, 실패, 등이 뒤섞인 것이 인생사의 모습들입니다.

① 예수님 자신이 세상에서 고난 속에 사셨습니다.

예수님이라는 이름의 화려한 배경 뒤에는 나면서부터 환난의 연속이셨음을 보게 됩니다. 태어나면서부터 죽음의 핍박이 와서 애굽에 피난을 하게 되셨고(마 2:14), 자기 백성에게 버림받으며(요 1:11), 십자가의 아픔 속에서(마

27:46), 십자가로 승리하셨습니다(골 2:15). 장차 나타날 영광이 있기 때문입니다(롬 8:18).

② 베드로의 생태는 어떠했나요.

갈릴리 어부에서 시작해서(마 4:18) 주님의 제자가 된 이후에도 수많은 일들이 있었지만(마 14:31) 오순절 이후에도 수많은 고난의 연속이었고(행 12:5-11, 5:18), '쿼바디스'의 길을 거쳐서 결국은 십자가에 거꾸로 순교 당하셨습니다.

③ 다른 사도들의 일대기는 어떠합니까?

바울은 목 베임을 받게 되었고 도마는 인도에까지 가서 선교하다 순교하고 야고보는 칼로 목 베임을 받으며 사도요한은 밧모 섬에 유배당하였습니다.

④ 이런 환난 중에도 믿음을 굳게 지켰습니다.

왜냐하면 기독교 외에는 다른 구원이 없기 때문입니다(요 14:6, 행 4:12). 또한 고난 끝에 면류관이 있기 때문입니다. 페니(Peny)는 '십자가 없이는 면류관도 없다'(no cross no crown)이라고 하였습니다.

2. 예수님이 분명히 말씀하시는데 환난 앞에서 담대하라고 하십니다.

'담대하라 내가 세상을 이기었노라'(33절)하십니다(But take heart! I have overcome the world).

1) 믿는 성도에게는 환난에서도 용기와 힘을 주십니다.

하나님께서 주시는 그 힘이 있기에 이길 수 있게 됩니다.

① 주님이 내 곁에서 힘을 주심을 믿어야 합니다.

바울이 고린도지역에서 전도할 때의 모습을 보십시오. '두려워말고 잠잠치 말고 말하라 내가 너와 함께 있으니…이 성에 내 백성이 많음이니라'(행 18:9-) 하셨고 결국 그곳에 세운 것이 고린도교회가 되었습니다.

② 주의 일을 위하여 힘쓸 때면 마귀가 시험을 할 때가 있지만 담대하게 이겨야

합니다. 아담을 넘어지게 하였고(창 3:1-) 예수님까지 시험했던(마 4:1-) 마귀는 언제 무슨 문제로 내게 다가올지 모릅니다(벧전 5:8-9). 그러나 예수님이 십자가로 이기셨듯이(골 2:15) 믿는 자는 이기게 됩니다. 또 이기는 자라야 천국의 주인공이 됩니다(계2:7, 11, 17, 26, 3:5, 3:12, 21). 환난과 시험을 이기는 자 되시기 바랍니다.

2) 담대한 믿음으로 용기를 내어야 합니다. 우리 곁에는 응원부대가 있습니다.
① 응원하는 소리를 들어보시기 바랍니다.
세상의 야구장이나 축구장에 빼곡히 앉아서 응원하는 사람들이 아니라 영적으로 신령한 면에서 응원합니다. 성령께서 천사들이 먼저 간 순교자들이 응원을 모내고 있습니다(히 12:1, 롬 8:26, 34).
② 서로가 격려하며 모이기를 힘써야 합니다(히 10:24).
예수님의 재림이 가까이 옴을 볼수록 힘써야 하겠습니다(And let us consider how we may spur one another on toward love and good deeds). 사자와 같이 담대하여 이겨야 합니다(계 1:10-, 계 4:7).

3. 예수님은 그를 믿는 자들에게 영원한 평안을 약속하셨습니다.
이 세대에 곡 필요한 용어는 평안(peace)이란 단어입니다.

1) 환난 중에 있지만 예수님이 약속해 주셨습니다(요 14:27).
보혜사(παράκλητος)를 주시겠다고 약속하시면서 하셨습니다.
① 세상에서 얻어지는 평안은 잠시 동안이고 한시적인 것에 불과합니다.
세상 것은 다시 목마르기 때문입니다(요 14:13).
② 이 평안은 예수님이 주시는 행복이요 축복입니다.
그래서 초대교회 성도들은 로마황제 앞에서도 담대하게 예수님을 전하다가 순교하였고 일제 말기에 주기철 목사님도 그랬습니다.

2)믿는 성도들은 영원한 천국을 바라보는 사람들입니다.
따라서 세상보다 천국을 영원한 나라를 사모하며 살게 됩니다.
① 거기는 영원히 평안이 약속되었습니다.
스데반집사님은 돌에 맞아 순교하면서도 천사의 얼굴로 보였습니다(행 6:15, 7:56). 주님만 보기 때문입니다(히 12:2).
② 그곳은 예수님과 영원히 사는 곳입니다.
세상에서 환난을 당한다고 생각하십니까? 더욱 믿음을 굳게하여 영원하신 천국의 주인공들로 승리하시기를 주님의 이름으로 축원합니다.

◆ 결론 : 환난 중에도 평안한 사람이 되십시오. ◆

고난/염려/시험

염려 없는 사람들이 있습니다
(마 6:27-34)

인생이 지구촌 어느 나라 어느 사회에서 살든지 간에 개인이나 단체나 국가에 근심과 걱정이 없는 곳은 이 세상에는 하나도 없음을 보게 됩니다. 소위 부자나 고위층에서부터 모든 서민에 이르기까지 인생은 걱정 속에 살아가는 현실들입니다. 천하를 호령하던 영웅호걸들의 인생 속에도, 하루끼니 없이 사는 가난한 인생 속에도 염려는 늘 그림자와 같이 따라 옵니다. 야곱에게도(창 47:9), 모세에게도(시 90:9-10) 염려들이 있었기에 험악한 세월이었다고 술회하였습니다.

본문에서 예수님은 염려하지 말라고 강조하셨습니다. 이 말은 인생들 모두에게 염려가 있다는 전제의 말씀이기도 합니다. 그런데 '염려'라는 말은 헬라어로 메리스(μερίς)라는 말로써 '분열'이라는 뜻이 됩니다. 염려하면 마음이 나뉘고 분열이 되어서 믿음이 분열되고 기도생활도 분열되어서 마음에 병까지 생기게 됩니다. 좋은 것은 하라고 하셨는데, 사랑하라, 기도하라, 헌신하라는 등은 영적으로 좋은 것이기에 하라 하셨지만 염려는 하지 말라고 하셨습니다. 2012년 이 새봄에 다시 한번 새싹이 돋는 자연을 보면서 본문에서 은혜를 나누게 됩니다.

1. 눈에 뵈는 가시적인 일들을 인해서 염려하지 말라고 하셨습니다.

눈이 많이 오고 춥던 겨울이 지나고 새싹이 돋는 이 봄이 오듯이 소망을 가져야 합니다. 파스칼(Pascal)은 우주 안에는 보이는 진리가 있고 보이지 않는 진리가 있다고 하였는데 눈에 뵈는 일로 염려하지 말라고 하신 것입니다.

1) 사람들은 눈에 보이지 않는 불가시적인 영적 문제로 걱정하는 것이 아니라 눈에 보이는 일들로 인해서 염려하는데 문제의 심각성이 있습니다.
① 대개가 눈에 보이는 가시적 일로 인해서 염려합니다.
'목숨을 위하여 무엇을 먹을까 무엇을 마실까 몸을 위하여 무엇을 입을까 염려하지 말라(5절)'고 하셨습니다. 하나님의 자녀인 성도는 이것들 때문에 염려하지 말라고 하신 것입니다. 정재연 기자가 쓴 「허영의 경제학」이라는 글에 보면 현대인들은 웬만하면 명품 병에 걸려있다는 것입니다. 그는 '누구나가 다 살 수 있으면 그것은 이미 명품이 아니다'라고 하였습니다. 프랑스 쁘렝땅백화점이 한해 올린 수입이 21조 3,192억 원이라고 하는 보고서만 보아도 현대인의 소비풍조를 알만하다고 봅니다. 현대인은 쇼핑 병에 모두 도취된 상태가 아닌가 합니다.
② 사람들의 심리작용은 계속 변해가고 있습니다.
사람들이 먹고 마시고 입고 주거 생활하는 모든 일들이 변해가면서 만족이 없습니다. 계속 더 높은 차원을 바라보고 갈망하며 살기 때문에 만족이 없고 더욱 욕망의 병에 걸려 살아갑니다.

2) 여기에서 우리는 예수님 말씀에 귀를 기울여야 합니다.
예수님은 제자들에게 비유로서 말씀 하시며 교훈해 주셨습니다.
① 공중에 날아다니는 새들이나 백합화를 보라고 하셨습니다.
날아다니는 새들이 농사짓지도 않고 창고도 없지만 하나님께서 먹이시기 때문입니다. 들의 백합화가 옷감을 짜지도 않지만 하나님께서 저렇게 곱게 옷을 입혀주신다고 하였습니다.
② 솔로몬의 영광으로도 이 꽃만 못하게 입었고 유명한 왕이 되었습니다.
왕상 3:13에 보면 솔로몬은 다윗의 아들로서 왕이 된 이후에 일천 번제를 드린 후 하나님의 엄청난 축복을 받게 됩니다. 부귀영화는 물론이고 지혜가 천하 인생들보다 뛰어나게 주셨습니다(왕상 4:22-23, 26, 27, 29, 32-34, 38, 7:17).

③ 예수님은 본문에서 솔로몬의 이 부귀영화도 이 꽃만 같지 못하였다고 하셨습니다.

들백합화의 향기는 누가 대신할 수 없기 때문입니다. 오히려 부귀영화로 인해서 주색잡기에 빠지고, 우상숭배를 하게 되고 그로 인한 병폐로 망한 징조의 인생이 되었습니다(왕상 11:1-2, 3, 9, 15:4, 11:7, 11-14). 그가 누렸던 부귀영화의 대가는 나중에 국가가 분열되는 병폐의 원인이 되었습니다.

2. 하나님의 백성들은 생애의 우선순위가 분명해야 합니다.
솔로몬의 생애에서 배우는 큰 교훈입니다.

1) 무엇을 위해서 살아가는 인생입니까? 이 세대를 살아가는 모든 인생들에게 던지는 질문입니다.

① 내가 내 힘으로 할 수 있는 것이 하나라도 있다고 생각합니까?

내가 할 수 있는 것은 하나도 없습니다. 모두 하나님의 역사입니다. '너희 중에 누가 염려함으로 그 키를 한자나 더할 수 있느냐(27절)'(Who of you by worrying can add a single hour to his life?)하셨습니다. 없습니다.

② 현재 당면한 문제의 위기를 극복하고 이겨야 합니다.

염려는 분열시키는 것이기 때문에 생각과 믿음뿐 아니라 인생을 정상에서 폐인으로까지 분열시키는 원인이 됩니다. 염려가 결국은 우울증이 되게 하고 결국에는 패망케 합니다.

2) 성도는 매사에 긍정적으로 생각해야 합니다.
염려는 버리고 긍정적으로 생각해야 합니다. 긍정과 부정은 큰 차이가 있게 됩니다.

① 그리스도인들은 매사에 긍정적이어야 하겠습니다.

왜냐하면 매사에 믿음과 연결되어 있기 때문입니다. 성경은 우리에게 평안을 강조하였습니다(요 14:1, 27; 빌 4:6; 시 37:5; 벧전 5:7).
② 매사에 믿음의 시각으로 바뀌어야 합니다.
  어떤 색의 안경을 착용하였느냐에 따라서 세상을 보는 눈이 달라지기 때문입니다. 우리는 영적이고 정신적인 안경을 바르게 착용해야 하겠습니다. 그래야 영적으로 건강해집니다.

3. 예수님은 '너희 천부께서 모두 아신다'라고 하셨습니다.
(32절)'너희 천부께서 이 모든 것이 너희에게 있어야 할 줄을 아시느니라'(For the pagans run after all these things, and your heavenly Father knows that you need them.)하셨습니다.

1) 내가 필요한 것은 하나님이 아십니다.
① 중요한 것은 주권자되시는 하나님 아버지가 아신다는 것입니다.
  자녀를 키워보신 부모님들은 이해가 되실 것입니다. 나는 분명히 하나님의 자녀입니다. 겨자씨만한 믿음만 바르게 가지고 기도해야 합니다(마 17:20).
② 세밀하게 아십니다.
  머리털까지 다 세신 바 되었다고 하였습니다(마 10:30). 성경의 증거를 보시기 바랍니다(시 139:2, 13). 내 모든 인생을 속속히 다 아십니다. 그리고 필요에 따라서 주시고 채워서 일하게 하십니다.

2) 내가 하나님 앞에서 먼저 해야 할 일이 있습니다.
인생에 우선순위가 분명하게 있기 때문입니다.
① 눈에 보이는 가시적인 일이 먼저가 아닙니다.
  참새나 들꽃에서 교훈을 주셨습니다. 인생의 가치를 세상에 두는 것이 아니라 하나님께 두어야 합니다. 잠시 먹고 마시고 즐기는 것에 두는 것이 아니라 하나님께 두며 하나님의 나라에 두어야 합니다. 욥의 고난 속에도 깃들어 있

습니다(욥 19:26).
② 그러므로 먼저 구할 일은 그의 나라와 그의 의를 구하는 일입니다(and all these things will be given to you as well). 다윗은 하나님 마음에 합하게 될 때 형통하였고 솔로몬도 그랬습니다(행 13:22; 왕상 3:10). 먼저 하나님 마음에 관계가 성공적이기를 주의 이름으로 축원합니다.

◆ 결론 : 염려 없는 사람이 되어야 합니다. ◆

> 고난/염려/시험

우리의 질고를 다 지셨습니다
(사 53:4-6)

종려주일을 맞이하여 고난주간에 돌입하는 사순절 기간의 끝자락에 왔습니다. 예수님이 십자가에 죽으시고 부활하시므로 이 땅에 오신 구속사업의 완성이 눈앞에 두고 있는 싯점입니다. 지금 시대에 우리는 예수님을 닮은 신앙적 인격을 배우도록 힘써야 할 때입니다. 사순절 끝자락에서 예수님이 십자가 위에서 다 이루신 그 공로 의지하여 구원을 얻었기 때문입니다. 예수님이 십자가 위에서 죽으시고 부활하심으로 우리가 의롭게 되었습니다(롬 4:25).

본문은 이사야의 예언으로써 예수님보다 800여년 먼저 오셔서 장차 될 일을 예언하였는데 예수님이 메시아로써 어떻게 태어나실 것과 태어나시는 목적과 그가 어떻게 죽게 되고 그가 장차 이루실 영원한 하나님 나라에 이르기까지 상세히 예언 되었습니다. "그는 실로 우리의 질고를 지고"라고 하였는데 '질고'는 히브리어로 나샤(נָשָׂא)로써 육신의 질병뿐 아니라(마 8:17) 우리의 고통을 대신 담당하여 "치워버리신다","없애버리신다"는 뜻입니다. 2012년 고난주간의 끝자락에 종려주일을 즈음해서 예수님이 당하신 고통을 생각하며 결과로 우리에게 주신 자유와 축복을 생각해 보는 시간이 되시기를 바랍니다. 예수님은 이렇게 모든 것을 짊어지셨습니다.

1. 예수님은 기도로써 모든 것을 짊어지셨습니다.

신앙생활과 기도는 떼래야 뗄 수 없는 불가분의 관계인데 예수님도 세상에 계실 때에 기도로 시종 일관해 보이시므로 고난을 지셨습니다.

1) 예수님은 언제나 기도하는 분이셨습니다.

왜냐하면 기도 외에는 다른 것으로 이런 유가 나갈 수 없기 때문입니다(막 9:29 - He replied, "This kind can come out only by prayer").

① 예수님이 언제나 기도하시므로 승리하시게 되십니다.

공생애 시작에 40일 금식기도(마 4:1), 새벽기도(막 1:35), 배고픈 대중들에게 기적을 베푸실 때에도(마 14:19), 오병이어 후에도(마 14:23) 기도하셨습니다. 평상시에 예수님은 언제나 기도를 습관을 따라 하셨고 그 기도는 위력이 있었습니다.

② 예수님은 최후시간에도 기도하셨습니다.

십자가 지시기 위한 전 시간들을 기도로 일관하셨습니다. 육신을 입은 예수님이 십자가 사건이 다가오는 때에 얼마나 초조하게 되고 고통의 시간들이었는가를 보여주는 장면인데(마 26:36-46) 그 시간을 밤 새워 기도하셨고 잠자는 제자들을 깨우셨습니다(눅 22:44). 기도하신 예수님은 십자가로 승리하시지만(골 2:15) 잠만 자던 제자들은 죽을지언정 배반하지 않겠다고 다짐하던 그 다짐도 모두 헛되고 모두 주님을 배반하였습니다(막 14:50). 이 고난주간에 우리의 기도생활을 점검하고 깨어있어야 하겠습니다. 예수님은 지금도 하늘 보좌에 앉아계시면서 우리를 위해서 기도하고 계십니다(롬 8:26, 34; 히 7:25; 요일2:1).

2) 고난주간에 기도에 힘써야 하겠습니다.

예수님의 기도를 배워야 하는데 아들이시라도 심한 통곡과 기도를 하셨습니다(히 5:7).

① 마지막 겟세마네에서의 주님의 뜻을 보아야 하겠습니다.

'그 곳에 이르러(감람산) 저희에게 이르시되 시험에 들지 않기를 깨어 있어 기도하라(눅 22:40)'고 강조하셨습니다. 기도의 손이 내려오지 않게 해야 하고(출 17:10-16), 언제나 기도로 깨어있어야 하는 것이 주의 말씀입니다(엡

6:18). 기도가 약하면 곤란합니다.

② 기도의 제목들이 많은 시대에 살고 있는 우리들입니다.

고난주간에 특히 자기 자신을 위해서라도 기도해야 합니다. 자녀들 위해서 기도해야 합니다(눅 23:28). 교회와 성도들 위해 기도해야 합니다(엡 6:18). 서로가 기도해 주면서 세대를 극복하고 이겨야합니다(엡 6:18; 골 4:3). 바울 자신도 기도를 요청했습니다. 위정자와 국가를 위해서 기도해야 할 때입니다(딤전 2:1). 금년 2012년은 두 번의 선거(국회의원, 대통령)가 있는데 선거가 바르게 되기 위해서도 기도해야 합니다. 금년의 고난주간은 매우 뜻이 깊은 때입니다. 예수님이 기도로 모든 일을 이루셨기 때문입니다.

2. 예수님은 평화를 위해서 십자가로 승리하셨습니다.

십자가 지신 목적이 하나님께서 우리에게 주실 평화를 위해서입니다. 그가 십자가를 지심으로 우리가 평화를 얻게 되었습니다.

1) 하나님과 나 사이의 담을 모두 헐어 내셨습니다.

하나님과 인간 사이는 '죄' 하말티아(ἁμαρτία)의 담이 높아서 오갈 수 없게 되었던 사이였습니다.

① 죄의 담입니다. 죄로 죽었기 때문입니다(창 3:17; 엡 2:1). 그런데 예수님이 십자가 위에 죽으심으로써 그 담이 무너지게 되었고 하나님과 영원하신 평화가 주어지게 되었습니다. 이제 예수 믿는 사람은 죄악의 담은 사라지게 되었습니다. 믿음으로 하나님과 나 사이에 평화가 주어지게 되었습니다(엡 2:13-14).

② 더욱이 당시에 종교적 담은 매우 큰 담이었었는데 그 담도 무너지게 되고 평화가 주어지게 되었습니다. 1년에 한차례씩 대제사장이 들어가는 성소휘장 지성소의 칸막이가 찢어지게 되었습니다(눅 23:45). 이 휘장은 예수님의 육체라 했습니다(히 10:20). 이제는 누구든지 예수 그리스도 안에서 하나님께 당당히 나가게 되어 있습니다. 동일한 시민권자가 되었습니다(빌 3:20).

2) 고난주간에 우리는 예수로 말미암아 평화의 사람이 되었습니다.

예수님이 십자가에서 해결해 주셨기 때문입니다.

① 평화의 사람이 복이 있습니다. 그래서 이제는 예수님 안에서 평화의 사람이 되어야 합니다. 화평케 하는 자가 복이 있습니다(마 5:9 - peacemaker). 하나님의 자녀가 되었기 때문입니다.

② 이제는 십자가 복음으로 하나 되어야 합니다. 예수님은 십자가 위에서 하나 되는 일을 하셨습니다. 그리고 제자들이 하나 될 것을 기도하셨습니다(요 17:11). 교회 역시 예수그리스도 교회이기 때문에 하나 되어야 합니다(엡 4:1-6). 이번 고난주간에 은평교회 안에서 평화와 하나의 축복이 있게 되기를 축복합니다.

3. 예수님은 골고다 언덕을 십자가를 지시고 죽으시려고 올라가셨습니다.

골고다언덕을 올라가시면서 일곱 번씩이나 쓰러지셨는데(마 27:32) 이 길은 라틴어로 '비아돌로사'(십자가의 길)라고 합니다.

1) 십자가 형틀에서 죽으시기 위해서 그렇게도 쓰러지시면서 가셨습니다.

이때에 장담하던 제자들의 모습은 그 어디에도 보이지 않고 구레네 시몬이 억지로 끌려와서 대신 십자가를 지게 되었는데 행운의 십자가였습니다.

① 쓰러지시면서 가신 곳입니다. 내 인생의 문제들을 다 지시고 십자가위에 죽으셨는데 십자가는 로마인들이 제일 악랄한 죄수에게 가하는 형틀로써 내가 세상에서 제일 악한자로 예수님이 그것을 지셨습니다. 십자가를 생각하면서 주님을 가까이 해야 될 고난주간입니다.

② 베드로를 비롯한 제자들은 어디에 있었습니까?(마 26:33-34) 예수님이 지금 질문하십니다. 아무개야, 너는 지금 어디에 있느냐? 네가 지금 서있는 곳은 어디에 서 있느냐고 질문하십니다.

2) 우리 모든 질고를 지시고 십자가에 죽으셨습니다.

마지막 한마디 "다 이루었다"(요 19:30) ("It is finished.")였습니다.

① 우리의 모든 일이 십자가에서 해결되었습니다. 죄 사함, 영생, 저주에서 축복으로 이제는 영원한 천국백성이 되었고 자녀입니다(요 1:12; 벧전 1:9). 이제는 예수님 없이는 우리 인생을 생각조차 할 수 없습니다. 예수 그리스도 안에서만이 영원한 천국이요 축복입니다.

② 이제는 예수님을 떠나지 말아야 합니다. 제자들이 도망하듯 예수님을 떠나면 곤란합니다.

그런데 그 길에는 십자가가 있습니다. 십자가 지고 예수님을 따라야 합니다(마 16:24). 그리고 생활이 주안에서 늘 죽어야 합니다(롬 6:8; 고전 15:31). 고난주간에 이 신앙생활을 확인하시기를 축원합니다.

◆ 결론 : 모두 해결 되었습니다. ◆

고난/염려/시험

시험 앞에 선 때의 자세
(약 1:12-16)

　모든 생물들은 태어날 때부터 성장하는 기간이 있기 때문에 성장하는 시기와 절차에 따라서 어려운 일이 있기도 합니다. 이것은 생물학적인 문제뿐 아니라 영적이고 신앙적인 일에도 같은 원리가 적용됩니다. 예수 믿고 신앙이 성장하는 일에는 많은 시련과 시험을 통과해야 합니다. 예수님도 시험이 찾아오게 되었고(마 4:4), 바울에게도(갈 4:14), 베드로에게도 예외없이 시험이 오게 되었습니다(눅 22:31-32). 문제는 시험이 올 때에 어떤 자세로 이겨나가야 하냐는 것입니다. 운동경기에서도 전쟁에서도 이겨야 하듯이 영적인 일에도 이겨야 한다는 것입니다(계 2:7). 공기는 보이지 않듯이 신앙생활 역시 형이상학적이어서 보이지 않고 냄새도 색도 형상도 없는 것이지만 행함으로만 나타나게 됩니다(약 2:26). 병원에 가면 처방이 나오듯이 우리 영적인 모습을 처방해야 하는바 너무 늦어서(too late) 치료가 될 수 없는 경우들도 있습니다. 시험을 감당할만한 때에 이겨야 합니다(고전 10:13). 본문에서 우리는 다시한번 은혜를 나누게 됩니다.

1. 세상에서 시험거리는 두 종류가 있습니다.
　길들이 여러 가지 갈래로 나누어지듯이 시험도 그러합니다.

1) 시험은 여러 가지(many kinds)라 하였습니다.
　'내 형제들아 너희가 여러 가지 시험을 만나거든'(2절) 이라고 하였습니다 (Consider it pure joy, my brothers, whenever you face trials of many kinds).

① 성경이 말하는 시험과 지금 우리가 말하는 시험의 개념이 차이가 있습니다. 지금 시대에 평화 중에 오는 일들은 기분만 조금 나빠도 시험이라고 하는데 이것은 시험 축에도 낄 수 없는 일입니다. 예수 이름으로 매도 맞고 옥에 갇히고 처형까지 되는 일들이 성경에는 수없이 있는데 이것이 진정한 시험에 속하는 일입니다. 황제냐 예수냐 할 때에 어떻게 하시겠습니까?(히 11:35-40)
② 시험이든 시련이든 성도는 무조건 이겨야 합니다.
시험이든 시련이든 이긴 자가 가는 곳이 천국입니다. 포기한다면 문제가 됩니다. 그래서 마치 온실 속의 식물과 같은 신앙은 곤란합니다. 환난 중에도 즐거워하며(롬 5:3) 우리는 소망이 있습니다(롬 5:5).

2) 시련이든 시험이든 간에 한두 가지가 아닙니다.
그래서 여러 가지 시험이라고 하였습니다.
① 그 종류가 여러 가지입니다.
핍박이 올 때에도 여러 가지 종류가 있게 됩니다. 초대교회 성도들에게 예수 믿지 못하도록 공갈, 협박, 위협을 가하고 옥에 넣기도 하였습니다. 그리스의 한 수도원인 메테오라(meteora)에 가보면 성도를 죽이는데 48인의 순교사화와 함께 죽이는 방법이 38가지가 있었습니다.
② 현실생활 속에서도 직업에 따라서는 예수 믿는 이유 때문에 직장에서 미운 오리새끼처럼 왕따를 당하는 일도 있습니다.
같이 술과 담배를 하지 않고 기독교 신앙이 아닌 다른 일에 같이 하지 않기 때문에 오는 불이익도 있습니다. 그러나 이겨야 합니다(롬 12:2).
③ 시험이든 시련이든 누구에게나 찾아온다는 것입니다.
성도이기 때문인데 언제 어디서 무슨 문제로 오는지 모릅니다. 욥은 자기 의도와는 전혀 관계없이 오기도 했습니다(욥 1:42). 초대교회 성도들은 이것들을 통과하였습니다. 현대적으로 운전면허증이 있듯이 우리는 시험을 이기는 증이 필요합니다.

2. 시험이 왔거든 온전히 기쁘게 여기라 하였습니다.
시험을 당하는 입장에서 보면 도무지 이해할 수 없는 역설적인 말씀입니다.

1) 왜 온전히 기쁘게 여겨야 합니까? 그 이유는 분명합니다.
① 시험을 통과 후에는 더 좋은 것이 약속되었기 때문입니다.
　마치 산고는 어렵지만 산고 후에 기쁨이 있고 운동선수가 메달을 획득한 후에 결과가 아름답고 학생이 시험 합격한 후에 밝은 앞날이 있다면 성도에게는 이보다 비교할 수 없는 축복이 약속되었습니다.
② 시험이나 시련은 이기고 다스려야 할 문제입니다.
　넘어져야 할 문제가 아니라 이기고 다스려야 할 일입니다. 어렵게 핍박 중에도 신앙으로 살 때에 결국 온 집안을 복음화 시키는 경우도 보았습니다. 죽음을 각오한 신앙 앞에는 당할 자가 없게 됩니다.

2) 우리의 자세가 중요합니다.
어떤 자세로 시험과 시련을 대하는지가 승패를 좌우합니다.
① 기쁜 마음으로 찬송하며 다스려야 합니다.
　원망과 불평은 불신앙이요 마귀의 덫입니다. 바울과 실라는 옥에서도 찬송하였고(행 16:25) 옥중에서도 기뻐하라고 전했습니다(빌 4:4). 이것이 승리의 신앙이기 때문입니다.
② 낙심하거나 실망할 것이 아니라 잘 다스려야 합니다.
　결국 자기와의 싸움이요 자기 마음을 다스려야 하는 일입니다. 서울대학 병원장을 지낸 한만형 박사는 '암과 싸우면서 제일 중요한 일이 절망하지 않고 기적을 엮어내라'고 하였습니다. 이병욱 박사의 '암을 손님처럼 대접하라'에서도 같은 원리를 역설하였습니다. 그는 암과 싸우면서 그랬지만 우리는 영적인 싸움꾼들입니다.

3. 시험이 왔을 때에 인내하라고 하였습니다.

'시험을 참는 자는 복이 있도다'(12절) 하였고 약속하신 생명의 면류관이 준비되었다고 약속하였습니다.

1) 면류관이 약속되었습니다.

면류관을 바라보면서 이겨내야 합니다.
① 반드시 거기에 대한 보응과 보상이 약속되었습니다.
　체육에서 1등만 해도 대단한 보상이 따르지만 우리는 썩지 않는 면류관이 약속되었습니다(고전 9:25).
② 천국의 면류관은 아무에게나 주어지는 것이 아닙니다.
　약속된 면류관의 주인공으로 살아야 하겠습니다. 천국에 입성하면서 우리가 바라보는 소망입니다. 빼앗기지 말아야 합니다(계 2:25-29).

2) 우리의 신앙은 참는 인내에 있습니다. 이는 성령의 열매이기도 합니다(갈5:23).

① 무조건 참고 인내해야 합니다. 성경이 우리에게 분명히 가르치는 진리이기 때문입니다. 신앙생활은 자기와의 싸움에서 인내하는 일이 제일 중요합니다.
② 은평교회 성도들은 참는데 왕이 되시기 바랍니다.
　그냥 참는 것이 아니라 기도와 말씀과 찬송 가운데서 참게 될 때에 성령의 도우심으로 이기게 됩니다. 우리도 예수님처럼(빌 2:5-11; 히 12:2-3) 이기는 성공자들이 모두 되시기를 주의 이름으로 축원합니다.

◆ 결론 : 시험은 이겨야 합니다. ◆

절기/맥추감사

무엇으로 보답할꼬?
(시 116:12-14)

    세상의 모든 생활에는 상대성이 있기 때문에 상대에 따라서 상황이 달라질 수 있겠지만 하나님의 성도는 언제나 감사와 찬송 중에 살아가야 함을 다시한번 맥추감사절에 배우게 됩니다. 세상이 어떻게 변하든지 간에 성도는 하나님의 은혜와 축복으로 구름기둥과 불기둥이 되어 이끌어 주시기 때문입니다.

    그래서 성경은 그리스도인들에게 "범사에 감사하라 이는 그리스도 예수 안에서 너희에게 향하신 하나님의 뜻이니라"(살전 5:16-18)하였습니다. 해마다 2번씩의 감사절이 있습니다(출 23:16). 이는 '추수감사'요, '맥추감사절'입니다.

    시편에는 '감사로 제사를 드리라'(시 50:14) 하였고 예수님은 열 명의 문둥병자 사건에서(눅 17:11-19) 감사를 가르쳐 주셨고 일깨워 주셨습니다. 토레이(R. A. Torrey) 박사는 성령 충만한 영적생활의 특징 중에 하나는 '감사생활'이라고 하였습니다.

    본문에서 시편기자는 감사를 다시한번 일깨워 주고 있는바 (17절-18절)하나님께서 기뻐하시는 맥추감사절이 되시기를 바랍니다.

1. 감사절을 맞이하여 누구에게 감사해야 하는지 알아야 합니다.

    이른바 감사의 대상인데 감사의 대상이 그릇된 사건들을 성경에서 깨우쳐 주기도 했습니다(시 115:4).

1) 성경에서 감사의 대상을 찾게 됩니다.

'내가 주께 감사제를 드리고 여호와의 이름을 부르리이다'(17절) 하였습니다.
① 왜 하나님께 감사해야 합니까?

'여호와께서 내게 주신 모든 은혜를 무엇으로 보답할꼬'(12절) 라고 하였습니다. 왜(why) 라고 한다면 하나님께서 주신 은혜와 축복 때문입니다. 우리를 하나님의 형상대로 축복되게 창조하신 은혜입니다(창 1:26-27). 우리를 구원해 주셨고 하나님의 은혜 속에 살게 하셨으며 자녀로 삼아주셨습니다(요 1:12, 3:16). 예수 이름은 우리의 구원주가 되십니다(마 1:21). 지금도 임마누엘 되시며 내 곁에 계신 분이십니다.

② 감사의 대상이신 하나님을 모시고 감사생활 해야 합니다.

언제나 내 곁에 계신 하나님의 은혜입니다(마 28:20). 지금도 병원이나 화장터에 가보시면 감사의 조건이 무엇인지 깨닫게 될 것입니다. 그리고 일용할 양식도 주셨습니다(시 136:25).

2) 믿는 성도에게는 일반적인 감사도 감사지만, 무엇보다 이 특별한 감사 속에 매일같이 살아가기 때문에 감사해야 합니다.

① 믿는 자로서 전도하고 선교할 수 있는 것이 축복이요 감사입니다.

이 지구촌에서 하나님을 떠나 살다가 못된 죄를 짓고 결국 멸망으로 가는 인생들이 많이 있는데 사울을 불러 그릇 삼으시듯(행 9:15), 우리를 주님의 전도와 선교의 그릇이 되게 하셨습니다(This man is my chosen instrument)행 9:14-15; 딤후 2:20).

② 죄 값으로 지옥가게 되었던 자가 예수 믿고 천국백성이 된 사실만 보아도 우리는 감사의 조건입니다. 그래도 감사의 조건이 없다고 원망하시겠습니까?. 다시 한 번 믿음을 확신하고 감사를 다시 회복해야 하겠습니다.

2. 믿는 우리에게는 감사해야 할 조건들이 너무나 많습니다.

시적(詩的)으로 '내게 주신 모든 은혜를 무엇으로 보답할꼬' 라고 하였습니다.

1) 기도응답도 감사의 조건이 됩니다.

세상에서 누가 내 기도를 들어 주겠습니까? 그런데 하나님은 내 편에서 내 기도를 들어 주십니다.

① 들으시고 응답해 주십니다(시 94:9).

들으시고 응답해 주실 뿐 아니라, 사망에서 건져 주십니다(116:1-2). 환난과 슬픔에서 건져 주십니다(시 116:3-4). 응답받았던 사례들을 보시기 바랍니다 (창 21:14; 왕하 20:5; 욘 2:1-7) 하나님은 위기 때에도 응답하시는 분이십니다.

② 환경과 배경에 관계없이 나와 함께하십니다.

야곱과 함께 하시듯(창 28:10, 31:1, 35:1-5), 다윗에게 함께 하시듯(시 23: 1-4), 언제나 나와 함께 하시는 하나님께 감사해야 합니다.

2) 이제는 내가 깨닫고 감사해야 할 차례입니다.

성경이나 교회사의 누가 아니라, 나의 감사가 요구됩니다.

① 나도 하나님의 은혜와 축복의 우산 속에 있기 때문입니다.

아침에 잠깨어 감사하고, 저녁에 잠자며 감사해야 합니다. 살아있는 감사입니다.

② 죄 짓고 살다가 망하는 편에 서있지 아니한 것도 감사의 큰 맥이 됩니다.

언제나 삶의 현장에서 감사해야 하겠습니다. 시편기자는 이런 현장이 되게 하기 위해서 깨우쳐 줍니다. 이는 현대를 살아가는 우리 모두가 배워야 할 신앙입니다.

3. 이 시간에 감사하는 마음을 주신 것을 감사해야 합니다.

세상에는 얼마든지 감사해야 되는데 감사가 아니라 불신앙 가운데 사는 사람도 많이 있기 때문입니다.

1) 신앙인은 작은 감사라도 늘 풍성하게 해야 합니다.

'여호와께서 내게 주신 모든 은혜를 무엇으로 보답할꼬' 했습니다.

① 이 시간 감사절을 지키게 됨을 감사해야 합니다.

'내가 구원의 잔을 들고 여호와의 이름을 부르며'(13절) 했습니다(I will lift up the cup of salvation and call on the name of the LORD).

이 시간 감사의 잔을 들어야 합니다.

② 우리는 지금 구원의 잔을 들고 하나님께 예배해야 합니다.

구원의 잔(cup of salvation)은 구약의 제사법의 하나로써 바울은 이를 '관제'(딤후 4:6)라고 하였습니다.

감사에서 충성이 나오게 되기 때문입니다.

2) 시편기자는 지금 무엇보다 구원받을 때의 감격을 표현하였습니다.

처음 구원받고 은혜 받을 때의 심정을 잊지 말아야 합니다.

① 대개는 그때에 서원이 이룩되기도 합니다.

우리는 그때의 일을 잊지 말아야 합니다. 시간과 상황에 따라서 그 때의 마음이 변질되기 쉽기 때문입니다.

② 우리 구원받은 사람은 최소한 모두 여기에 속하는 서원자들입니다. 구원받아 최초로 은혜 받을 때의 마음을 잊지 말고 다시 해복해야 합니다.

이번 맥추감사절에 은혜 속에 사는 감사를 회복하게 되시기를 주의 이름으로 축원합니다.

◆ 결론 : 감사해야 합니다. ◆

> 절기/성탄

성탄절에 은혜 받은 사람들
(눅 1:26-33)

　복잡하고 다사다난 했던 한 해가 저물어가고 또 한 번의 성탄의 계절이 왔습니다.
　지난 2000년의 시간을 초월해서 역사하시는 성탄의 기쁨과 은혜가 이 시간에도 우리에게 임하시기를 소망하며 기도합니다.
　예수님의 탄생을 즈음해서 수많은 사람들이 예수님의 태어나시는 주변에 지금까지 전한 인물들이 많은 가운데(마 2:1; 눅 2:8, 36등) 마리아는 그 중심에 있는 축복의 여자가 되었습니다. 인간세계뿐 아니라 천사의 세계도 선한 천사의 세계가(히 1:14; 행 12:12; 마 18:10) 있는가 하면 하나님께 반기를 들고 추방당한 타락천사 마귀의 존재도 있습니다(벧후 2:4). 선한 천사의 세계도 두 분류가 있는데 전쟁하는 친위대와 같은 미가엘 천사장과 그 무리가 있고,(수 5:14-15; 단 10:13; 유 9; 계 12:7) 또 하나는 언제나 기쁜 소식을 전해주는 천사장 가브리엘과 그 무리가 있는데, 지금 마리아에게 가브리엘 천사가 나타나서 이야기 합니다(눅 1:19, 26). 아마 예수님 다시 오실 때에도 이 가브리엘 천사장의 나팔소리가 요란하고 영광스럽게 울려 퍼지게 될 것이라고 믿습니다(마 24:31).
　지금 천사가 마리아에게 "은혜를 받은 자여 평안할지어다." 라고 할 때에 마리아는 두려워하였고, 놀랐지만 결국 큰 은혜 받은 여인이 되었습니다. 이번 성탄절에 우리 모두가 마리아처럼 은혜 받은 자가 되기를 원하고 본문에서 은혜를 받게 됩니다.

1. 예수님은 은혜 받은 자 마리아를 통해서 탄생하셨습니다.

수없이 많은 인생들 가운데 마리아는 큰 은혜 받은 여인이 되었습니다.

1) 사도신경 내용과 같습니다.

"동정녀 마리아에게 나시고" 라고 지난 2000년간 고백하였습니다.

① 동정녀라는 말은 깨끗하다는 의미가 있습니다.

깨끗한 몸, 성적으로도 오류나 걸림이 없는 몸이라는 뜻이 됩니다. 하나님께서 은혜를 주시고 사용하시는 사람은 깨끗한 그릇이 되게 하셔서 사용하십니다(딤후 20:20-21; 사 6:6-7).

오염되고 더러운 세상이지만 주의 보혈로 씻음 받고 깨끗한 그릇으로 쓰임 받아야합니다.

마리아는 남자를 알지 못하는 순수한 처녀의 몸으로 쓰임 받았다는 뜻입니다.

② 하나님이 미리 준비하시고 준비된 사람을 사용하시며 뜻을 이루십니다.

마리아는 미리 준비된 그릇이었는데 선지자의 예언과 같습니다(사 7:14). 역사상으로 귀하게 쓰임 받은 사람들은 준비된 그릇들이었습니다. 모세도 준비된 그릇이었고(히 11:24-) 120세까지 쓰임 받았습니다(신 34:7). 바울도 준비된 그릇이었다면(행 9:15) 은평교회 성도들이 복음을 위해서 준비되고 쓰임 받아야 하겠습니다.

2) 마리아는 훈련된 여인이 되었습니다.

하나님이 쓰시는 그릇은 훈련된 사람들이었습니다. 처녀의 몸으로 몸이 배불러 오르는 일은 감당할 수 없는 일이었겠지만, 하나님의 훈련 프로그램에 따라서 잘 견뎠고, 출산하게 되었습니다.

① 은혜를 받은 자여라는 말은 은혜롭지만, 감당하기가 어렵습니다.

마리아는 가난한 집안에서 태어나서 이런 일들을 능히 감당하기에 적절한 훈련을 미리 받았을 것으로 생각 됩니다. 가난 역시 훈련이었다고 본다면 마리아는 가난 속에서 훈련되었습니다.

요셉은 하나님의 훈련을 지독하게 받은 사람이었고(창 37-50장), 거기에 따른 주님의 메시야 되시는 예수님의 모델이 되었습니다. 욥과 같은 인물 역시 훈련받은 사람입니다(욥 23:10).

② 훈련받은 것이 고되고 어려워도 후에는 큰 영광이 돌아옵니다.

마리아는 영광스러운 여인이 되었는데 누가 마리아와 같이 되겠습니까? 훈련 잘 받고 쓰일 때에 바꿀 수 없는 영광이 돌아옵니다. 지금 세계는 스포츠 열광의 시대인데, 영광의 얼굴들은 지독한 훈련에서 탄생된다는 이야기입니다. 성탄의 계절에 은평교회 성도들이 모두가 이 대열에 함께 서게 되기를 축복합니다.

2. 마리아를 통하여 말씀대로 이루어지게 되었습니다.

하나님의 말씀은 반드시 이루어지게 됩니다(사 55:10-11).

1) 마리아에게 지시하시고 임하신 말씀이 이루어졌습니다.

하나님의 말씀은 능치 못하심이 없습니다(1:37, For nothing is impossible with God)

① 마리아는 대답했습니다.

"주의 계집종이오니 말씀대로 내게 이루어지이다." 하였는데 그대로 이루어지게 되었습니다. 창세 때에도 천지 만물이 하나님의 말씀대로 창조되었습니다(창 1:3-4).

② 일에 대한 성격은 문제가 될 수 없습니다.

일에 대한 크고 작음이나 일의 내용들이 문제가 될 수 없습니다. 왜냐하면 하나님이 하시는 일이기 때문입니다. 하나님이 하십니다. 우리는 다만 믿고 따르고 순종하게 될 때에 역사가 나타납니다(요 11:40).

2) 우리가 믿는 하나님은 전지전능(全知全能)하신 분이십니다.

인간의 생각과 계산으로 그분의 역사를 제한할 수 없습니다.

① 마리아는 무조건 순종적인 언사만 따르게 되었습니다.

"주의 계집종이오니 말씀대로 내게(to me) 이루어지이다." 하였는데 언제나 우리는 내게(to me)라는 용어에 힘써야 합니다. 축복도, 은사도, 수고도, 응답도, 상급도 모두 내게(to me)로 적용해야 합니다.

② 순종하고 믿을 때에 역사가 나타나게 되겠습니다.

마리아는 예수님 탄생의 역사적 사건을 믿고 순종했을 뿐입니다. 여기에 기적이 일어나게 됩니다. 성경에서 기적의 현장들을 보시기 바랍니다. 모두가 믿고 순종하는 곳에 기적이 일어나게 되었습니다(요 5:8, 2:7; 눅 5:5; 요 9:7). 마리아는 상상 못한 사건에 믿고 순종하였습니다.

순종은 배우는 것입니다(히5:8).

2011년 성탄절에 놀라운 기적의 사건이 되도록 믿고 순종하는 성도들이 되시기를 바랍니다.

3. 마리아에게 평안을 주신 결과는 숫자적으로 나타낼 수 없는 축복이 되었습니다.

"은혜를 받은 자여 평안할지어다(28절)"(The angel went to her and said, Greetings, you who are highly favored! The Lord is with you) 했습니다.

1) 금번 성탄절에 예수 그리스도 안에서 이 평안이 은평교회 성도들에게 임하게 되기를 바랍니다.

① 예수님 안에서 말씀을 믿고 순종하게 될 때에 기적과 함께 영원한 평안의 축복이 약속되었습니다.

마리아는 예수님을 출산하고 축복받은 여인이 되었지만, 우리는 예수님을 전하고 축복의 사람이 되어야 합니다. 오신 예수님을 전해야 하는 사명이 우리에게 있습니다.

② 성경의 약속은 예수님 안에서 평안이요 축복입니다.
"하나님 우리 아버지와 주 예수 그리스도를 좇아 은혜와 평강이 너희에게 있을지어다"(엡 1:2) 했습니다. 마리아는 그때부터 평안 하였고 역사상 위대한 일을 해낸 여인이 되었습니다. 우울증이나 불안은 예수 이름으로 버려야 합니다.

2) 이 평안은 예수 그리스도 안에서 약속되었습니다.

예수 안에서 심리적작용(心理的作容)이 일어나게 되었습니다.
① 예수님 안에서 약속된 축복을 믿고 기도하고 순종해야 합니다.
영원히 편안한 약은 예수그리스도에게서 구할 수 있습니다. 이번 성탄에도 산타크로스가 아니라 예수님을 구하고 순종해야 합니다. 성령의 순종자가 되어서 언제나 평안의 축복이 임하시기를 바랍니다.
② 인생 최대 최고의 행복지수는 은혜의 말씀에 있고 하나님이 주십니다.
그래서 임마누엘 하나님(Immanuel)으로 이 땅에 오셨습니다. 세상이 어둡고 어지럽지만 이번 성탄절에 성도들과 가정과 이 나라와 저 북녘 땅에 이르기까지 하나님의 은혜가 강수와 같이 흘러 넘치게 되시기를 주의 이름으로 축원합니다.

◆ 결론 : 우리는 성탄의 은혜를 받았습니다. ◆

■ 결단

은평교회 성도들이여 일어나라
(사 60:1-3)

하나님께서 인간을 창조하실 때에 무한가능한 존재로 창조하셨는지 아니면 어느 단계까지 머리를 사용 하도록 지으셨는지 알 수 없으나 분명한 사실은 죄로 말미암아 타락된 인간은 하나님의 축복을 잃어버리고 살게 되었다는 사실입니다.

이스라엘은 축복의 가나안땅에 들어가서도 우상을 섬기며 하나님의 약속도 상실하여 의기소침하게 되었고 낙심하게 될 때에 이사야를 통해서 소망과 미래를 약속하시게 되었습니다(사 49:13-16) 그리고 본문에서는 '일어나 빛을 발해야 된다'고 말씀하셨습니다.

「21세기 사전」이라는 책을 쓴 프랑스의 학자 "작크아탈리"는 다가올 미래의 세계를 향하여 질문을 던졌습니다. 모든 인간에게 먹을 것, 빈곤퇴치, 일자리, 생활양식, 고통과 죽음문제, 교육, 오락을 해결해 줄 수가 있겠는가? 그리고 서양문명이 계속 지배할 수 있겠는가? 라는 질문을 남기게 되면서 그 대답은 여전히 확실치 않다는 것입니다. 우리의 신앙적 입장에서 확실한 대답은 미래에도 인간은 하나님을 신뢰하고 믿어야 하는데 왜냐하면 "미래의 불확실성 시대"에 성경은 이루어 가고 있기 때문인바 하나님의 교회가 일어나야 하는 이유가 여기에 있습니다. 그리고 이기는 자(계 2:7)가 되어야 하는데 본문에서 다시한번 은혜를 받게 됩니다.

1. 은평교회 성도들이여 21세기 미래에도 성경은 이루어집니다.

왜 일어나야 하느냐는 질문을 한다면 과거에도 역사의 무대가 성경이 실현되는 역사였듯이 미래에도 더욱 그러하기 때문입니다.

1) 성도는 미래에도 일어나야 합니다. 그리고 빛을 발해야 합니다.
시대가 급박하게 돌아가는 때일수록 교회는 일어나서 빛을 발해야 합니다.
① 미래를 향한 시계 초침은 빨리 돌아가고 있습니다.
자연적인 시간이나 거리는 그냥 있지만 과학적 생활 거리는 좁아졌고 가까워져서 빠른 시간에 살고 있습니다.
'많은 사람이 빨리 왕래하며'(단 12:4) 했습니다(Many will go here and there). 국내는 물론이고 세계의 시간과 거리가 좁아진 세상에 살고 있습니다.
② 과거에는 모든 것이 수작업이었지만 이제는 자동화 된 시대에 살고 있습니다.
컴퓨터(computer)의 발달로 인해서 모든 것이 전산화 되었을 뿐 아리라 사람의 손보다도 기계화가 더 앞세워지는 때입니다. 자동차 운전도 무인운전, 비행기도 무인비행기가 전쟁에 투입되는 시대입니다. 생명공학의 발달로 인해서 모든 동물들이 복제되는가하면 사람까지도 복제하려는 움직임입니다.
'지식이 더하리라'(단 12:4) 했습니다(to increase knowledge). 과거에도 그랬듯이 하나님이 없는 곳에는 분명하게 무신론적 문명이기 때문에 무너지게 됩니다(창 11:1-9).
③ 모든 것이 노출화 되고 투명된 시대입니다.
마치 투명한 유리박스에 있는 듯한 느낌입니다. 어느 곳이든지 비밀은 없어져버렸습니다. 신문방송 등 개인 휴대폰에 이르기까지 모두의 신상명세서와 같습니다. 모든 것이 드러나게 되어 있습니다(벧후 3:10).
④ 시대가 예의, 도덕시대보다 치열하게 싸워야 하는 투쟁의 시대입니다.
수천 년 지켜온 가치보다 극단적 현실주의에 빠져들고 있습니다.

2) 이런 때에 교회와 모든 성도들이 유의해야 할 일이 있습니다.

① 신앙생활은 자동화(自動化)가 아니라는 것입니다.

하나님의 성령으로 더욱 충만해야 합니다. 믿음은 모든 사람들의 것이 아니기 때문입니다(살후 3:2).

② 이런 때에 더욱 영적으로 깨어있어야 합니다.

예수님께서 깨어있을 것을 강조하셨습니다(마 24:42). 믿음이 약해지고(눅 18:8), 사랑이 식어집니다(마 24:12). 미래에도 교회는 성령 안에서 정신 차리고 일어나야 합니다.

2. 일어나서 젊은이들과 교회 빛을 발해야 합니다.

왜 일어나야 합니까. 라고 질문한다면 70년 바벨론의 고난 속에서도 일어나야 했듯이 교회는 일어나야 합니다.

1) 특히 청년들과, 자녀들에게 꿈과 소망이 있게 해야 합니다.

① 무한경쟁시대, 과학시대에도 역시 복음만이 생명을 살리기 때문입니다.

이사야는 일어나라(Arise)고 외치고 있습니다. 우리는 복음의 세계화 때문이라도 일어나야 합니다.

② 이제는 은평교회를 비롯해서 한국교회가 세계를 위해서 외쳐야 할 때입니다. 1885년 4월 부활주일 아침에 언더우드, 아펜젤러 선교사의 시작이 계속 진행 중입니다. 이제 한국교회에게 하나님이 명하시기를 일어나서 가라고 하십니다.

2) 일어나서 꿈을 꾸게 될 때에 하나님께서 사용하십니다.

가만히 있으면 사용하실 수 없습니다.

① 사사를 사용하시듯 사용하실 것입니다.

기드온을 참고 하시기 바랍니다(삿 5:11-13).

② 사도시대의 교회를 보시기 바랍니다.

일하시는 성령께서 사용하셨습니다(행 3:1-). 금과 은보다 더 중요한 것이 믿음이요, 사명입니다. 좌절에 빠진 시대를 살리는 것은 복음뿐입니다.

3. 예수님의 이름으로 일어나게 될 때에 빛을 발합니다.

왜 일어나야 하느냐고, 질문 한다면 예수 밖에 없기 때문에 예수님 이름으로 일어나야 합니다.

1) 지금은 긴급한 시대입니다. 영적으로 매우 급합니다.
① 지금은 선교, 전도가 긴급한 때입니다.
　어두움을 향해서 빛을 발해야 하듯이 전해야 할 때입니다.
② 은평교회를 비롯해서 한국교회의 사명이 여기에 있습니다.
　경제발전과 함께 성령으로 말미암아 주신 선교의 축복입니다.

2) 은평교회가 남달리 받은 이 사명에 일어납시다.
① 이 세대에 하나님께서 최고로 요구하시는 일입니다.
　성도들에게 하나님께서 복주시기를 바랍니다.
② 국내뿐 아니라 좁아진 세계 속으로 크게 일어나서 빛을 발휘해야 하겠습니다.
　복음으로 크게 쓰임 받는 은평교회 성도들 모두가 되시기를 주님의 이름으로 축원합니다.

◆ 결론 : 일어나야 합니다. ◆

■ 결단

허무한 인생과 영원한 인생
(전 1:1-3)

사람이 아무리 오래 살아도 세상은 여전히 잠간 지나간 어제 일과 같음을 말하게 되고 빠른 세월과 함께 고난의 여정임을 증거하는 것이 옛사람들의 인생론입니다(창 47:9; 시 90:9-10). 영국의 토마스 파(Thoms Parr, 1438-1589)라는 사람은 152세를 살았는데 155cm의 단신에 53kg의 작은 체구의 신체를 가졌고 80세에 남매를 두게 되었고 122세에 재혼까지 했는데 그의 장수의 소식을 듣고 영국 국왕인 찰스 1세가 초대하여 생일을 축하해 주었고 그때에 너무 과식한 것이 원인이 되어 그 후 2개월 후에 죽었다고 합니다. 2009년에 96세로 죽은 세계적인 경영학자인 피터 드러커 박사는 죽기 전까지 강의하고 집필했다고 하고 1973년에 96세로 죽은 세계적인 첼로리스트인 파블로 카잘스는 93세 때에 UN에서 자기 조국인 카탈루냐의 민요인 「새의 노래」를 연주했다고 합니다. 성경에는 제일 장수한 사람을 므두셀라로 969세(창 5:27)로 기록하였고 홍수 이후에는 일백이십세로 제한되었습니다. 문제는 인생이 몇 년을 살았느냐가 중요한 것이 아니라 무엇을 하였고 무엇을 남겼느냐가 중요한 일인바 예수님은 33세 밖에 사시지 않았으나 우리 모두의 구세주가 되셨습니다. 본문에서 부귀영화가 화려했던 솔로몬왕은 '헛되고 헛되도다'라고 하였는데 본문에서 은혜를 받게 됩니다.

1. 육신의 법대로 살면(롬 8:4-5) 헛된 인생일수 밖에 없습니다.

우리는 하나님을 중심한 영적인 존재가 되어야 합니다.

1) 솔로몬은 인생이 누릴 수 있는 모든 것을 누려보았습니다.

사람이 소유할 수 있는 모든 것을 소유해 보았습니다.

① 그가 누렸던 모든 소유의 목록(List)은 화려했습니다.

다윗왕 같은 부모를 만나서 인생이 화려하였고 축복도 누렸습니다. 또한 자기가 하고 싶은 모든 일은 부족함이 없이 모두 해보았습니다(전 2:5). 그러나 그것 역시 헛되어 바람을 잡으려는 것이었다고 했습니다(전 2:11).

② 솔로몬의 입에서 왜 이런 고백이 나왔을까요?

세상에서 모든 것을 소유하고 살았어도 하나님을 떠날 때에는 그 삶의 허무함을 느낄 수밖에 없습니다. 솔로몬의 초창기에는 하나님께서 축복하셨고(왕상 3:1-15) 은혜를 입은 자가 되었지만 중반 이후에는 우상을 섬기고 이방 여인을 취해서 이방의 습관을 따라가게 되었으며(왕상 11:1) 결과적으로 그가 죽은 이후에는 이스라엘이 남북으로 나뉘지게 되었습니다(왕상 12장). 하나님을 떠난 인생은 허무한 인생일 수밖에 없습니다.

2) 하나님을 떠난 인생은 헛되게 살게 됩니다.

하나님께서 지으신 인간이기에 하나님을 중심해서 살아야 합니다.

① 하나님 안에 살게 될 때에 헛되지 않습니다.

신학자 어거스틴(Augustine)은 말하기를 인간 마음속에 하나님만이 채울 수 있는 공간(Hall)이 있기 때문에 하나님께로 귀의할 때만이 만족이 있고 채워지게 된다고 하였습니다. 세상의 것은 또다시 목마르게 되어있기 때문입니다(요4:13-14).

② 솔로몬 이후에 이스라엘은 비참한 역사로 전개되었습니다.

부왕인 다윗 때에 그렇게 부강하고 강력했던 국가요, 하나님의 큰 축복 속에 부유했던 국가가 솔로몬의 헛된 인생으로 인해서 북왕국과 남왕국으로 나뉘게 되는 비참함이 현실로 되었습니다. 그것도 왕족이 아닌 신하였던 여로보암에게 빼앗겼습니다(왕상 12:15). 하나님 없는 인생은 결코 끝이 좋지 않고 헛되게 됩니다(시 39:6-7). 그러므로 모든 인생은 하나님 중심적이어야 합니다(시 16:2).

2. 영적으로 살면 영원한 인생으로 남게 됩니다.
이슬과 같은 인생이 아니라 영원한 천국백성으로 남습니다.

1) 하나님 말씀을 따라서 살아가는 인생이 되어야 합니다.
이태리 밀라노에 가면 큰 교회가 있는데 그 문은 3중으로 되어있고 그 문마다 글이 쒸어 있습니다. '첫째 문 : 모든 즐거움은 잠시이다, 둘째 문: 모든 고통도 잠시이다, 셋째 문 : 오직 중요한 것은 영원한 것이다'입니다.

① 말씀 따라가면 영원합니다. 하나님 말씀이 영원하기 때문입니다.

그래서 이 세대를 본받지 말아야 합니다(롬 12:2). 세상을 사랑치 말아야 합니다. '이 세상도 정욕도 다 지나가되 오직 하나님의 뜻을 행하는 이는 영원히 거하느니라'(요일 2:15-16) 하였습니다.(The world and its desires pass away, but the man who does the will of God lives forever)

② 주님의 일에 힘쓰는 일이 영원히 남게 됩니다.

전도해서 많은 사람을 옳은 데로 인도하여 내는 일(단 12:2-3), 부활의 신앙으로 주의 일에 힘쓰는 일(고전 15:58), 천국에 보화를 쌓는 일(마 6:19), 면류관을 준비하는 일(고전 9:25)들이 헛되지 않습니다(계 14:13). 어디에 소망을 두십니까?

2) 세상의 많은 사람들은 세상적으로 살아갑니다.
예수님이 말씀하신 넓은 문으로 가는 인생들입니다(마 7:13)

① 저희의 마침은 멸망입니다.

사도바울은 전했습니다. '내가 여러 번 너희에게 말하였거니와 이제는 눈물을 흘리며 말하노니 여러 사람들이 그리스도의 십자가의 원수로 살아가느니라 저희의 마침은 멸망이요 저희의 신은 배요 그 영광은 저희의 부끄러움에 있고 땅의 일을 생각하는 자라'(빌 3:18) 하였습니다. 헛된 인생을 사는 사람들의 대표성입니다.

② 우리는 지금 현재 어디에 서있는지 확인해야 합니다.

지금도 예수님은 우리에게 성령으로 역사하시고 계십니다. 내가 서있는 장소가 어디에 있는지 질문하십니다. '아담아 네가 지금 어디에 있느냐'(창 3:9, where are you?) 사명이 약해진 엘리야를 부르시는 하나님이십니다. '엘리야야 네가 어찌 여기에 있느냐'(왕상 19:9, what are you doing here, Elijah?) 그 음성은 지금 나를 부르심을 알아야 하겠습니다.

3. 우리는 예수그리스도 안에서 영원한 생명을 얻었습니다.

따라서 예수 안에 있는 사람들은 영원한 천국을 바라보며 소망해야 합니다.

1) 우리의 시민권은 하늘에 약속되었습니다. 영원한 약속을 보시기 바랍니다.

① 예수님 안에서 약속되었습니다.

하나님의 확실한 자녀들로 약속되었습니다(요 1:12, 롬 8:15). 영생이 약속되었습니다. 영생이란 영원히 사는 것입니다(요 3:16, 요일 5:11-13). 영원히 천국의 축복을 받은 사람들입니다. 결코 헛되지 않습니다.

② 이 천국을 예수님이 믿는 자를 위해서 예비해 주셨습니다.

예수님이 예비해 주셨습니다(요 14:1-6; 계 21:22). 따라서 우리는 천국의 시민권자입니다(빌 3:20, But our citizenship is in heaven).

2) 짧은 세상의 삶이 결코 전부가 아닙니다.

허무한 인생은 짧은 세상에 인생을 투자하다가 전부 망합니다.

① 영원한 인생이 약속된 성도는 영원한 천국에 인생을 투자합니다.

천국에 저축한 인생이 영원한 인생이요 영원히 내 것이 됩니다. 세상 헛된 것에 투자하는 인생의 생활을 이제는 멈춰야 합니다.

② 부자와 나사로의 비유에서 예수님이 말씀해 주셨습니다.

우리는 세상에서의 부자가 문제가 아닙니다(눅16:19). 영원히 생명을 보장받았고 천국을 얻게 되었습니다. 예수그리스도 안에서 이런 축복된 인생을 사시기를 축복합니다.

◆ 결론 : 영원한 세계에 인생을 투자하시기 바랍니다. ◆

> 결단

은혜와 축복의 기회를 선용하라
(고후 6:1-2; 엡 5:16)

　인생은 평생을 살아가면서 어떤 일에 대한 성공여부의 기회가 몇 번 있어서 그 기회를(opportunity)살리면 성공하지만 기회를 살리지 못하면 성공할 수가 없다고 합니다. 그런데 이 기회는 잡기가 쉬운 것이 아니고 잡기가 매우 어려워서 마치 뱀장어나 미꾸라지처럼 미끄럽기 때문에 잘 잡지 아니하면 미끄러져서 그냥 지나가게 됩니다. 한번 지나간 기회는 내 것이 될 수가 없기 때문에 기회를 잘 활용하는 것이 중요합니다.
　야구에서 타자가 타석에 서서 오는 공을 칠 것인가 말 것인가 공의 상태를 순간적으로 잘 판단해야 되고, 축구선수가 앞에 놓인 공을 어떻게 차야하는 것은 매우 순간적인 결정이라서 그 성공 실패의 순간이기도 하다는 것입니다. 신앙생활에서도 마찬가지 원리가 적용됩니다. 은혜와 축복의 기회가 늘 있는 것이 아니기 때문에 은혜 받고, 축복받고, 하늘에 상급을 쌓는 일에 늘 기회를 잃지 말고 성령 안에서 그 일에 힘써야 합니다. 육체적 기회도 기회지만 2012년에 우리 삶의 모습이 기회를 선용하는 성숙함이 필요합니다. 사도바울은 본문에서 기회를 선용하는 것을 전하게 되었는데 여기에서 은혜의 시간이 되시기를 바랍니다.

1. 모든 그리스도인들에게는 은혜를 받을 기회가 있습니다.
　둥근 공이 굴러가듯이 은혜와 축복의 기회가 나에게 굴러 올 때에 받아서 내 것이 되게 만들어야(making)합니다.

1) 언제나 기회가 주어 졌을 때에 지금이라고 생각해야 합니다.
차일피일 미루거나 다음에 오겠지 하는 생각은 버려야 합니다.
① 무슨 일이든지 지금(now)이 중요하다는 사실입니다.

언제나 '지금'이 중요하다는 말씀입니다. 불신자에게는 지금이 예수 믿을 기회요, 예수 믿는 사람에게는 지금이 은혜 받을 기회요, 천국에 상급과 축복을 받는 기회로 생각해야 합니다. 성령님께서 도와주십니다. 인생사가 길고 긴 세월 같지만 사실은 매우 짧은 시간들입니다.

'천년이 지나간 어제 같으며 밤의 한 경점과 같다' 하셨습니다(시 90:4).
② 매순간마다 기다리듯이 있다가 기회를 잡아야 하겠습니다.

그렇지 않으면 미꾸라지나 뱀장어의 중간부분을 잡으면 미끄러져 나가듯이 기회를 언제 왔는지 모르게 지나가버리고 말겠기 때문입니다.

'세월을 아끼라 때가 악하니라'(엡 5:16)(making the most of every opportunity, because the days are evil)했는데 기회를 사라는 뜻입니다. 기회가 지나가기 전에 내 것으로 사서 만들어야 '내 것' 이라는 것입니다.

2) 과거에도 수많은 기회들이 지나갔지만 금년 2012년에도 올 것입니다.
과거에 지나가는 기회를 잘 선용한 사람은 은혜와 축복을 받았듯이 금년에도 그 기회를 잘 살리게 될 때에 역사가 바뀌게 됩니다.
① 은혜의 기회를 잃어버리지 않게 해야 합니다.

이 세상을 살아가면서 하나님의 은혜 속에 살지만 깨닫지 못할 때가 너무나 많이 있다는 것입니다. 그래서 헛되이 받지 말라고 하셨는데 '헛되이'라는 말은 헬라어로 에이스 케논(εἰς κενὸν)인데 그 뜻은 헛된 것으로 '가치 없게' 라는 의미로서 영적이고 신령한 일들을 쉽게 그냥 지나쳐 버리는 우리의 그릇된 모습을 지적해 줍니다. 마치 에서가 장자의 명분을 경홀히 여기듯(창 25:34) 하는 형태입니다. 예배, 봉사 심방에 이르기까지 우리는 기회를 잃으면 곤란합니다.

② 축복받는 기회를 잃지 말아야 합니다.

축복이라는 것도 마치 미꾸라지와 뱀장어 같아서 미끄럽게 내게서 지나가려 합니다.

성경에는 우리에게 축복받을 비결과 방법까지 분명히 제시하였습니다. 주일성수를 비롯해서 십일조와 봉사에 이르기까지 모두 축복의 일입니다(사 58:13-14; 말 3:10; 마 23:23). 축복의 주권자 되시는 하나님의 말씀입니다(신 23:1-14, 30:15, 20; 신 10:13).

2. 사람들에게 주어진 기회는 빨리 지나갑니다.

세월이 빨리 지나가기 때문에 시간 속에 있는 기회도 빨리 지나갑니다.

1) 세월을 아끼라고 하셨습니다. 아끼지 아니하면 숨을 쉴 때마다 지나가버리게 됩니다.

① 젊은 층들은 더욱 시간을 활용해야 합니다.

하나님께서 주신 시간들이기 때문에 더욱 아끼고 잘 활용해야 합니다. 하나님의 형상대로 창조된바 인간이 하나님께 바르게 사는 것은 축복받는 지름길이기도 합니다. 영적인 성품으로 살아야 합니다.

② 세월을 잘 활용해서 천국 창고에 보고를 만들어야 합니다.

'이 세상도, 그 정욕도 지나가되 오직 하나님의 뜻을 행하는 이는 영원히 남게 됩니다'(요일 2:17). 부귀영화를 누려도 하나님의 은혜를 잃어버리면 헛되게 됩니다. '헛되고 헛되며 헛되고 헛되니 모든 것이 헛되도다'(전 1:1-3) ("Meaningless! Meaningless!" says the Teacher, "Utterly meaningless! Everything is meaningless")했습니다.

2) 헛되게 사는 인생이 되면 곤란합니다. 헛되게 사는 인생이 되지 않게 힘써야 합니다.

① 헛되게 살았던 사람들의 인생을 보십시오.
　남쪽 유다 왕들 중에 여호람왕을 예로 듭니다(대하 21:20). 왕위에서 헛되게 살다가 아끼는 자 없이 세상을 뜨게 되고 열 왕의 묘실에도 들어가지 못했습니다. 기회를 모두 날려 보낸 인생의 표본입니다.
② 헛되게 살지 않기 위해서는 예수 안에 있어야 합니다.
　헛된 인생 이였으나 예수 안에서 인생이 바뀐 사람들이 많습니다. 오네시모가 그 대표적 예가 되겠습니다(몬 7; 골 4:9). 무익한 사람에게서 유익하게 되었고 사랑받는 신실한 자가 되었습니다. 기회를 잘 활용했던 대표적인 예라 할 것입니다.

3. 하나님이 주신 은혜와 축복의 기회를 선용해서 산 사람들이 되어야 하겠습니다.
세상 환경 가운데서 부정적인 사람이 아니라 긍정적인 사람이 되어야 합니다.

1) 성경에서 이야기해 주시고 있습니다. 수많은 사람들이 말합니다.
① 야곱은 언제나 은혜 받고 축복받는 일이라면 기회를 놓치지 않고 반드시 성공시킨 사람이 되었습니다(창 25:30-34, 27:14-29). 그리고 하나님의 사랑하신 바 되었습니다(말 1:2).
② 솔로몬은 하나님이 주신 은혜와 축복의 기회를 잃지 아니하였고 그래서 전무후무한 지혜를 얻게 되었습니다(왕상 3:5-14). 덤으로 주신 은혜와 축복 역시 부귀영화가 특출하게 받게 되었습니다. 솔로몬의 왕으로써의 새 출발은 아름답고 좋게 되었습니다.

2) 2012년에 은평교회 성도들에게 은혜와 축복의 해가 되게 해야 하겠습니다.
① 은평교회 성도들에게 은혜와 축복의 기회가 올 것입니다.
　사모하는 영혼이 되어야 하겠고(시 107:9) 구해야 합니다. (겔 36:36-)현재에 상황이 좋든지 좋지 않든지 간에 바라보고 기도해야 합니다.

② 기도할 뿐 아니라 말씀에 순종하는 자가 되어야 합니다.

　우리에게 역사하시는 성령은 말씀 속에서 역사하시는 분이십니다. 인내로써 기도하며, 말씀 순종해 나가게 될 때에 축복의 기회는 내 것이 될 줄 믿고 영적으로 역동적인 한해가 되시기를 주님의 이름으로 축원합니다.

◆ 결론 : 기회는 위기 때에 올수도 있습니다. ◆

■ 결단

복되게 사는 길
(살후 3:6-15)

지상에 존재하는 모든 사람들은 복되고 행복하게 살기를 추구하고 바랍니다. 그런데 생활이 복되게 사는 사람들도 있고 복을 받지 못하는 생활태도들도 있습니다. 예수그리스도를 믿는 믿음의 성도들은 생활이 복되게 살아야 합니다. 그래서 예수그리스도 안에서 생존권이 복되게 살아가도록 힘써야 합니다. 의·식·주 문제를 비롯한 모든 주거생활까지 복되어야 합니다. 아담부터 시작한 인류역사와 과학으로 가득한 현대에 이르기까지 하나님은 복을 명하시고 복되게 살도록 하셨습니다(창 1:28).

그리스도인들은 생활의 복을 받고 더욱 가치 있는 생활에 힘써야 합니다. 정치, 경제, 사회, 문화 등 모든 부분에서 발전하고 보람되게 해야 합니다. 특히 영혼문제를 생각하며 일하는 사람들은 영적 가치의 중요성을 생각하며 직분에 힘써야 합니다(딤후 4:5-7).

대개 가정주부들이 하는 말이 집에서 썩는다고 말하는데 그릇된 표현입니다. 왜냐하면 직장에 출근해서 일하는 것도 중요하지만 예수그리스도 안에서 가정과 이웃에서 해야 할 일도 많기 때문입니다. 현대에 와서 자녀들이 무너지고 사회가 시끄러운 것은 아마도 가정에 주부의 공간이 비어있기 때문인지도 모르는 일입니다. 사도바울은 본문에서 그리스도인들의 행복하고 복된 삶의 지표를 분명히 제시해 주셨는데 여기에서 은혜의 시간이 되시기를 바랍니다.

1. 성도들의 복된 생활은 규모 있게 생활하는데 있습니다.

'규모 없이 행하는 형제들에게서 떠나라'(6절)하였고, '규모 없이 행하지 아니하였다'(7절)고 하였습니다. '규모 없이'라는 말은 헬라어로(아탁토스 ἀτάκτως)인데 이는 전파된 복음에서 이탈된 것과 벗어난 것을지 적해 주는 말입니다.

1) 전파된 말씀에서 벗어나면 규모 없는 생활이 됩니다. 말씀 안에서 행하고 교훈 안에서 생활해야 하겠습니다.

① 하나님 말씀은 성도들에게 열심히 일하기를 명하였습니다.

그리스도인들은 빈들빈들 노는 것이 아니라 어디에 있든지 위치에서 열심히 주어진 일에 힘써 일하고 최선을 다하는 생활입니다. 하나님은 우리에게 하나님을 섬기는 종교명령과 일하며 살아가는 노동명령을 주셨는데 모두가 중요한 하나님의 명령입니다. 주어진 일에 최선을 다하고 땀을 흘려야 합니다.

② 데살로니가 교회는 좋은 교회였으나 단점이 있었습니다.

좋은 점은 1장 2절에서 보여 준대로 '사랑의 수고', '믿음의 역사', '소망의 인내', '말씀에 대한 신뢰'(2:13) 등이 있습니다. 그래서 칭찬받는 교회였습니다. 그러나 재림을 기다리는 신앙이 지나쳐서 몇일안에 오실 것처럼 생각하고 일하지 않았습니다. 펑펑 놀면서 일하는 사람들의 짐이 되었습니다. 그래서 바울은 그들에게 복음으로써 올바르게 깨우치고 있습니다. 예수님이 재림하시더라도 일하다가 맞이해야 합니다(마 24:40). 혹자들의 그릇된 곳에 속지 말아야 하겠습니다.

2) 규모 있는 신앙생활은 생활부터 바르게 해야 합니다.

국가적 위기도 그릇된 정치인들에서 시작됨을 유럽발 금융위기에서 보듯이 외환위기의 난제를 겪은 우리들도 생활의 중요성을 새삼스럽게 깨닫게 됩니다. 한 나라의 위기는 한 나라로 한정된 것이 아니라 서로 네크워크(Network)시대이기 때문에 모두에게 도미노현상으로 위기가 오게 됩니다.

① 개인적 일반적 생활 역시 마찬가지입니다. 개인으로 끝나는 것이 아니라 연결된 모든 사람들과 같이 겪게 됩니다.

그래서 그리스도인들은 생활 전체가 중요합니다. 절제(self control)를 배워서 먹고, 마시고, 살아가는 모든 면에서 절제해야 합니다. 모든 것이 과하면 위험하기 때문입니다. 다윗은 절제하지 못해서 집안에 큰 환란이 왔고 압살롬의 난마저 겪게 되었습니다(삼하 11:27).

② 개인적 신앙생활도 규모 있게 해야 합니다.

신앙생활 역시 예외는 아니어서 은혜 받은 대로 바르게 생활하되 교회생활은 물론이고 가정과 사회에서 바르게 생활해야 합니다. 언어에서부터 모든 생활에 조심해야 합니다(약 1:19). 주신 경제적 사용에도 언제나 규모 있게 생활해야 합니다. 그리스도인이기 때문입니다.

2. 복된 생활은 열심히 일하는데 있습니다.

사람이 바쁘고 피곤할 때에는 잠시 쉬고 싶은 마음도 있는데 이것도 열심히 일할 때에 주시는 축복입니다.

1) 성경은 우리에게 일할 것(노동명령)을 명하셨습니다. 건강하게 일하는 것은 하나님의 큰 축복입니다.

① 본문에서도 일할 것을 강조하였습니다.

수고하고 애써 일함은 너희에게도 누를 끼치지 아니하려 함이니'(8절)'하였고, '누구든지 일하기 싫어하거든 먹지도 말라'(10절)(If a man will not work, he shall not eat), '조용히 일하여 자기 양식을 먹으라 하노라'(12절) 하였습니다. 우리는 성경을 따라서 열심히 일해야 합니다. 이것이 축복이기 때문입니다.

② 열심히 일하면 개인, 가정, 사회, 국가가 부유하게 됩니다.

프랑스의 스르코지 대통령은 유명한 정치 집안이나, 명문대 출신도 아니지만 선거 공약이 '열심히 일하는 것'이었습니다. 왜냐 하면 노는 날이 많은 나라였기 때문입니다. 그리고 대통령에 당선되어서 프랑스를 일하는 나라로 만들었습니다. 선거 공약 중 사르코지는 열하는 것을 내세웠고, 정적인 쎄르골렌 루아엘은 분배를 내세웠습니다. 분배도 성장이 있을 때 가능한데 성장은 열심히 일할 때에 오든 것이 성장입니다.

2) 바울은 열심히 열하였습니다. 바울은 어디에서든지 열심히 열하는 사도였습니다.

① 바울의 주된 일은 복음전파의 일이었습니다. 복음전파 하는 일을 위해서는 목숨까지도 내놓았다고 했습니다(행 20:24). 잠자기를 좋아하고 연락을 좋아하게 되면 가난하게 됩니다(잠 20:13, 21:17).

② 예수님은 세상에 계실 때에 열심히 일하셨습니다.

타고 가시던 배가 위태로운데도 곤하게 주무실 정도로 일하시던 예수님이셨습니다(마 8:24). 그리고 예수님은 아버지가 지금도 일하시니 나도 일한다(요 5:17 - Jesus said to them, "My Father is always at his work to this very day, and I, too, am working.")하셨습니다. 부지런하고 게으르지 말아야 합니다(롬 12:11).

3. 복된 생활은 일하다가 중간에 낙심치 말아야 합니다.

'형제들아 너희는 선을 행하다가 낙심치 말라'(13절)하였습니다. '낙심치 말라'라 하는 것은 헬라어로 카로 포이온데스(καλοποιοῦντες)인데 현재 분사형으로써 (doing well) 선만이 아니라 그리스도인의 전체 생활을 뜻하는 것입니다. 주저앉지 말라는 것입니다.

1) 일을 할 때에는 끝까지 주저앉지 말라는 것입니다. 예컨대 한 영혼을 정하고 기도하며 전도할 때에도 낙심치 말고 해야 합니다.

① 끝까지 포기하지 않을 때에 역사가 나타납니다.

성경에서 보게 됩니다(갈 6:9; 시 126:5-6). 바울은 끝까지 선교의 꿈을 펴면서 로마에서 서바나(스페인)까지 복음의 꿈을 꾸었습니다.

② 포기하지 말고 성공의 질주를 해야 합니다.

일하기를 쉬지 말며 끝까지 달려갈 때에 성공이 오게 됩니다. 그래서 기도하는 일도(눅 18:1), 은혜 받아 병 고치는 일도(왕하 5:14) 기도응답으로 비가 오게 하는 일도(왕상 18:44)끝까지 가게 될 때에 기적으로 나타나게 되었습니다.

2) 일하며 살아가는 성도에게는 하나님이 도와주십니다.

일하고자하는 자세와 마음가짐이 있어야 하겠습니다.

① 도와주시는 하나님의 손길을 바라보시기를 바랍니다. 하나님이 약속하셨습니다(사 41:10).

② 주님이 함께 계심을 약속해 주셨습니다(마 28:20).

사람들은 일하기를 싫어하는 사람들이 있습니다. 그러나 기독교인들은 열심히 일해야 합니다. 그 때에 하나님이 도와주시겠다고 하셨습니다. 이 은혜 속에서 승리하는 성도들이 되시기를 주의 이름으로 축원합니다.

◆ 결론 : 성도는 열심히 일해야 합니다. ◆

> 신분

하나님 백성의 존귀성
(마 10:26-31)

　우리가 믿는 성경은 구약이나 신약이나 하나님의 진리를 가르치실 때에 직접적이요 문자적으로 가르치는 말씀도 있지만 그 오묘한 뜻과 진리가 숨어있는 비유로 하실 때가 많이 있는데 동물들, 식물들, 과실수들을 소재로 될 때가 많습니다. 구약에서 포도원과 포도나무를 이스라엘로 비유하였고(사 5:1-6; 겔 15:1-8), 신약에서 예수님도 여러 가지로 비유로 해서 가르치셨습니다(마 6:26-33; 요 15:1-6; 마 13:3-22). 또한 사도들 역시 비유나(갈 6:7-9; 행 27:14-18) 상징적으로 말씀하실 때에(고후 2:14-16, 3:1-3)도 많습니다. 이사야 선지자는 사명불충한 선지자는 짖지 못하는 벙어리 개(they are all mute dogs, they cannot bark…)라고 하였습니다.
　예수님은 본문에서 제자들을 모두 뽑으시고 그들에게 각종 능력들을 주시고 나가서 하나님나라 복음 전파할 때의 일들을 말씀해 주셨습니다. 많은 참새보다 더 귀하며(29절), 여호와 보시기에 귀중한자(사 49:5)가 되기 때문에 우리는 의심하지 말고 믿음으로 살아야 합니다. 의심하게 되면 물에 빠지게 되는데(마 14:31) 의심은 헬라어에 보면 디아크리노(διακρίνω)로써 '철저하게 분리'(separate)라는 뜻으로서 하나님과 떨어지는 것을 뜻하기도 합니다. 사람이 살아가면서 '의부중', '의처중'도 병이지만 신자가 하나님을 신뢰(trust)하지 못하는 것도 병적인 큰 문제인바 여기에서 우리는 하나님의 존귀한 자라는 생각을 잊지 말고 날마다 승리해야 하는바 염려치 말고 두려워하지 말라고 하시는 주님의 말씀을 생각해 봅니다.

1. 하나님을 믿기 때문에 두려워하지 말라고 하였습니다.

'그런즉 저희를 두려워하지 말라'(26절)(So do not be afraid of them) 하였습니다.

1) 왜 두려워하지 말라고 하셨는지 알아야 하겠습니다. 핍박과 박해가 있는데 두려워하지 말아야 할 이유가 있습니다.

① 우리가 믿고 전하는 하나님은 절대 주권자이시기 때문입니다.

신학적으로 어거스틴(Augustine)은 하나님의 절대 주권을 전하였습니다. 하나님은 절대 주권자가 되십니다. 마귀가 제아무리 소란을 피우고 핍박해도 두려워하지 말 것은 영과 육의 모든 생사의 여탈권이 하나님께 있기 때문입니다(마 10:38). 욥을 통해서도 보여주셨습니다(욥 1장). 오직 우리는 절대 구원에 길 되시는 예수 그리스도만 따나가야 합니다(요 14:1-6).

② 생명은 오직 하나님께 있기 때문입니다.

속담에도 '인명은 재천'이라 하였거니와 이 세상 육적 생명뿐 아니라 영원한 천국에 모든 일도 하나님께 그 주권이 있습니다. 그래서 창세 전 부터 우리 생명의 주인이요, 예정에 따라서 우리가 태어났고 예정하신바 되로 살게 되었습니다(시 90:2; 사 37:16-43:1; 44:2, 24; 욥 1:21; 렘 51:19, 10:16; 엡 1:3-). 우연한 존재가 아닙니다.

2) 하나님을 경외하는 신앙의 역사는 언제나 핍박이 떠나지 아니하는 시련의 역사였습니다.

왜냐하면 타락의 주권자 마귀의 세력이 언제나 핍박하였기 때문입니다(계 12:3-8).

① 구약시대의 역사에도 올바른 선지자들은 핍박을 받았습니다(렘 15:4; 왕하 21:2, 11, 16, 17, 23:26, 24:3-4) 심지어 톱으로 켜는 경우도 있었는데(히 11:37), 이는 순교자(Justine)저스틴과 터툴리안(Tertullian)에 의하면 므낫세왕에 의한 이사야 선지자의 순교가 그랬습니다(마 5:12).

② 신약시대와 교회 시대에도 언제나 기독교 역사에는 핍박을 받았고 지금도 세계 도처에서 핍박이 있습니다. 로마시대의 300년 역사와 기독교 역사 2천년은 핍박의 역사였습니다. 지난 100년간 공산주의와 일본 36년의 기간에도 핍박의 연속이었습니다. 그러나 지금까지 이겨 왔듯이 이기게 될 것입니다. 개혁자 마틴 루터(Martin Luther)는 핍박 중에도 담대하게 '내 주는 강한 성이요'라고 찬송했습니다.

2. 환란과 핍박 중에도 교회가 할 일은 '예수전도'입니다.

왜냐하면 죄악으로 가득한 세상에 멸망 받는 길에서 구원받는 일은 오직 예수 그리스도 밖에 다른 길은 없기 때문입니다.

1) 예수를 시인하는 길은 끝까지 전도하는 길입니다.

비록 환란과 핍박의 연속적이라고 해도 교회의 사명은 전도입니다.

① 무슨 일이 있어도 예수님을 끝까지 시인해야 합니다(32-33).

사람 앞에 시인하면 주님도 우리를 아버지와 천사들 앞에서 시인하십니다. 예수님이 구세주이심을 시인하며 전해야 하는 사명은 중요합니다. 베드로의 신앙고백은 곧 예수님을 시인하는 예가 되었습니다(마 16:16-18). 그리스도는 곧 구약의 삼직(三職)을 예수님이 가지셨음을 시인하는 것입니다. 예수님은 선지자요, 제사장이요, 왕이 되신다고 고백하는 것입니다.

② 예수그리스도만이 유일하게 구원자이심을 시인하고 전해야 합니다.

반대당하고 핍박당해도 전해야 합니다. 세상은 이것을 싫어 할 것입니다. 그러나 진리는 변치 않는 것이 진리입니다(요 14:6; 행 4:12; 딤전 5:2). 그러므로 열심히 예수전도에 힘써야 합니다.

2) 예수님만이 구세주라고 하기 때문에 핍박이 옵니다.

지금처럼 다원화된 시대에 왜 기독교에만 구원이 있다고 하느냐는 것입니다. 특히 종교는 하나라는 종교다원주의 자들을 앞세워서 일들을 벌입니다.

① 성경을 보시기 바랍니다.
로마황제는 살아있는 신인데 그 앞에서 '오직예수'하다가 핍박과 함께 순교 당하였습니다. 그래도 그 환란과 핍박은 제한되어 있기에 충성뿐입니다(계 2:10). 누가 뭐라 해도 진리는 하나밖에 없음을 직시해야 합니다.
② 교회사에서도 보시기 바랍니다.
중세 때에도 그릇된 비 성경에 있는 교회를 개혁하는 개혁자들이 핍박 받았습니다.
일제 시대에는 천왕숭배가 있었고, 지금도 북한에는 김일성, 김정일, 김정은이 살아있는 신으로 승격시켜서 숭배하고 있습니다. 당연히 그곳에는 핍박이 있음은 말할 나위 없습니다. 그러므로 이 세대 가운데서 우리는 예수 그리스도에 대한 올바른 고백 위에 그분만이 구세주이시라고 전해야 합니다.

3. 하늘에 상급이 크게 준비되어 있습니다.

모진 고통과 고문을 겪으면서 모든 것을 박탈당하고 예수 전하다 순교한 사람들의 상급은 어떤 상급보다 큰 것임을 약속하셨습니다(마 19:28-30).

1) 예수님이 본문에서도 하늘에 상이 크다고 하셨습니다(마 5:10-12).

① 구약이나 신약이나 교회사에서 당한 순교자들의 상입니다.
잘 달려가는 선수들은 썩은 면류관이겠지만 우리는 썩지 아니할 그 화려한 면류관을 바라보면서 전도해야 합니다(고전 9:24-25).
지금 주의 일에 힘쓰시나요? 참고 견디면서 충성해야 합니다.
② 하늘에 속한 면류관입니다.
하늘에 속한 것들이 있습니다. 생명의 면류관이요(계 2:10), 영광의 면류관이요(벧전 5:4), 의의 면류관이요(딤후 4:7-), 자랑의 면류관입니다(살전 2:19-20). 바울은 의의 면류관(딤후 4:8)이 준비되었다고 약속을 전하였습니다.

2) 그러므로 세속에 속하거나 물들지 말고 순수한 믿음을 지켜야 합니다.

모든 생명의 주인은 하나님이시기 때문입니다.

① 이는 예수님이 제자들을 파송하면서 부탁하신 말씀입니다.

베드로전서 1장 1-7절에서도 사도 베드로는 산 믿음을 강조하였습니다. 핍박은 잠깐이지만 영광은 영원하기 때문입니다. 로마 카타콤과 터키의 갑바도기아에 가 보면 당시에 상황을 실감할 수 있습니다.

② 지금 한국교회와 우리들의 신앙 상태는 어떻습니까?

성경으로 진단해 보건대 너무나 약해져 있습니다. 우리의 생명은 하늘나라에 영원한 존귀를 가진 사람들이기에 바른 믿음을 지켜서 하나님나라에 영원한 자녀의 존엄성을 나타내야 할 때입니다. 깨닫고 승리하시기를 주의 이름으로 축원합니다.

◆ 결론 : 우리는 영원한 천국 사람들입니다. ◆

■ 신분

흰옷을 입은 무리들
(계 7:13-17)

　인간이 최초로 몸에 걸친 옷은 무화과 나뭇잎이었습니다(창 3:7). 하나님 말씀에 불순종하고 나무 밑에 숨어서 몸을 가리고 있을 때에 하나님은 불완전한 무화과 나뭇잎이 아니라 이제는 가죽옷을 지어 입히시는데 이 가죽옷(창 3:21, garments of skin)은 짐승이 죽어야만 나오는 것으로서 오실 메시야되시는 예수 그리스도(요 1:29)를 상징으로 보여주시는 말씀이기도 합니다. 현대에 와서는 의류산업이 크게 발달하여 옷은 단지 몸을 가리는 기능만이 아니라 추위, 더위, 맵시 등 수많은 기능이 있어서 옷이 날개라는 말도 생겨나게 되었습니다. 그리고 그 색상에 따라서 입는 뜻과 의미도 달라지는데 검정색은 장엄함을 나타내어 장례식에 많이 입고, 자주색은 영광과 존귀를, 붉은 색은 보혈 속죄 구원을, 녹색은 평화를, 흰색은 순결적 상징들이 있습니다. 현대에 와서 패션의 흐름을 몇 가지로 분류한다면 색상의 화려함, 파격적인 디자인, 남녀의 차이가 별로 없고 유행이 빨리 바뀐다는 현상이라고 할 것입니다. 흰색은 깨끗하기는 하지만 관리하기가 어렵기 때문에 성도들이 입는 옷으로 말씀했습니다. 장차 천국에 들어갈 성도들이 예수님의 신부들로써(계 19:8) '빛나고 깨끗한 세마포 옷'으로 이 시간 우리가 은혜 나누어 보겠습니다.

1. 흰옷과 세마포 옷은 성령의 인(印) 맞은 성도들이 입는 옷입니다.

　세상에서는 취향과 상황에 따라서 옷을 입지만 천국은 다릅니다.

1) 흰옷이나 세마포 옷을 입을 수 있는 자격자는 성령의 인 맞은 사람입니다.

그래서 지금은 종말 때로서 모든 바람을 붙잡아 놓으시면서 까지 택하신 백성들에게 인치는 때입니다(계 7:1-4, 겔 9:1-).

① 인 맞은 사람들은 구별되고 구원 받은 사람들입니다.

이들은 상징적인 숫자로써 유대인들 가운데 144,000이요 이방인들 중에 구원 받을 숫자는 각 나라 방언, 족속들 중에서 나오는데 그 숫자를 헤아릴 수가 없다고 하였습니다(계 7:9). 이들이 흰옷을 입고 있었고 손에는 종려가지를 들고 있었습니다. 인(印)은 소유의 사인이 되었기에 하나님의 택하신 백성이라는 뜻입니다. 누구의 소유가 아니라 이제는 하나님의 자녀의 확증입니다. 사도바울도 예수의 흔적(στίγμα - marks)을 가졌다고 했습니다(갈 6:17).

② 흰옷은 구별하기 위한 옷입니다.

우리는 철저하게 예수님의 사람이요 예수님의 신부들입니다. 군인은 군복을, 경찰은 경찰복장을, 운동선수는 약속된 유니폼이 있어서 자기가 어떤 팀임을 나타내 보여줍니다. 예수님의 사람은 영적으로 흰옷을 입고 있어야 합니다. 요셉은 야곱의 사랑받는 아들로써 채색 옷을 입었습니다(창 37:3).

2) 예수그리스도의 사람은 예수로 옷입고 있어야 합니다.

이 흰옷은 예수님의 사람임을 나타내고 증명해 보이는 옷입니다.

① 이 옷은 영적인 옷입니다.

흰옷은 하얗기 때문에 관리하기가 어렵고 힘이 듭니다. 생활 속에서 성도는 말, 행동, 마음씀씀이 등 모든 생활 행동에 제약이 따르고 조심해야 합니다. 예수님의 보혈피로 죄 씻음 받은 사람들이 다시 더럽게 될 수가 없기 때문이요 이제는 불의의 병기가 아니라 의의 병기이기 때문입니다(롬 6:13).

② 따라서 성도들이 입어야 되는 이 흰옷은 빛의 옷입니다.

어두움의 옷이 아니라 누구에게도 다 나타내 보이는 빛의 옷입니다(롬 13:12). 신학자 어거스틴(Augustine)이 돌아올 때에 크게 역할을 했던 말씀인데 '이제는 어두움의 일을 벗고 빛의 갑옷을 입으라(put on the armor of light), 오직 예수그리스도로 옷 입고(Rather, clothe yourselves with the Lord Jesus Christ) 하였습니다. '누구든지 그리스도와 합하여 세례를 받은 자는 그리스도로 옷 입었느니라'(갈 3:27, 엡 5:8-9) 하였습니다.

2. 흰옷과 세마포 옷을 입은 사람들은 영적전쟁에서 이기고 승리한 사람들이 입는 옷입니다(14절).

'이는 큰 환난에서 나오는 자들인데' 하였고(9절), 큰 무리가 흰옷을 입고 손에 종려가지를 들고 어린양에게 찬양했습니다.

1) 지금 성도들은 영적으로 전쟁 중에 있습니다.

사도바울도 영적전쟁을 전하였습니다(엡 6:10-17).

① 이 전쟁에서 성도들이 이겨야 합니다.

예수님이 친히 말씀해 주셨는데 예수님이 이기셨기에 두려워말라고 하십니다. '너희가 세상에서는 환난을 당하나 담대하라 내가 세상을 이기었노라'(요 16:34) 하셨습니다. 전쟁에는 다른 순위가 없고 오직 1등뿐입니다.

② 종려나무가지는 승리의 상징입니다.

지금은 올림픽에서 메달을 따올 때에 환영행사가 다채롭지만 옛날 성경시대에는 종려나무가지를 꺾어서 연도에서 흔들며 환영했습니다. 예수님도 예루살렘 입성 시에 사람들이 그렇게 환영했습니다(마 21:8). 오늘 본문에서도 승리의 축하를 봅니다.

2) 영적 싸움에서 이기기 위해서는 환난과 시련이 있습니다.

영적인 전투가 치열하기 때문입니다.

① 큰 환난에서 나오는 자들인데 라고 하였습니다.

예수 믿고 신앙생활을 바르게 해나가기는 쉬운 일이 아니라 전쟁과 같습니다. 믿음의 선진들 모두가 이겨왔고 싸워왔습니다. 오직 여호와 신앙만 고집하며 지키다가 어려움도 있었습니다(단 3:16-24). 초대교회 성도들 역시 그랬고 교회사가 그랬습니다(행 4:19; 마 24:9-10).
② 영적으로 싸우는 이유가 있습니다.
조용히 물 흐르는 대로 그냥 살지 않고 왜 싸우느냐고 하는 사람들도 있습니다. 앞서간 성도들의 발자취를 보시기 바랍니다. 예수 이름 부르며 지키다가 목숨을 버리고 순교까지 하였습니다. 예수님도 이것을 말씀해 주셨습니다(마 19:28-30).

3. 흰옷을 입고 세마포 옷을 입은 사람들은 철저하게 하나님의 사람들입니다.

확실하게 하나님 백성이 된 사람들이 이 옷을 입습니다.

1) 이들은 예수그리스도의 피로 사셨습니다.

예수님의 피로 씻긴 사람들입니다. 6.25전쟁 때 도운 나라를 가리켜서 혈맹관계라 부르는데 예수님은 우리 위해 목숨을 버리셨습니다.
① 피로 사신 바 되었습니다(행 20:28).
　교회의 중요성이 여기에 있습니다. '어린양의 피에 그 옷을 씻어 희게 하였느니라'(14절) 하였습니다. 그래서 우리는 찬송도 보혈 찬송을 많이 부르며 우리 자신을 돌보게 됩니다. 우리는 예수님의 피로 구원 받았기에 중요합니다.
② 따라서 우리는 언제나 하나님을 섬기는 자입니다.
　(15절) '그들이 하나님의 보좌 앞에 있고 또 그의 성전에서 밤낮 하나님을 섬기매' 하였습니다. 이제 우리의 생명은 주의 것이며(롬 14:8), 주의 영광을 위해서만 살아가는 존재들입니다(고전 10:31).

2) 그 주님은 영원히 우리의 목자가 되시고 이끌어 주십니다.

흰옷입고 세마포 옷을 입는 성도는 언제나 주님이 인도해 주십니다.

① 성도는 행복한 사람들입니다.

'이는 보좌 가운데 계신 어린양이 저희의 목자가 되사 생명수 샘으로 인도하시고'(17절) 하였습니다. 우리의 영원한 목자는 예수님이십니다(시 23:1).

② 흰옷을 입은 그리스도인은 행복한 사람들입니다.

영원히 주리지도 목마르지도 아니하고 해나 뜨거운 기운에 상하지 아니합니다(16절). 영원히 예수님의 이름을 붙들고 승리하는 성도들이 되시기를 주님의 이름으로 축원합니다.

◆ 결론 : 우리는 흰옷 입은 성도들입니다. ◆

만나요약설교 8

1판 1쇄 발행   2013. 9. 9.
1판 2쇄 발행   2019. 2. 20.

엮은이   김명규
펴낸이   박성숙
펴낸곳   도서출판 예루살렘
주소   (10252) 경기도 고양시 일산동구 고봉로776-92(설문동)
전화 | 팩스   031-976-8972 / 031-976-8974
이메일   jerusalem80@naver.com
출판등록   1980년 5월 24일(제 16-75호)

ISBN 978-89-7210-550-3 03230
책값 뒤표지에 있습니다.

ⓒ 이 출판물은 저작권법에 의해 보호를 받는 저작물이므로
무단 전재와 복제를 할 수 없습니다.

도서출판 예루살렘은 하나님을 사랑하며 하나님 말씀대로 순종하며 살기를 원하는
청소년, 성도, 목회자들을 문서로 섬기며 이를 위하여 기도하며 정성을 다하여
모든 사역과 책을 기획, 편집, 출판하고 있습니다.

오직 성령이 너희에게 임하시면 너희가 권능을 받고
예루살렘과 온 유대와 사마리아와 땅끝까지 이르러 내 증인이 되리라(행 1:8)